老子與哲學

夏 海 著

三聯书店

目　录

自　序

春秋战国时期，中华文明的天空群星灿烂，其中最亮的两颗星是老子与孔子。老子是智慧大师，他以道为最高思想范畴，创立了道家学派；孔子是道德大师，他以仁为最高伦理范畴，创立了儒家学派。老子与孔子，道家与儒家，共同塑造了中华民族的人格，引导着中华文明的发展和演进。每当中华民族面临振兴崛起的关键时刻或生死存亡的危急关头，人们总是会回过头去请教老子与孔子，或问道或问仁，进而从他们那里获取精神食粮、智慧清泉和前进动力。

老子，生卒年难以详考，楚国苦县厉乡曲仁里人，大约生活于春秋末期，距今2500多年的时间，曾担任过周王朝的史官。老子围绕着道的范畴，构筑起宏伟的道家思想体系，涵盖本体哲学、政治哲学和人生哲学。一般认为，道家与诸家的关系是体与用的关系，诸家皆明一节之用，而道家则总揽其全，实为诸家之纲领。在中国思想发展史上，老子是革命家，他消解了"上帝""天命"等宗教和迷信观念，实现了古代思想史上的革命。老子是哲学家，他创立了道的学说，建构起中华民族抽象思维和理性思辨的整体框架。老子是政治思想家，他提出"无为而治"的政治主张，更深刻地反映了政治统治和社会管理的规律。老子是道教始祖，他创立的道家学说成为道教理论最为重要的渊源。老子思想主要集中在《老子》一书，《老子》一书又名《道德经》，只有五千余言，却是人类最伟大的经典之一。据联合国教科文组织统计，除《圣经》外，《老子》一书是被译成外国文字最多的文化经典。

十年之前，在写作《论语与人生》时，我就萌发了写作《老子与哲学》的愿望。老子与孔子是中华文明长河中的两位思想巨人，研读孔子，怎么可能不研读老子呢？！况且，在大学期间，我学的是哲学，研读《老子》甚于《论语》。然而，研读《老子》的难度超出想象，哲学思维的玄妙深奥，既令人着迷，又让人如坠五里云雾之中，这使得研读老子经常处于停步不前的状态，更谈不上写作《老子与哲学》。无奈之余，我把业余时间更多地放在阅读《古文观止》，仍然在传统文化的海洋里流连忘返，不意写成了《品读国学经典》，于 2014 年交由三联书店出版。同时，重新燃起了研读《老子》的愿望，经过多年辛勤酝酿、一年奋笔疾书，终于完成了《老子与哲学》的写作，实现了多年前的夙愿。搁笔之余，收获的喜悦替代了写作的艰辛，真是人生之快事。

写作《老子与哲学》的难度，实质是学习研究哲学的难度。哲学是什么，至今没有一个统一的定义。为什么要学哲学，至今也没有一个令人满意的答案。而哲学却无时无刻不在我们的生活之中，无时无刻不在围绕着人类，探寻着生命的终极价值。人是肉体与心灵的统一体，其意义在于精神维度的社会性存在。每个人来到这个世界是被动的，在这个世界里生活，碰到什么人、遇到什么事，都有偶然性，但有一个是必然的，就是任何人都不可避免地走向人生的终点。生命的有限性与精神的无限性常常使人产生困惑和虚无感，法国印象派大师高更最著名的一幅画的题目，就是《我们从哪里来？我们是谁？我们往哪里去？》。哲学关注的正是这些问题，用纯粹的人类理性去应对任何挑战，在不可捉摸的世界里寻找安身立命的价值；哲学拷问的是人类的命运，牵引着人们超越现实，尊崇智慧、探索真理、追梦美好，让人们克服对自身渺小的恐惧和对未来无知的迷茫；哲学是人的精神故乡，追寻意义的世界和人类存在的家，从而让人诗意地栖居在大地上。哲学的抽象、思辨和缥缈，这是我写作《老子与哲学》的难度，也是我坚持写作的动力源泉。

清朝桐城学派做学问主张考据、义理和辞章的统一。考据是指校勘、考证、释义等语言文献研究方法；义理是指文本内涵的解读、分析和概括提炼；辞章是指逻辑框架、论证说理和文辞表达。《老子与哲学》重在义理和辞章，在义理方面，力图在全面、系统地理解老子思想的基础上，对老子思想既进行分析又进行综合，正确地给予认识，客观地加以解读；在辞章方面，搭建起哲学、政治和人生的思维架构，以老子之思想范畴、概念为主体，展开论证和分析。《老子与哲学》没有在考据方面花费更多精力，只是对不同的考证和释义做出必要选择。

从《论语与人生》写作开始，作者一以贯之的研究方法是解构、建构和以文注文、以人注人。《老子与哲学》更加圆融、成熟地运用这一研究方法。首先是解构，即在反复研读《老子》一书的基础上，在宏观把握老子思想的前提下，对老子思想进行条分缕析的梳理和分门别类的归纳，进而分解为既有联系又有区别的不同部分。尔后是建构，根据作者的学术视野和理论功底，对解构后的老子思想做出排列组合，从本体论、政治学和人生观三个方面进行重构和解读，以便于读者更好地从整体与部分的结合上认识把握老子的思想。在解构和建构过程中，作者秉持严谨的学术态度，坚持以老子注解老子，即以《老子》书中的概念、判断和观念以及历史上记载的老子言行和事例，来诠释老子的每一个思想观点，尽量避免个人的随意发挥和任性议论。

《老子与哲学》的逻辑结构分为四个部分，第一部分是"老子其人"，重点介绍老子在中国思想史中的地位和作用：既是哲学家，又是政治思想家，还是道教始祖。第二部分是"本体哲学"，着重阐述老子的道法自然、有无相生、玄览静观的哲学思想。第三部分是

"政治哲学",着重阐述老子的无为而治、南面之术和小国寡民的政治思想。第四部分是"人生哲学",着重阐述老子的圣人人格、见素抱朴和卑弱自持的思想。全书共有三十六篇文章,每篇文章与全书的逻辑体系既有联系又有区别,联系在于全书是一个有机整体,每篇文章之间互有照应,可以帮助读者全面把握老子的思想体系;区别在于每篇文章相对独立,本身就是一个整体,可以帮助读者充分认识老子思想的某一侧面或观点。无论是阅读全书,还是阅读其中的文章,但愿都能对读者有所启迪、有所体悟、有所帮助。

德国哲学家尼采认为,《老子》"像一个永不枯竭的井泉,满载宝藏,放下汲桶,唾手可得"。一个外国哲人如此看重老子思想,作为中国人,更应该认真研读《老子》,从中汲取精神力量,既改造主观世界又改造客观世界,在改造世界的过程中享受智慧的乐趣、生活的美好和思辨的空灵。

作者谨记于乙未年冬月

老子其人

老子其人：神龙见首不见尾

老子是我国古代伟大的思想家，也是世界文化名人。《老子》一书，亦名《道德经》，是道家思想的奠基之作，同《易经》《论语》一起被认为是对中国人影响最为重大而又深远的思想巨著。然而，千百年来对于老子其人其书却是争议不断、众说纷纭。历史上是否确有老子其人，至今仍是一宗悬案，烟雾缭绕，可谓神龙见首不见尾。

研读老子其人，绕不开司马迁。一定意义上说，老子其人其生平成于司马迁亦疑于司马迁。司马迁提供了最早、最为准确的有关老子其人信息，同时又为争论老子其人埋下了伏笔。司马迁在《史记·老子韩非列传》中这样记载：

> 老子者，楚苦县厉乡曲仁里人也，姓李氏，名耳，字聃，周守藏室之史也。
>
> 孔子适周，将问礼于老子。老子曰："子所言者，其人与骨皆已朽矣，独其言在耳。且君子得其时则驾，不得其时则蓬累而行。吾闻之，良贾深藏若虚，君子盛德容貌若愚。去子之骄气与多欲、态色与淫志，是皆无益于子之身。吾所以告子，若是而已。"孔子去，谓弟子曰："鸟，吾知其能飞；鱼，吾知其能游；兽，吾知其能走。走者可以为罔，游者可以为纶，飞者可以为矰。至于龙，吾不能知，其乘风云而上天。吾今日见老

子，其犹龙邪！"

老子修道德，其学以自隐无名为务。居周久之，见周之衰，乃遂去。至关，关令尹喜曰："子将隐矣，强为我著书。"于是老子乃著书上下篇，言道德之意五千余言而去，莫知其所终。

或曰：老莱子亦楚人也，著书十五篇，言道家之用，与孔子同时云。

盖老子百有六十余岁，或言二百余岁，以其修道而养寿也。

自孔子死之后百二十九年，而史记周太史儋见秦献公曰："始秦与周合，合五百岁而离，离七十岁而霸王者出焉。"或曰儋即老子，或曰非也，世莫知其然否。老子，隐君子也。

老子之子名宗，宗为魏将，封于段干。宗子注，注子宫，宫玄孙假，假仕于汉孝文帝。而假之子解为胶西王卬太傅，因家于齐焉。

世之学老子者则绌儒学，儒学亦绌老子。"道不同不相为谋"，岂谓是邪？李耳无为自化，清静自正。

后人关于老子其人的争论，主要集中在司马迁所记载的老子、老莱子和太史儋三个人及其生活年代。应该说，在清代以前，对于老子的争论并不大，一般认为老子生活的年代与孔子同时且稍早于孔子。1922 年，近代学者梁启超在评论胡适的《中国哲学史大纲》时，撰文对老子其人提出质疑，在 20 世纪二三十年代引发了一场热烈争论，大致可分为三种观点：一种认为老子生活于春秋末期，年长于孔子；另一种认为老子生活于战国中后期，在孔子、墨子之后；还有一种认为历史上不存在老子其人。这场争论的文章后来汇集在《古史辨》第四册和第六册中，洋洋洒洒几十万言。胡适、钱穆、冯友兰、顾颉刚等一批顶级学者都卷入了争论，甚至有了意气之争。胡适与钱穆就老子的年代问题通过几封信，胡适主张老子生活的年代为春秋晚期，略早于孔子。钱穆则认定老子为战国时人，晚于孔子。据说，两人一次相遇，钱穆说："胡先生，《老子》年代晚出，证据确凿，你不要再坚持了。"胡适回敬道："钱先生，你所举的证据还不能使我心服，如果能使我心服，我连我的老子也不要了。"[1]

追根溯源，关于老子其人争论的源头还在于司马迁的《史记》。历史上记载老子其人的书籍很多，大多带有神话或传说成分，唯有《史记》比较严谨，具有充分的史料价值。从《史记》记载分析，司马迁明确表达了以下几层意思，这就是春秋时期有老子其人，姓李，名耳，字聃，为周守藏室之史；老子曾著书上下篇，言道德之意五千余言；老子崇尚无为自化，清静自正；孔子曾问礼于老子；汉初道家与儒家已形成不同学派，相互排斥。关于老子和老莱子，应为两人是无疑的，却同是春秋时期人，同为孔子的老师。老子长期担任周守藏室之史，著书《道德经》，而老莱子是位隐者，终身不仕，著书十五篇。所以，《史记·仲尼弟子列传》写道："孔子之所严事：于周则老子；于卫，蘧伯玉；于齐，晏平仲；于楚，老莱子；于郑，子产；于鲁，孟公绰。"关于老子与太史儋，由于两人都是周朝史官，且名"聃"与"儋"的古音相同而字义相通，容易引起混淆。但是，老子与太史儋应为两个人，也是无疑。太史儋见秦献公的时间是公元前374年，此时老子仍在世的话应有两百余岁，这是不可能的。而且，两人的处世原则和理念截然不同，老子虽为史官，关心政治，却不愿直接为官从政，最后西出函谷关，不知所终；太史儋则志于入仕，积极为秦献公献计谋策。因而司马迁在记载两人时持谨慎态度，用了"或曰""盖"等存疑之词。关于老子生活的年代，老子的年龄大于孔子，应为春秋末期，这可以从两方面得到证明：一方面，孔子问礼于老子，这不仅在《史记》中多有记载，而且在《庄子》《礼记》《左

[1] 张中行：《不合时宜》，江苏文艺出版社2012年版，第11页。

传》等战国时期的史料中也有记载；另一方面，1993 年湖北郭店竹简本的发现，据碳 - 14 测定，竹简本形成的时间大约在公元前 300 年之前，说明在战国时期《老子》一书已存在并流传，那么，作为著者的老子就应生活在更早的年代。老子所著《道德经》及其创立的道家学派，在中国思想史上具有特别重要的地位，诚如著名史学家吕思勉所言："道家之学，实为诸家之纲领。诸家皆专明一节之用，道家则总揽其全。诸家皆其用，而道家则其体。"[1]

那么，在中国历史上，老子到底是一个什么样的人呢？

老子是革命家，他消解了"上帝""天命"等宗教和迷信观念，实现了古代思想史上的革命。在古代社会，统治者为了证明统治的合法性和权威性，需要借助宗教和超自然的力量，这就是天命观。天命观的本质是神秘主义，认为宇宙间有个至高无上的神；主要内容是相信神灵经常关心并干预包括自然界和人类社会在内的各种事务，相信神灵具有必要的智慧，知道通过什么样的方式来显示他的意愿，相信神灵具有实现其意图的权能和超自然力量。不过，古代殷商王朝和周王朝的天命观有明显差异。殷商时期的天命观带着浓厚的原始社会巫术传统，核心概念是"帝"或上帝。殷商的帝与祖先合二为一，它是殷商族群专有的守护神，而不是所有族群的守护神，更不是普适的裁判者。从甲骨文分析可知，"帝"字是花蒂的象形，预示着殷商种族的绵延不绝，也是宇宙间一切事物的最高主宰。所以，殷墟甲骨卜辞有"甲辰，帝其令雨"，"帝其令风"。意思是，甲辰那天，上帝要命令下雨，上帝要命令刮风。还有"帝其降堇（馑）"，"帝降食受又（佑）"。意思是，上帝要降给饥馑，上帝赐给我们吃的，保佑我们。还有"伐邛方，帝受我又（佑）"？意思是，征伐邛国，上帝会保佑我们吗？还有"王封邑，帝若

---

〔1〕 吕思勉：《先秦学术概论》，岳麓书社 2010 年版，第 27 页。

（诺）"。意思是，君王要建筑城邑，上帝答应了。还有"我其巳宾，乍帝降若；我勿巳宾，乍帝降不若"。[1] 意思是，我免占卜官的职务，上帝是应允的；我不免占卜官的职务，上帝是不允许的。这些都说明自然界的风雨变化、人世间的年成好坏、战争胜负、筑城、任官都是由上帝的意志和命令决定的。"周虽旧邦，其命维新。"周王朝天命观的核心概念是"天"，比起殷商的"帝"说有了明显进步，主要表现在周朝的天是所有族群的保护神，具有普遍性、公正性和人文性。同时，周朝为了说明周朝取代商朝的合理性，提出了"天命靡常"观念，认为"非我小国敢弋殷命，惟天不畀"。意思是，不是我们周朝敢违背殷商王朝的命令，是天不保佑商朝。周朝还把天与祖先分离为二，赋予天以伦理意义和道德内容，提出"以德配天"观念，认为君王只有敬德保民，才能实现天人合一，得到上天的保佑。尽管周朝的天命观有了进步，但春秋末世的战乱、苛政、重赋、酷刑，不仅意味着社会混乱和价值失序，而且意味着"天命摇坠"和精神世界的危机。老子对当时的社会生存状况进行了哲学反思，对统治者的天命观进行了思想批判，提出以道的观念取代"帝"和"天"的概念，以哲学取代宗教。在老子看来，道是"有物混成，先天地生"，"吾不知其谁之子，象帝之先"。[2] 这实质是中国古代思想史上的一场深刻革命，怎么评价都不为高。18 世纪，德国哲学家康德撰写了《纯粹理性批判》《实践理性批判》和《判断力批判》，给西方思想界带来了一场革命。德国诗人海涅称赞：罗伯斯庇尔砍了路易十六的头，康德砍了上帝的头。[3] 老子却在 2500

〔1〕 任继愈：《中国哲学史简论》，人民出版社 1973 年版，第 38 页。

〔2〕 引自附录《老子》全文。本书有关老子的言论均引自附录《老子》全文，以后不再注明。

〔3〕 参见〔德〕亨利希·海涅：《论德国宗教和哲学的历史》，商务印书馆 1974 年版，第 101—103 页。

年前就砍了上帝和天命的头，从而为中华民族减少宗教色彩、增进理性光芒开辟了道路。

老子是哲学家，他创立了道的学说，建构了中华民族抽象思维和理性思辨的整体框架。黑格尔在《哲学史讲演录》一书中，对老子的思辨哲学做出较高评价，对孔子却颇有微词。他认为，孔子"只是一个实际的世间智者"，其著作不过是"道德的教训"，"在他那里思辨的哲学是一点也没有的"。[1] 对于黑格尔的评价，似可从《吕氏春秋·孟春纪·贵公》的一则故事中得到理解。"荆人有遗弓者，而不肯索，曰：'荆人遗之，荆人得之，又何索焉？'孔子闻之曰：'去其荆而可矣。'老聃闻之曰：'去其人而可矣。'故老聃则至公矣。"这则故事说明荆人能超出个人之得失而不忘国别之界限；孔子能超出国别之界限而不能忘世人之藩篱；老子则超越私己、国界和人世，在宇宙大道的背景下来看"遗弓"事件，无所谓得、无所谓失，故可谓"至公"矣。通过这则故事，既可以体会到中西哲学的差别，又可以感悟儒道学说的差异。西方哲学以古希腊为代表，以自然为出发点，以实验为主要方法，着力研究人与自然的关系，而中国哲学以先秦为代表，以社会为出发点，着力研究人与社会的关系，比较关注政治和人生问题，且局限于社会领域探讨人生和政治问题，带有浓重的伦理道德色彩。总体而言，伦理道德是中国哲学的主流。但是，孔子创立的儒家学说与老子创立的道家学说还是有着明显差别，孔子学说只有伦理内容，老子学说却具有思辨色彩。孔子学说的主题是人，是人生而不是人的存在。孔子提倡人道有为，关注的是人伦秩序而不是人存在的形而上根据和意义，他努力从宗教制度和血缘纽带里探寻政治统治和道德生活的普适原则，

---

[1] [德]黑格尔著，贺麟、王太庆译：《哲学史讲演录》（第一卷），商务印书馆 2011 年版，第 130 页。

这就是仁者爱人的伦理学说，"克己复礼为仁"；"夫仁者，己欲立而立人，己欲达则达人。能近取譬，可谓仁之方也已"。这就是德政与礼治的政治主张，"为政以德，譬如北辰，居其所而众星共之"，而礼治在国家层面，是"君使臣以礼，臣事君以忠"；在家庭层面，是"生，事之以礼。死，葬之以礼，祭之以礼"。这就是家国情怀的道德修养，即"修身齐家治国平天下"。老子学说的主题也是人，却是人的生存而不仅仅是人生。所谓生存，相当于西方哲学的"存在"范畴，并非简单地指"生命的存活"，而是指"生成着的存在"。老子提倡天道无为，关注的是人存在的根据及其终极价值，这就是人作为有生命的存在根据何在，其生命的根源在哪里，人应当如何生存、怎样生存才符合人之存在的本性等高度抽象的问题。老子通过批判反思和抽象思辨，最后概括升华为道这一哲学范畴。康德指出，哲学是关于可能性的科学的某种纯粹观念，并不以某种具体的方式存在。老子之道正是康德所说的某种纯粹观念，这是老子作为哲学家的重要标志。道是天下万事万物的根源，"道生一，一生二，二生三，三生万物"。道是事物运动变化的规律，"反者，道之动；弱者，道之用"。道是老子思想的理论基础和逻辑前提。老子以道为核心范畴，注释拓展，创建了道家的哲学体系，构筑起古代中华学术的宏伟大厦，从而对天下万事万物的存在、生长和归宿做出了本原性思考，为人的生存和社会的发展提供了形而上根据。

老子是政治思想家，他提出的"无为而治"政治主张，更深刻地反映了政治统治和社会管理的规律。老子生活的春秋末期，是分封制向郡县制过渡的时期，整个社会经受着严重的政治、经济和精神危机。从社会政治制度分析，周王朝东迁之后，共主衰微、王命不行，旧的贵族等级制度"礼崩乐坏"，于是诸侯兼并、战争频仍。春秋初期是一百四十多个诸侯国纷争，末期则为十四国争霸。从经济层面分析，统治者横征暴敛、恣意妄为，极大地破坏了社会的正常生活。《左传》记载，昭公三年，在齐国是"民三其力，二入于公，而衣食其一。公聚朽蠹，而三老冻馁。国之诸市，屦贱踊贵"。踊是指受刖刑的人所着的假肢，由此可见刑罚严苛和受刑之人众多。在晋国是"庶民罢敝，而公室滋侈；道殣相望，而女富溢尤"。无怪乎，老子尖锐地批评："民之饥，以其上食税之多，是以饥。民之难治，以其上之有为，是以难治。民之轻死，以其求生之厚，是以轻死。"在人民生活困苦的同时，统治者却穷奢极侈、招摇过市，"朝甚除，田甚芜，仓甚虚。服文彩，带利剑，厌饮食，财货有余，是谓盗夸。非道也哉！"意思是，朝廷很败坏，田地很荒芜，仓廪很空虚，统治者却穿着华丽的衣服，带着锋利的宝剑，餍足了饮食，家里有多余的财货，这种行为就叫大盗。这真是无道啊！从精神世界分析，由于"天命摇坠"，旧的关于人与天、人与鬼神、人与自然、人与人之间的价值准则和行为规范，普遍受到怀疑，精神信仰和社会伦理道德出现严重滑坡。面对如此深重的社会政治经济思想危机，先秦思想家提出了各自匡正时弊和政治统治的方案。比较而言，老子的高明之处在于他从哲学的高度提出了政治思想，也就是从抽象思辨和终极追问的角度提出了道家的政治主张。在这个过程中，老子运用"正言若反"的表达方式阐述深奥的道理，这也是老子高于其他思想家的地方。"正言若反"，是对事物更深刻的认识和更正确的把握，不仅提醒人们要从反面的关系中来观看正面，以显出正面的丰富内涵，而且提示人们要重视对立面的作用，甚至于对立面所产生的作用更胜于正面所显示的作用。因此，老子提出了"无为而治"的主张，并把无为而治作为其政治思想的核心。无为而治不是无所事事、没有作为，而是为了实现更好的政治统治。《老子》第五十七章比较完整地阐述了无为而治的思想，首先是"以正治国，以奇用兵，以无事取天下"。然后指出无为而治的反面是统治者过多的干预，弊害甚多，"吾何以知其然哉？以此，天下多忌讳，而民弥贫；民多伎器，国家滋昏；人多伎巧，奇物滋起；法令滋彰，盗贼多有"。意思是，我怎么知道无为而治的好处呢？因为天下禁忌越多，人们就越陷于贫困；人们先进的器具越多，国家就越混乱；人们的巧智越多，歪邪的事情就更加兴盛；法令越是详明，盗贼出现得越多。最后以圣人的口吻指出，无为是手段，治理才是目的，"故圣人云，我无为而民自化，我好静而民自正，我无事而民自富，我无欲而民自朴"。

　　老子是道教始祖，他创立的道家学说成为道教理论最为重要的渊源，道家哲学乃是道教至为重要的理论基础。老子否定了宗教，否定了上帝和天命，而老子本人却被尊为道教教主，这真是"天命靡常"和绝妙的讽刺！在中国历史上，"道教"一词曾被赋予广泛的含义，最初的意思是指以"道"来教化众生的各种理论学说和实践，先秦思想家都以"道"来指称自己的理论和方法，并自命或被认作是"道教"。作为宗教的道教，是指在古代宗教信仰的基础上，沿袭方仙道、黄老道的某些宗教观念和修持方法，逐渐形成了以"道"为最高信仰，相信人通过某种实践，经过一定修炼有可能长生不死、成为神仙的中国本土的传统宗教。道家与道教具有根本区别，道家是以老子和庄子为代表的哲学派别，而道教乃是在东汉中后期形成的宗教。但是，道教在创立初期，就把老子奉为教主，尊《老子》为主要经典，是教徒们必须习诵的功课；后来又把《庄子》奉为经典，称为《南华经》。这表明道家哲学确实是道教的思想渊源，《魏书·释老志》在谈到道教的本源和宗旨时指出："道家之原，出于老子。其自言也，先天地生，以资万类。上处玉京，为神王之宗；下在紫微，为飞仙之主。千变万化，有德不德，随感应物，厥迹无常。"从这段议论可知，老子之道与道教之道有着密切联系。老子之道深邃幽远，是不可捉摸而又确实的存在，即"道之为物，惟恍惟惚。惚兮恍兮，其中有象；恍兮惚兮，其中有物。窈兮冥兮，其中有精；其精甚真，其中有信"。同时，道是"视之不见名曰夷，听之不闻名曰希，搏之不得名曰微。此三者不可致诘，故混而为一"。老子把道作为天地万事万物的根源，且是看不见、听不到、摸不着的超越时空的存在，具有浓厚的神秘色彩，这就接近了宗教思想，为道教从宗教角度进行解释提供了基础。从这个意义上说，老子之道被道教所吸收运用，有其内在逻辑必然性。当然，道教不是原封不动地搬用老子之道，而是做出了创新性改造，给予了宗教性阐述。在道教看来，道是"神秘之物，灵而有信"，"为一切之祖首，万物之父母"。因此，我们既要看到老子哲学与道教的联系，更要看到它们之间的本质区别，绝不能混为一谈，否则，就是对老子的亵渎。

拨开历史的迷雾，穿越时空的隧道，我们仿佛看到函谷关的上空仍然盘旋着紫气，仿佛看到一位老人骑着青牛孤独前行。这就是老子，姓李，名耳，字聃，生活在春秋末期，约在公元前571年至公元前471年之间。在中华历史的天空中，他是最亮的智慧之星。在人类文明的天空中，他可以和其他任何民族的星宿媲美。

老子其书：云霓明灭或可睹

　　《老子》是中国最早的哲学著作之一，在人类文明发展史上，也是最伟大的经典之一。自古著书以经名者，唯道家有之。《老子》之称经，自汉景帝始，以"老子义体尤深，改子为经，始立道学，敕令朝野悉讽诵焉"[1]。而《老子》演变为《道德经》，约萌发于汉末三国的边韶、葛玄，形成于魏晋之际的王弼、皇甫谧。《老子》涵盖哲学、宗教、人文、政治学、伦理学、军事学等诸多学科，后人尊为治国理身的宝典，对中国文化产生了广泛而深远的影响。据不完全统计，清朝以前《老子》版本一百多种，中文校订本三千余种，具有代表性的一千余种，这充分说明《老子》的巨大影响。最早解读《老子》的是先秦思想家和法家代表人物韩非子，著有《解老》《喻老》篇。汉初史学家司马谈高度评论道家思想，似可看作是对《老子》一书的评价，"道家使人精神专一，动合无形，赡足万物。其为术也，因阴阳之大顺，采儒墨之善，撮名法之要，与时迁移，应物变化，立俗施事，无所不宜，指约而易操，事少而功多"。[2]意思是，道家使人精神集中，行动合乎无形之"道"，使万物丰足。道家之术依据阴阳家关于四时运行顺序的学说，吸收儒墨两家之长，撮取名

---

〔1〕［清］纪昀等撰：《四库全书·子部·释家类》（第1050册），上海古籍出版社1987年版，第138页。

〔2〕司马迁：《史记》卷130，中华书局1959年版，第3289页。

法两家之精要，随着时势的发展而发展，顺应事物的变化而变化，树立良好风尚，应用于人事，无不适宜，意旨简约而容易掌握，用力少而功效多。对于先秦思想界而言，《老子》既是引领者又是集大成者，厚植起中华学术大树坚实的根底。英国学者李约瑟认为，中国如果没有道家，就像大树没有根一样。

《老子》一书对人类文明也产生了重大影响，最早由唐朝玄奘译成梵文走向世界，16 世纪后陆续被译成拉丁文、法文、德文、英文、日文。据联合国教科文组织统计，截至 2014 年，可查到的各种外文版《老子》已有一千多种，是除《圣经》之外，被译成外国文字最多的文化经典。有一则消息报道，《老子》已先后被一百零四人译成德文；每四户德国家庭就有一本《老子》。德国思想家雅斯贝尔斯评价《老子》一书，"它那样佯谬的语句所具有的说服力，它的谨严认真态度以及它那似乎不见底的思想深度，使其成为了一部不可多得的哲学著作"。[1] 比利时学者、耗散结构创始人普利高津指出："道家的思想，在探究宇宙和谐的奥秘、寻找社会的公正与和平、追求心灵的自由和道德完满三个层面上，对我们这个时代都有新启蒙思想的性质。道家在两千多年前发现的问题，随着历史的发展，越来越清楚地展现在人类的面前。"[2] 美国学者蒲克明认为："当人类隔阂泯除、四海成为一家时，《老子》将是一本家传户诵的书。"[3]

尽管《老子》其书声名远播、历久传诵，却像老子其人一样，也是争议不断、认识不一，主要问题是作者是谁和成书时间。关于作者是谁，大体有三种观点，基本的观点认为历史上确有老子其

---

[1] [德]夏瑞春编，陈爱政等译：《德国思想家论中国》，江苏人民出版社 1995 年版，第 217 页。

[2] 中国科学院中国现代研究中心编：《21 世纪现代化的特征与前途》，科学出版社 2012 年版，第 347 页。

[3] 李世东等：《老子文化与现代文明》，中国社会出版社 2008 年版，第 249 页。

人，《老子》一书应为老子所作；另一种认为，"《老子》，战国好事者，剽窃庄周书作也"；还有一种认为，"《老子》一书实非一人所能作，今传本《老子》如果把他看作是绝对完整的一人而言，则矛盾百出，若认为是纂辑成书，则《老子》作者显然不止一人"。关于成书时间，也有三种观点，基本的观点认为老子早于孔子，《老子》成书于春秋末期；另一种认为，《老子》成书于战国时期；还有一种认为，《老子》成书于秦汉之际或汉文帝时。无论如何，《老子》的作者及成书时间，或许是"烟涛微茫信难求"，而《老子》一书却是历史上真实的存在，"云霓明灭或可睹"。本文认同《老子》作者及其成书时间的基本观点，并将其作为研读的逻辑前提，进而着力探讨《老子》的义理和辞章。《老子》言简而意丰，疏朗而浑融，隽永而透达，逻辑而系统，是一本专著而不是纂辑；《老子》一书前后理论一贯，层层推论演进，自成一家之言，似这样严谨而连贯的著作，一般应出于一人的手笔，即可认为是老子自著。

千百年来，无论是九五之尊的帝王还是王侯将相，无论是文人墨客还是山野村夫，都争相研读《老子》，形成一道亮丽的文化风景线。在封建帝王中，就有四人注释过《老子》。第一人为唐玄宗李隆基，他两度注疏并诏颁天下，即《道德经注》和《道德经义疏》。注疏的宗旨是"取之于真，不崇其教，理国之要，可不然乎"，很少玄理的探讨，更少宗教性词语，立足统治实践，着重阐述老子治国理身理论。第二人为宋徽宗赵佶，他亲自注疏《道德经》并颁布全国；两次下诏"搜访道教逸书"，整理刊行，成为我国第一部《道藏》；还下令编纂《道史》，成为第一部道教历史著作。遗憾的是，赵佶尊崇的不是老子的治国理身之要，而是利用道教来神话自己，最后却成了金人的阶下囚。第三人为明太祖朱元璋，他给《道德经》的定位是"万物之至根，王者之上师，臣民之极宝，非金丹之术也"。这就把《老子》从宗教迷信中解脱出来，确是朱元璋慧眼所在。他在登基八年后亲自注解《道德经》并作序，在序言中详细记述了自己读《道德经》的过程。第四人为清世祖爱新觉罗·福临，他的《御注道德经》是原文句下加以简注，每章之后详加论说，自成一体，中心思想是讲解"治心治国之道"。除宋徽宗外，其余三位注释并践行《老子》思想的帝王，都产生了积极影响，有着不俗的统治政绩。[1]

自先秦以来，历代研老注老的著作层出不穷。战国中晚期及至西汉前期，老子之学昌盛于稷下，形成"齐学"，流布于楚地及三晋。汉初多家传老子之说，尤其是开国名臣曹参，从齐地把老子之学带到朝廷，演变为国家的意识形态。至刘向乃"定著二篇八十一章，上经三十四章，下经四十七章"[2]。汉武帝"罢黜百家，表彰六经"，使儒家思想在国家意识形态上占据统治地位，老子之学则转入民间，成为士大夫尤其是"处江湖之远"的士大夫的精神家园。汉代老子之学的主要特征是黄老神仙长生思想，借用老子之"道"作为理论依据。比较著名的注本有河上公的《老子章句》、严遵的《老子指归》和张陵的《老君道德经想尔注》。魏晋南北朝时期，老庄之学占据了知识界的核心，发展为思辨性很强的玄学体系，不仅描绘宇宙万物的化生过程，而且探究宇宙万物之所以产生、存在和变化的总根据。这时的老学已经改变了它在西汉初期的文化品格，不再充当"君人南面之术"，而是寻求精神自由和个性解放，宽袍缓带地清谈玄理。最为著名的注本是王弼的《老子注》和《老子道德经注》。唐朝是我国历史上尊老奉道的王朝，李唐皇帝视老子为自己的先祖，封为"太上玄元皇帝"，要求士庶人家均藏《道德经》，因

---

〔1〕 参见李世东等：《老子文化与现代文明》，中国社会出版社 2008 年版，第 43—47 页。

〔2〕 曾枣庄、刘琳主编：《全宋文》卷七九八八，《道德真经集解·序说》，上海辞书出版社 2006 年版，第 346 册，101 页。

而注解《老子》成为时尚。至唐末，诠疏笺注《老子》者约六十余家。唐代老学援《庄》入老、援佛入老，使老子之学的学理更加严密，疏证变得丰厚，有了神秘色彩。代表性注本及论著有成玄英《道德经开题序诀义疏》、李荣《老子注》和杜光庭《道德真经广圣义》。宋元老学更是发达，以至元代道士张与材称："《道德》八十一章，注者三千余家。"[1] 由宋而元，士人解读《老子》，潜入日常生活的心理层面，比较注重心性诠释。代表性注本及论著有王安石《老子注》、司马光《道德真经论》、苏辙《老子解》、范应元《老子道德经古本集注》、吴澄《道德真经注》和白玉蟾《蟾仙解老》。明清老学进入了古典学术和古代典籍的集成时代。明正统《道藏》五千余卷，万历《续道藏》百余卷，把《道德经》尊为太上教典；清代引入考据学，使《老子》章句考读提升到新的高度。至于清末学术，解读《老子》已有西学东渐的韵味。明清时期代表性注本及论著有薛蕙《老子集解》、释德清《老子道德经解》、李贽《老子解》和王夫之《老子衍》、傅山《老子解》、纪昀《老子道德经校订》和魏源《老子本义》。

《老子》的传世版本甚多，王重民1927年刊行《老子考》，版本存目450种；台湾严灵峰1965年刊行《无求备斋老子集成》初编、续编、补编影印本，共计356种。在众多的《老子》版本中，有的用讲道理、引述故事的方式来进行解说；有的是列举老子的一段言论，便根据自己的理解自由发挥和论述；有的是经、传分开，以章句形式进行注解。最为著名的是河上公本、严遵本、王弼本以及帛书本和竹简本。

河上公本一般被认为是最早的注本，又名《河上公章句》或《道德经章句》，其内容合乎老子大义，与汉初的黄老政治相协调，

---

[1] 《道藏》第12册，文物出版社、上海书店、天津古籍出版社1988年版，第725页。

和"文景之治"的休养生息政策相一致。河上公本也有谜团，主要是对河上公其人存在争议。《史记·乐毅列传》中提到河上丈人，"乐臣公学黄帝、老子，其本师号曰河上丈人，不知其所出"。据此记载，河上公应为战国时期人，这与河上公本的内容不尽一致。另一记载，是三国时期葛玄所作的《河上公章句序》，称河上公为汉初人士，曾大显神迹，赐书和指教汉文帝，其中的神仙化描写手法，不免使人怀疑其真实性。如果历史上确有河上公其人，那他应是黄老哲学的集大成者和方仙道的开山祖师。河上公本的存世及其产生于汉代，则是毫无疑问的。河上公本属民间系统，注释文字古朴，多古字杂俚俗，其流派为景龙碑本、遂州碑本和敦煌写本。河上公本以疏解原文为主要特点，不太关注道的理论问题，首先从宗教角度阐述《老子》，具有厚重的养生成仙思想；重点则是阐述如何修身与治国。河上公认为："用道治国则国安民昌，治身则寿命延长"；"治身者神不劳，治国者民不扰。"[1] 在河上公看来，治身是治国的基础，治身就要关注精气神。就人而言，精气是天地之气在人身体内的纯净气息，神明是天地之间的神妙在人五脏六腑中的显现。河上公告诫人们，不要放纵情欲，消损精气，破坏神明，更告诫君王要注重治身，"君开一源，下生百端。百端之变，无不动乱"。所以君王要清静无为，坚持治身去情欲、治国勿烦扰。

严遵本是指西汉晚期蜀中隐士严君平所著的《老子指归》。严遵是著名学者扬雄的老师，不求仕进，每天占卜为生。《汉书·王贡两龚鲍传》记载：严遵修身自保，"卜筮于成都市，以为'卜筮者贱业，而可以惠众人。有邪恶非正之问，则依蓍龟为言利害。与人子言依于孝，与人弟言依于顺，与人臣言依于忠，各因势导之以善，

---

[1] 本书所引河上公、严遵言论均出自 [汉] 河上公注，[三国] 王弼注、[汉] 严遵指归、刘思禾校点：《老子》，上海古籍出版社 2013 年版。以下不再注明出处。

从吾言者已过半矣.'裁日阅数人，得百钱足自养，则闭肆下帘而
授《老子》"。严遵本是老学研究史上的重要专著，是西汉道家思想
的代表作，它不同于注释类作品体裁，不是那种注重词语考证和解
释的注本，而是先引用老子观点的原文，然后进行指归分析，加以
发挥和论述。严遵本条理清晰，内容深邃博大，实际是《老子》的
再创作。严遵以韵文形式对《老子》进行理论阐发，辞句古奥，文
笔优美，句式相骈。他沿着《老子》的思路，采纳了《淮南子》的
部分内容，用道、德、神明、太和四个层次演进来论说天地万物的
化生问题，构造了一个以虚无为源、以气化为流的宇宙演化体系。
他本着依天道论人事的模式，阐述老子的"无为而治"思想，认为
"有为乱之首也，无为治之元也"。同时，吸收了《黄帝四经》的思
想，强调无为不是无所作为，是"君无为而臣有为"，即"尊天敬
地，不敢亡先；修身正法，去己任人；审实定名，顺物和神；参伍
左右，前后相连；随时循理，曲因其当；万物并作，归之自然；此
治国之无为也"。他阐述的老子道论和哲学思想，包含着本体论和辩
证法，使老子学说更加系统化和条理化，为后来的王弼所继承，成
为魏晋玄学提出的"贵无""自然为本"本体论的萌芽。严遵本还有
丰富的养生思想，这反映了西汉、东汉之际隐士阶层苟全性命于乱
世的心态。养生思想的主题是"全其性命"，即"自古及今，飞鸟走
兽、含气有类之属，未有不欲得而全其性命者也"；原则是"无欲无
取"，即"无欲则静，静则虚，虚则实，实则神"；方法是"保精养
神"，从而做到"筋骨便利，耳目聪明，肌肤润泽，面理有光"。

　　王弼本是流传最广、影响最大、学术价值最高的《老子》版本。
对于王弼其人其书，史学界没有任何争议。王弼，三国时魏人，与
何晏、夏侯玄等同倡玄学清谈，英年早逝，病故时只有二十四岁。
这是个天才型的人物，在老学史上是第一流人物，在中国思想史上
也是第一流人物。著作有解读《老子》的《老子注》《老子道德经

注》和解读《周易》的《周易注》《周易略例》。当时的玄学首领何晏极为赏识王弼，认为"仲尼称后生可畏，若斯人者，可与言天人之际乎！"[1] 所谓天人之际，就是人们对天道、自然与人的关系这一重大哲学问题的思考。王弼对老学发展做出了杰出贡献，王弼本能够应对时代挑战，是老子思想最具创造力的解释者。由于《老子》原文逸散已久，王弼本曾是《老子》的唯一传世本。与河上公本风格不同，王弼本属于文人系统，文笔流畅，其流派为苏辙、陆希声、吴澄诸本，这些文人善做文章并掺入自己的见解。王弼本注重对《老子》哲理的阐述，它运用本与末、体与用的分析方式，把老子之道中的"无"突显出来，提出了"以无为本"的本体论，建立了体系完备、思辨抽象的玄学哲学体系。王弼认为，"《老子》之书，其几乎可一言而蔽之。噫！崇本息末而已矣。观其所由，寻其所归，言不远宗，事不失主"。[2] 在王弼看来，世界的本体是"无"，世界各种各样的具体事物为"有"，无是本，有是末，即"天下之物，皆以有为生。有之所始，以无为本。将欲全有，必反于无也"。至于政治主张，王弼延续了河上公本的思路，重在无心无欲无为，反对巧智奸诈，强调"以道治国，崇本以息末；以正治国，立辟以攻末"。辟意指法律。

帛书本是指 1973 年湖南长沙马王堆汉墓出土的《老子》抄本，因在一种致密而轻薄的丝织品上抄写而称帛书。帛书《老子》有甲、乙两本，均有部分残缺，甲本 5440 字，掩损 1369 字；乙本 5467 字，掩损 702 字。甲本字体介于篆、隶之间，不避汉高祖刘邦名讳，说明甲本完成于汉朝建立之前；乙本用隶书抄写，避刘邦名讳而不

〔1〕 严可均辑：《全晋文》，商务印书馆 1999 年版，第 163 页。
〔2〕 本书所引王弼言论均出自〔魏〕王弼注、楼宇烈校释：《老子道德经注》，中华书局 2011 年版。以下不再注明出处。

避汉文帝刘恒名讳，说明乙本成书于刘邦在位时期。比较而言，甲本抄写粗率，错讹屡见，乙本抄录精致，对《老子》原意理解较深，一些关键词和重要思想抄录得较为准确。对照传世的河上公本和王弼本，帛书本在内容、文字上并无根本不同，最大的差别在于结构不同，帛书本不分章，只分上、下篇，而且"德经"在前"道经"在后，从传世本的第三十八章开始。在具体篇章排列方面，"德经"中相当于传世本之四十、四十一章倒置，八十、八十一章移至六十七章之前；"道经"中二十四章移至二十二章之前。某种意义上可以说，帛书本与传世本不属于一个体系。帛书本的发现，说明早在汉朝之前，《老子》已经成书，这为确定《老子》的成书时间提供了可靠的考古资料。对于汉代文化研究而言，帛书本揭示了汉初社会文化思潮的演进过程，即由汉高祖时期的黄老之学与儒家思想兼杂、黄老之学尚未占据国家意识形态的主导地位，演变为文景时期确定黄老之学为国家意识形态的正宗。

竹简本是指1993年湖北荆门郭店楚墓中出土的《老子》抄本，因刻录在竹简上被称为竹简本，又称楚简《老子》。郭店墓葬时间约为公元前300年左右，墓葬主人先后分组抄录《老子》，一同陪葬。竹简本文字纯正古朴，分为甲、乙、丙三组，除去一段与《老子》内容关联不大的"太一生水"篇外，共有一千七百余字，约为传世本的三分之一，其内容分别见于传世本《老子》八十一章中的三十一章。竹简本内容基本上互不重复，每组都有自己的主题，抄录者似乎以分门别类摘录为目的，而不是为了抄写《老子》全书。竹简本三组的内容较为系统完整，既各有侧重又相互联系。甲组论述圣人之道，似可名为圣人篇，大致可区分出两个主题，一部分主题与丙组类似，主要讨论治国方法；另一部分主题与乙组类似，主要讨论修身方法。乙组论述修身之道，似可名为修身篇，主要讨论长生久视的养生法，无为而无不为的处世术，以及绝学无忧、宠辱不惊、大方无隅、大器晚成、大巧若拙等辩证思想。丙组论述治国之道，似可名为治国篇，着重讨论成事遂功，百姓曰我自然；大道废，安有仁义；用兵战胜，以丧礼居之；为者败之，执者失之；圣人无为故无败，无执故无失。竹简本的发现，说明《老子》一书在战国时期已经流传；最重要的意义在于证实老子是春秋末期的智者，《老子》是作于春秋末期最早的中国私家著作。此外，2009 年北京大学收藏了一批汉武帝前期的竹简，其中有比较完整的《老子》竹简本，从抄本避刘邦讳而不避惠帝刘盈讳分析，它与帛书本抄写时间大致相同。北京大学竹简本保存良好，有完整和接近完整的竹简 221 枚，残简 10 枚；竹简本分上、下两篇，共七十七章，也是"德经"在前"道经"在后，全书正文 5300 余字，残缺仅为 60 余字。这是从地下出土的四种竹简和帛书古本中，保存最为完整的《老子》版本；首次发现在两枚竹简背面写有"老子上经"和"老子下经"的篇题，印证了有关《老子》称"经"的文献记载。

世界各民族思想的发展都是以不断地对民族文化经典进行重新诠释的方式展开的；即使思想的创新发展，也是以研读悟透民族文化经典为基础的。在中国传统文化中，持续不断地对《老子》进行诠释，是中华民族思想发展，尤其是哲学思想和抽象思辨能力发展的重要途径。对于《老子》的诠释，基本沿着思想聚焦、语言趋同和文本改善的方向前进。所谓思想聚焦，是指由古本到传世本的发展过程中强化了《老子》思想观点和重要概念的过程，进而上升为哲学范畴。任何哲学范畴，都是一个普遍抽象的观念，具有相对确定的含义，遵循一定的使用规则，反映某个思想派别的立场。中国哲学不太重视概念范畴，通常用隐喻、类比、寓言和格言来讲述道理，因而思想聚焦既是思想发展的重要标志，又是诠释《老子》价值所在。"无为"是老子哲学的重要概念，帛书本出现七次见于六章之中，而在河上公本和王弼本则出现十二次见于十章之中，比帛书本多出三分之一，这就突出了"无为"在老子思想体系中的地位和作用。所谓语言趋同，是指《老子》各个版本在分别加工原文时表现出的对某种共同语言特点的重复和强化。语言趋同与思想聚焦既有联系又有区别，联系在于当语言趋同涉及哲学范畴时，也就产生了思想聚焦；区别在于语言趋同还涉及一般概念和词语，而思想聚焦只涉及重要概念范畴。语言趋同的主要形式有句式整齐化、排比句式强化以及某些概念、判断在章节之间重复。所谓文本改善，是指《老子》先后版本在思想聚焦和语言趋同过程中必然产生的良好效果。不同版本相互参校的结果造成了不同版本的语言风格和文字内容渐趋一致。河上公本与王弼本的文字比较接近，就是两个版本长期分别流传、相互参校的结果。研读《老子》其书，使我们对思想的发展规律有了新的认识和感悟，这真是意外的惊喜，有心种花，花已开放；无意插柳，柳也成行。

老子之思想：博大精深

　　德国思想家雅斯贝尔斯在《历史的起源与目标》一书中指出，在公元前 500 年左右，或者说公元前 800 年到公元前 200 年期间，"在中国，孔子和老子非常活跃，中国所有的哲学流派，包括墨子、庄子、列子等诸子百家都出现了。像中国一样，印度出现了《奥义书》和佛陀，探究了一直到怀疑主义、唯物主义、诡辩派和虚无主义的全部范围的哲学可能性……希腊贤哲如云，其中有荷马，哲学家巴门尼德、赫拉克利特和柏拉图，许多悲剧作者，以及修昔底德和阿基米德。在这数世纪内，这些名字所包含的一切，几乎同时在中国、印度和西方这三个互不知晓的地区发展起来"。[1] 雅斯贝尔斯称之为"轴心时代"，"人类一直靠轴心时代所产生的思考和创造的一切而生存"。雅斯贝尔斯提出"轴心时代"理论之后，又在《大哲学家》一书中将老子列入"原创性形而上学家"。雅斯贝尔斯是从人类文明和思想发展的高度，评论"轴心时代"和老子的价值。老子是思想家，对人类文明发展做出了重大贡献。循着雅斯贝尔斯的思路，深入梳理和探究老子之思想，具有重要的认识价值和现实意义。

　　法国思想家帕斯卡尔认为："人的全部尊严就在于思想。"他说："我很能想象一个人没有手、没有脚、没有头（因为只是经验才

---

〔1〕　［德］卡尔·雅斯贝尔斯著，魏楚雄、俞新天译：《历史的起源与目标》，华夏出版社 1989 年版，第 8 页。

教导我们说，头比脚更为必要）。然而，我不能想象人没有思想，那就成了一块顽石或者一头畜牲了。"[1] 这段话深刻阐明了思想对于个体和人类的极端重要性。所谓思想，从哲学角度分析，是指人脑对客观存在感性或理性的反映，是一系列信息输入人脑后再形成的一种可以用以指导人言行的意识。对于个体而言，思想表现为观念、想法，观念可以是外来接受，想法可以是自己形成，进而影响着人们的日常行为；对于人类社会而言，思想表现为理论体系和思维方法，影响着历史前进的脚步。真正的思想是指理论体系和思维方法。人类社会的每一次进步，首先是思想的进步、理论体系和思维方法的创新。思想是世界上最宝贵的财富，它的魅力在于穿越时空，照彻世俗。任何不朽思想都是时代的强音，对于一个民族品格的塑造、社会历史的发展、科学图景的改观和世界形势的变化，必定会产生重要而深远的影响，甚至会改变一个时代。在人类历史上，能够影响世界进程的思想不是灿若群星，而是寥若晨星，老子思想是晨星中耀眼的一颗。

梳理和探究老子之思想，前提是要认识老子思想的特点，掌握开启老子思想之门的钥匙。老子思想的最大特点是玄而又玄的思维。中国哲学一般关心社会而不关心自然领域，具有浓重的伦理道德色彩，以致学界有人认为中国没有哲学，先秦时代没有像古希腊那样的哲学。老子是个异数，他虽然从政治和人生问题出发进行研究，却没有局限于社会领域，而是拓展到宇宙范围研究社会问题，从而把先秦思想提升到形而上高度，抽象升华为道的范畴。这是老子对中华文明最大的贡献，也是老子被称为中国哲学之父的主要根据。道是老子思想的理论基础和逻辑前提，是浑全之朴、众妙之门，创生天地万物而又内在于万物之中。道不能被感觉知觉，只能通过玄

---

[1] ［法］帕斯卡尔：《思想录》（上），吉林大学出版社 2005 年版，第 173 页。

而又玄的思维方式把握,"道可道,非常道;名可名,非常名。无,名万物之始;有,名万物之母"。老子思想的主要特点是批判反省的思维。面对春秋末年周文疲敝和礼崩乐坏的形势,老子对文明基本持一种批判的态度,古来今往许多思想家批判过文明,但只有老子把整个文明都拿来批判,即"大道废,有仁义;慧智出,有大伪;六亲不和,有孝慈;国家昏乱,有忠臣"。在老子看来,当时倡导和力图恢复的仁义礼教,都是统治者积极有为的结果,不仅不是解决问题的手段,而且是造成问题的根源。仁义是一套宣传说辞,让人变得虚伪无耻;礼教成了一套干瘪僵硬的桎梏,似乎在强制地拉着人们前行;知识和巧智造就了更多麻烦,似乎变成了互相之间的算计关系。为此,老子明确提出了"无为"和"自然"的主张。批判性思维并不是否定一切,而是对已有的各种观点接受之前必须进行的审查和质疑,这是人类应具备的健康的思维能力。老子思想的重要特点是正言若反的思维。钱锺书认为:"夫'正言若反',乃老子立言之方,《五千言》中触处弥望。"[1]《老子》第四十五章指出:"大成若缺,其用不弊。大盈若冲,其用不穷。大直若屈,大巧若拙,大辩若讷。躁胜寒,静胜热。清静为天下正。"意思是,大完满好像有欠缺,而它的作用却不会衰竭。大充实好像空虚,而它的作用却不会穷尽。大直好像弯曲,大巧好像笨拙,大辩好像木讷。运动能抵御寒冷,安静能制伏炎热。只有清静才是天下万事万物的准则。老子的正言若反,既是一种思维方式,体现否定之否定的辩证精神,又是一种语言风格和修辞手法,将一些对立的概念组织在一起,以说明相互联系、区别、转化和流动。这不仅增添了老子思想的内涵,而且加强了表达效果,使品读《老子》更加耐人寻味。正言若反与批判性思维密切关联,批判性思维是正言若反的本质内容,正言若

---

[1] 钱锺书:《管锥编》(二),生活·读书·新知三联书店 2001 年版,第 717 页。

反是批判性思维的最好表达方式。老子思想另一特点是善用比喻的思维。中国哲学不善于定义概念和范畴，却善于运用故事或比喻来阐述深奥的道理。思想家的比喻，总是建立在想象的基础上，产生出某种感觉效果，使抽象化的思辨获得形象生动的间接表达。老子是比喻高手，所用喻体卓然不群、个性鲜明，老子思想最主要的喻体是水、女性和婴儿。以水喻道，是生命源泉的形象追索；以女性喻道，是生命原始力量的深情回忆；以婴儿喻道，是生命原初状态的天真体验。在第六十四章中，老子一连用了三个比喻，说明事物从微小发展而至于壮大以及防患于未然、治之于未乱的道理，"合抱之木，生于毫末；九层之台，起于累土；千里之行，始于足下"。

老子之思想博大精深，涵盖自然界、人类社会和个体生命各个领域，包括哲学、宗教、科学、政治、人文、伦理、军事等诸多学科，集中反映了古代中国人的世界观、方法论和人生价值。老子所关心的是如何消解人类社会的纷争、如何使人们生活幸福安宁。从这些基本问题出发，老子构筑了以形而上的道为根本依据，以相反相成为主要动力，以道法自然为宗旨，以自然无为为纲纪，以修身无欲为中介，以圣人之治为目标的理论大厦。德国哲学家尼采认为，老子思想"像一个永不枯竭的井泉，满载宝藏，放下汲桶，唾手可得"[1]。那么，我们就怀着崇高敬意和虔诚心情去探寻老子思想的宝藏。

道的本体论，这是老子思想最贵重的宝藏。对于哲学思想体系来说，本体论的建构之所以重要，因为它是全部问题的形而上依据。老子是中国历史上第一个自觉研究本体论的思想家，他把道作为自己学说的最高范畴，看作天下万事万物的本原和起源。老子认为，道是形而上的存在，天地万物则是具体的存在。形而上的道相

---

〔1〕　李世东等：《老子文化与现代文明》，中国社会出版社 2008 年版，第 274 页。

对于天地万物而言，它是无形无象、无名无状，即"视之不见名曰夷，听之不闻名曰希，搏之不得名曰微。此三者不可致诘，故混而为一。其上不皦，其下不昧，绳绳不可名，复归于无物。是谓无状之状、无物之象。是谓惚恍。迎之不见其首，随之不见其后"。在老子看来，道是宇宙的本原，无形无象的道创生了有形有象的天地万物，"有物混成，先天地生。寂兮寥兮，独立不改，周行而不殆，可以为天下母。吾不知其名，字之曰道，强为之名曰大。大曰逝，逝曰远，远曰反"。意思是，有物浑然一体，先于天地生成。无声而又无形，独立长存从不改变，循环运行永不停息，可以说是天地之本根。我不知它的本名，给它取名叫道，勉强取名叫大。大到无边又无所不至，无所不至而又运行遥远，运行遥远又回归本原。老子把道比喻为"大容器"，装着无穷无尽的东西，却总是装不满，"道冲而用之或不盈，渊兮似万物之宗"。冲通盅，《说文》注："盅，器虚也。"老子把道比喻为"谷神""玄牝"，它们创生万事万物，其生殖力量却不会衰减穷竭，"谷神不死，是谓玄牝，玄牝之门，是谓天地根。绵绵若存，用之不勤"。意思是，道是那样神妙而永恒，它就像空无一物的山谷和深妙莫测的母体。深妙莫测的母体，它就是天地的本根。绵密不绝而又川流不息，它的功用无穷无尽。老子把道比喻为"大风箱"，愈是推拉它，就愈是多排风，"天地之间，其犹橐籥乎？虚而不屈，动而愈出"。张松如注云："橐籥，犹今风箱，古冶铸所用嘘风炽火之器，为函以周罩于外者橐也，为辖以鼓扇于内者籥也。"[1]容器、谷神、玄牝和风箱有一个共同特征，就是中间空虚而作用无限。老子用这些喻体说明道之体与用的关系，即道体冲虚，其用无穷。

有与无的辩证法，这是老子思想最闪亮的宝藏。老子是朴素辩

---

〔1〕 张松如：《老子说解》，齐鲁书社 1987 年版，第 44 页。

证法大师，老子思想中有着丰富而深刻的辩证法内容。在短短五千言中，老子约举出了八十余对相反相成的概念，其中最重要的思想是"反者，道之动；弱者，道之用"，这不仅解释了天地万事万物运动变化的原因和动力，而且指出了事物运动的规律性，即事物的运动是循环往复，总要回到原初的状态；最主要的一对概念是有与无，"天下万物生于有，有生于无"。老子还用车轮、器皿和房屋作比喻，来阐述有与无的辩证关系，"三十辐共一毂，当其无，有车之用。埏埴以为器，当其无，有器之用。凿户牖以为室，当其无，有室之用。故有之以为利，无之以为用"。在辩证法的世界里，老子揭示了对立统一规律，认为任何事物都有对立面，事物既因对立面而存在，又因对立面而运动，"天下皆知美之为美，斯恶已；皆知善之为善，斯不善已。故有无相生，难易相成，长短相较，高下相倾，音声相和，前后相随"。老子揭示了质量互变规律，"其安易持，其未兆易谋，其脆易泮，其微易散。为之于未有，治之于未乱"。意思是，事物发展处于稳定的状态则易于掌握，事物发展尚未显示征兆的时候则易于处理，事物发展尚处于脆弱的时候则易于破灭，事物发展尚处于微弱的时候则易于散失。因而在事情尚未发生时就应该早做准备，在混乱尚未发生时就应该加以治理。老子揭示了否定之否定规律，这就是"反者，道之动"，"大曰逝，逝曰远，远曰反"。钱锺书认为"'反'有两义，一者、正反之反，违反也；二者、往反之反，回反也"，[1] 而往反之反就是否定之否定。老子揭示了矛盾对立面相互转化的规律，"曲则全，枉则直，洼则盈，敝则新，少则得，多则惑"。其中最著名的论述是"祸兮福之所倚，福兮祸之所伏。孰知其极？其无正也？正复为奇，善复为妖"。意思是，祸啊，是福所依凭的东西；福啊，是祸所隐藏的地方。谁知道它们变化的究竟？是没

---

[1] 钱锺书：《管锥编》（一），生活·读书·新知三联书店 2001 年版，第 690 页。

有个定准吗？正又变为邪，吉又变为凶。冯友兰指出，在主宰事物变化的法则中，最根本的一条是"物极必反"。而这一思想恰恰源自于道家学说，老子说："物壮则老"；"兵强则灭，木强则折"；"甚爱必大费，多藏必厚亡"。

理性直觉的认识论，这是老子思想重要的宝藏。老子的认识对象是道，围绕道来探索人们的认识活动。由于道不可见、不可触，无形无状、无色无味，具有神秘性，老子的认识论也染上了神秘色彩。然而，老子的认识论不能被认为是神秘主义认识论，而是有着创新性和合理因素的认识论。老子提出道的范畴，本身就具有深刻的认识论意义，道不是人们对世界作感性认识的经验折射的结果，而是人们对世界作理性思考的抽象积淀的结晶。因此，老子认为，道不是经验所能把握的对象，"不出户，知天下；不窥牖，见天道。其出弥远，其知弥少。是以圣人不行而知，不见而名，不为而成"。同时，老子认为，道只能由理性直觉认识和把握，理性直觉是比理性认识更高的认识方法，需要通过长期的思维训练才能达到的认识境界。在老子的认识论中，玄览是认识的必要前提，"涤除玄览，能无疵乎？"高亨注览为鉴，说"玄鉴者，内心之光明，为形而上之镜，能照察事物，故谓之玄鉴"[1]。意思是，清除内心污垢，使之清澈如镜，才能认识和把握客观事物。老子之所以要清除内心污垢，是因为"五色令人目盲，五音令人耳聋，五味令人口爽，驰骋畋猎令人心发狂，难得之货令人行妨"。静观是认识的重要方法，"致虚极，守静笃，万物并作，吾以观复"。意思是，尽力达到心灵空明的极致，坚守清静的最佳状态。万物都在蓬勃生长，我从中观察它们的循环往复。老子认为，只有做到了静观，才能观自身、观家乡、观邦国和观天下，"故以身观身，以家观家，以乡观乡，以国观国，

---

[1] 高亨：《老子正诂》，中国书店 1988 年版，第 24 页。

以天下观天下。吾何以知天下然哉？以此"。知常是认识的主要目的，"夫物芸芸，各复归其根。归根曰静，是谓复命。复命曰常，知常曰明。不知常，妄作，凶"。意思是，万物纷纷纭纭，各自返回它的本根。返回本根叫作静，静叫作回归本原。回归本原是永恒的规律，认识永恒的规律叫作明智。不认识永恒的规律，轻举妄动就会遭遇凶险。王弼注云："常之为物，不偏不彰，无皦昧之状、温凉之象，故曰'知常曰明'也。"

无为而治的政治观，这是老子思想富集的宝藏。老子的思想首先是对春秋末年社会混乱局面的反映，出发点和归宿都是政治和人生问题，因而历来有人认为《老子》一书是政治书籍而不是哲学书籍。在先秦时期，老子的政治思想一枝独秀。在中国思想史上，老子的政治思想自成一家，对于传统政治观念和政治实践有着重要贡献。道是老子政治思想的理论基础，遵道而行、同于道者，是政治实践的基本原则，"故道大，天大，地大，王亦大。域中有四大，而王居其一焉。人法地，地法天，天法道，道法自然"。王弼注云："天地之性，人为贵，而王是人之主也"；河上公注云："道性自然，无所法也。"在老子看来，"道常无为而无不为"。政治遵道而行，就是无为而治，这是老子之道在社会政治领域的必然要求，也是老子政治思想的核心。"侯王若能守之，万物将自化。化而欲作，吾将镇之以无名之朴。无名之朴，夫亦将无欲。不欲以静，天下将自定。"意思是，侯王如能无为而治，万物将自然化育成长。化育成长会产生贪欲，我将用道的真朴来镇服它。这个道的无名真朴，就能根绝贪欲。根绝贪欲就能安静，天下将会自然安定。老子把君王和统治好坏分为四个等次，"太上，不知有之。其次，亲而誉之。其次，畏之。其次，侮之。""太上，不知有之"是无为而治的目标，即最好的君王和统治，是老百姓不知道他的存在。无为而治要求统治者最大限度地减少干预和强制作为，充分尊重老百姓的权利和信任老百姓的能力。老子认为，无为而治的关键是守无。老子通过圣人的形象强调统治者应尊重民意、顺应民心，"圣人无常心，以百姓心为心。善者，吾善之；不善者，吾亦善之，德善。信者，吾信之；不信者，吾亦信之，德信"。通过圣人的言行强调统治者守无的积极意义，让老百姓自化、自正、自富和自朴，"故圣人云，我无为而民自化，我好静而民自正，我无事而民自富，我无欲而民自朴"。无为而治的原则是公正。只要有社会存在，就会有不平等问题。对于社会不平等现象，老子指出，要学"天之道"，不要学"人之道"，即"天之道，其犹张弓与！高者抑之，下者举之；有余者损之，不足者与补之。天之道，损有余而补不足。人之道则不然，损不足以奉有余。孰能有余以奉天下？唯有道者"。无为而治的基础是不争。争名逐利、贪功已有，可以说是人性的弱点，老子则告诫统治者，"天之道，利而不害。圣人之道，为而不争"。不争，就是要效仿道的"玄德"品质，化生万物而不据为己有，"道生之，德畜之；长之育之，亭之毒之，养之覆之。生而不有，为而不恃，长而不宰，是谓玄德"。

　　见素抱朴的人生哲学，这是老子思想有益的宝藏。任何人都会有职业和人生，职业是人生的一部分，人生却是人的全部。人生哲学包括修身之道和处世之道，不仅是对自己身体和生命的思考，而且是对人生价值、意义和目标的思考。老子从"道法自然"出发，把素朴看成是人的本质规定，即"见素抱朴，少私寡欲"。素是指未经染色的丝，朴是指未经雕饰的木头。老子认为，人的本性是朴素自然的，不要矫揉造作，不要被名利所诱惑。他还用婴儿来比喻人的素朴，"专气致柔，能婴儿乎？"意思是，结聚精气而达到柔顺，能纯真得像婴儿吗？婴儿天真无邪，在柔弱中充满生机和活力，身心都处在积极正面的状态，即"含德之厚，比于赤子"。即使长大成人，也要保持婴儿的本真和态度，"知其雄，守其雌，为天下谿。

为天下谿，常德不离，复归于婴儿"。意思是，深知雄强重要，却甘居雌柔的地位，愿做天下的溪流。愿做天下的溪流，美德永不相离，复归如纯真婴儿。在老子的人生哲学里，首先要守柔。《吕氏春秋·不二》指出："老聃贵柔，孔子贵仁，墨子贵兼。"这比较正确地反映了老子人生哲学的特征。老子把柔弱看成素朴的表现和生命力的象征。"人之生也柔弱，其死也坚强。草木之生也柔脆，其死也枯槁。故坚强者死之徒，柔弱者生之徒。是以兵强则灭，木强则折。强大处下，柔弱处上。"柔弱就是要像水那样，善利万物却愿意往低处流，安于卑下，不逞强好胜、不锋芒毕露，"上善若水。水善利万物而不争，处众人之所恶，故几于道"。其次要知足。人生而有私有欲，这既是前进的动力，又是祸害的根源。老子并不否认私欲，而是主张少私寡欲、恬淡为上，把私欲控制在一定限度内，凡事都要适可而止，"名与身孰亲？身与货孰多？得与亡孰病？甚爱必大费，多藏必厚亡。故知足不辱，知止不殆，可以长久"。意思是，名声和生命哪一个更重要？生命和财货哪一个更贵重？得到名利和失去名利哪一个更有害？过分爱惜必有重大损耗，大量藏货必有更多损失。知道满足就不会遭受耻辱，知道适可而止就不会有危险，这样就可以长久安定。再次是以德报怨。人生最主要的内容是处理人与人之间的关系，最大的困惑是如何对待与自己品性风格不同的人，尤其是伤害过自己的人，老子提出了以德报怨的主张，"为无为，事无事，味无味。大小多少，报怨以德"。这一主张充满着智慧和宽容精神，是对世俗正义和道德价值的超越，有利于化解矛盾，平息纷争，息事宁人。否则，以怨报怨、以牙还牙，只能使矛盾越来越大、怨仇越结越深，冤冤相报何时了。

生活脚步匆匆，世事万象纷繁。在月明星稀的夜晚，伴随温暖如染的灯光，细细品读《老子》一书，认真寻觅老子思想的宝藏，诚如同一位睿智的老人对话，真是一种无上的精神享受，让人的心灵回归宁静和美好。品读《老子》，似乎站在世人的肩膀，让你从高处往下观望，擦亮双眼，超越世俗，则有心旷神怡，宠辱皆忘，把酒临风，其喜洋洋者矣；思接千载，视通万里，犹如神游在思辨王国，自由自在地沐浴着思维的阳光。品读《老子》，似乎在聆听大师的教诲，世事沧桑，人生百态尽收眼底；悲欢离合，阴晴圆缺涌上心头，在大师的点拨下一一化解、步步登高，逐渐进入化境的状态。品读《老子》，似乎在打开一幅历史长卷，既有秦汉的冷月、唐宋的乐舞、明清的悲歌，又有孔子的儒雅、庄子的洒脱、陶渊明的隐逸、李白的豪迈、岳飞的壮怀。在长卷背后，好像看到老子在频频点头颔首。品读《老子》，似乎在拥抱整个宇宙，观沧海、望星空，日月星辰、四季运行，黄山黄石、长江恒河，明月清风、杏花春雨，金戈铁马、大江东去，沧海横流、桑田变动，暗香浮动、残荷冷菊。面对浩瀚的宇宙、风云的历史、纷乱的社会和清冷的人生，仿佛听到老子在轻声地对我们说：这就是道！

老子之评析：高山仰止

按照词典一般解释，评析是评论分析，而评论是批评或议论。评析有理解和分析，可能比评论讲更多的道理，在肯定与否定、赞誉与批评之间更能保持平衡。因此，选择评析而不是评论来认识和对待老子的思想。评析老子思想是一件困难的事情。"千人注老""千年释老"，古今中外许多名人和文人学者都对老子思想做出这样或那样的评论，新的评论很难超越已有评论的广度、高度和深度。弄得不好，不是贻笑方家，就是画蛇添足。同时，无论评析还是评论，都必然有批评批判的成分，否则，就不是评析评论。老子是一位两千五百多年前的古人，我们祖辈、祖辈的祖辈，怎么能妄加评议呢？老子是一位伟大思想家，实际上我们只有"高山仰止、景行行止"的义务，不要说批评批判，就是赞誉和肯定，也因才疏学浅，是否有这个资格呢？西哲亚里士多德有句名言："我爱我师，但我更爱真理。"正是在这一理念鼓励下，我们不揣愚陋、不揣浅薄，冒冒失失踏上了评析老子思想之路。

在评析老子思想的过程中，我们将始终坚持"了解之同情"。所谓了解之同情，亦称同情之了解，是著名史学家陈寅恪提出的论点。他认为这是真正了解古人学说的不二法门，"凡著中国古代哲学史者，其对于古人之学说，应具了解之同情，方可下笔……所谓真了解者，必神游冥想，与立说之古人处于同一境界，而对于其持论所以不得不如是之苦心孤诣，表一种之同情，始能批评其学说之是非得失，而无隔阂肤廓之论"。[1] 我们所持的了解之同情，首先要比较全面地介绍古今中外对老子思想的正面评说；在批评时，要尽力回到春秋末期的混乱年代，站在老子的立场，在理解的基础上探幽析微，通过分析去臧否老子思想。

老子是一位世界级的思想家，《老子》一书是中国历史上最早的具有真正意义的哲学书籍，老子思想既回答了世界的本原问题，又描绘了世界的图景，以及人与宇宙、自然、社会的关系，包含着本体论、辩证法、认识论、历史观、政治论、人生观等丰富的哲学内容。古今中外名人和文人学者对老子思想的评论是"仁者见仁、智者见智"，各执一词、莫衷一是。无论哪一种评论，即使是批评的意见、否定的评论，都肯定老子是哲学家，肯定老子思想特征是抽象思维和理性思辨，肯定老子学说的主题是政治内容。综观思想史和学术界，对于这些评论，几无疑义。当然，最经典的评论还是孔子。孔子与老子是中国历史上两位文化巨人，孔子小于老子，曾问礼于老子。据史料记载，孔子与老子可能有五次会晤，或发生在公元前535、前527、前515、前501 和前486 年。在第二次会晤后，孔子对他的弟子说："鸟，吾知其能飞；鱼，吾知其能游；兽，吾知其能走。走者可以为罔，游者可以为纶，飞者可以为矰。至于龙，吾不能知，其乘风云而上天。吾今日见老子，其犹龙邪！"意思是，我知道鸟能飞；我知道鱼能游；我知道兽能跑。会跑的可以织网捕获它，会游的可以制成丝线去钓它，会飞的可以用箭去射它。至于龙，我就不知道该怎么办了，它是驾着风云而飞腾升天的。我今天见到的老子，大概就是龙吧！在这段话中，孔子认为他能够知道鸟、鱼、兽的习性，并能想办法加以捕获，而龙的习性，他根本不知道，更谈不上捕获。孔子是在赞叹老子，承认他的思想博大精深、玄妙难

---

[1] 陈寅恪：《金明馆丛稿二编》，生活·读书·新知三联书店 2001 年版，第 279 页。

识，很不容易理解和把握。

封建帝王对老子思想的评论。保存下来的史籍中，主要有四位帝王为《老子》一书作注。唐玄宗李隆基两次注疏《老子》，强调治国理身之道。他在《御制道德真经疏·释题》中说：《老子》"其要在乎理身、理国。理国则绝矜尚华薄，以无为不言为教。理身则少私寡欲，以虚心实腹为务。此其大旨也。及乎穷理尽性，闭缘息想，处实行权，坐忘遗照，损之又损，玄之又玄，此殆不可得而言传者矣"。宋徽宗赵佶重理论阐述而轻治国大道，注释多有精妙见解。他在《御解道德真经》"道经"开篇指出："道者亘万世而无弊，德者心之所自得。道者亘万世而无弊，德者充一性之常存。老君当周之末，道降而德衰，故着书九九篇，以明道德之常，而谓之经。其辞简，其旨远，学者当默识而深造之。"在"德经"开篇指出："道无方体，德有成亏，合于道则无德之可名，别于德则有名之可辨。"比较而言，明太祖朱元璋文化程度不高，他是在读到"民不畏死，奈何以死惧之"时，再也放不下《老子》这本书，并把读书心得写下来，为《老子》作注。朱元璋重实用而不重文字，在《御注道德经》中指出："朕虽菲材，惟知斯经乃万物之至根，王者之上师，臣民之极宝。"清世祖爱新觉罗·福临作注《老子》时比较年轻，对汉文化理解尚浅，注释虽不精致，却有真知灼见，强调"治心治国之道"。他在《御注道德经序》中指出："老子道贯天人，德超品汇，著书五千余言，明清静无为之旨。然其切于身心，明于伦物，世固鲜能知之也。"除此之外，史料记载表明，还有四位皇帝御注《老子》，即梁武帝的《老子讲疏》《老子义疏理纲》，梁简文帝的《老子义》《老子私记》，梁元帝的《老子讲疏》，魏孝文帝的《老子注》《老子义疏》，可惜这些注本都已佚失。梁武帝与梁简文帝、梁元帝是父子关系，他们对老子的热爱可谓一代胜过一代。据说，梁元帝在西魏大军兵临江陵城下时，还在皇宫内亲自对大臣们讲解《老子》。魏孝文帝原名拓跋宏，鲜卑族，是一位有作为的皇帝，主要贡献是促进了中华民族大家庭的融合。他迁都洛阳，推行汉化政策，实施均田制和改革鲜卑旧俗，自己带头把复姓拓跋改为汉姓元。

历代文人学者对老子思想的评论。在"千人注老"中，大多数是文人学者，既有道家的评论又有其他学派的评论。道家学者中，庄子与老子齐名，一般称老庄哲学。《史记·老子韩非列传》记载，庄子"其学无所不窥，然其要本归于老子之言，故其著书十万余言，大抵率寓言也"。《庄子·让王篇》认为："道之真以治身，其绪余以为国家，其土苴以治天下。"意思是，大道的精华用以修身，它的余绪用于治理国家，它的素朴用于教化天下。王弼注本《老子》词气邕舒，文理最胜，行世亦最广，认为"《老子》之书，其几乎可一言以蔽之。噫！崇本息末而已矣"。其他学派中，儒家代表人物之一荀子在《天论》中肯定了道化万物的思想观点，"万物为道一偏，一物为万物一偏。愚者为一物一偏，而自以为知道，无知也。慎子有见于后，无见于先。老子有见于诎，无见于信。墨子有见于齐，无见于畸。宋子有见于少，无见于多"。王先谦注云：老子"著五千言，其意多以屈为伸，以柔胜刚，故曰'见诎而不见信也'"[1]。法家代表人物韩非最早注解《老子》，在《解老》篇中指出："道者，万物之所然也，万理之所稽也。理者，成物之文也；道者，万物之所以成也。故曰：'道，理之者也。'"意思是，道是万物生成的根本动力，是万理构成形式的总汇。理是构成万物的外在形式，道是生成万物的根本原因。所以，道是根本性的东西。道教学家葛洪在《神仙传》中指出：老子著五千言后，"尹喜行其道，亦得仙。汉窦太后信老子之言，孝文帝及外戚诸窦，皆不得不读，读之皆大得其益。故文景之世，天下谧然，而窦氏三世保其荣宠。太子太傅疏广父子，深达

---

[1] 王先谦：《荀子集解》，中华书局 2012 年版，第 312 页。

其意，知功成身退之意，同日弃官而归，散金布惠，保其清贵。及诸隐士，其遵老子之术者，皆外损荣华，内养生寿，无有颠沛于险世。其洪源长流所润，洋洋如此，岂非乾坤所定，万世之师表哉。故庄周之徒，莫不以老子为宗也"。后世学者中，唐代司马贞在《孝经老子注易传议》中评论河上公和王弼的注本，"河上公盖凭虚立号，汉史实无其人，然其注以养神为宗，以无为为体，其词近，其理宏，小足以修身洁诚，大足以宁人安国。且河上公虽曰注书，即文立教，皆体指明近，用斯可谓知言矣。王辅嗣雅善玄谈，颇深道要，穷神用乎橐钥，守静默于玄牝，其理畅，其旨微，在于玄学，颇是所长"。宋代王安石在《老子》一文中指出："道有本有末。本者，万物之所以生也；末者，万物之所以成也。本者出之自然，故不假乎人之力，而万物以生也；末者涉乎形器，故待人力而后万物以成也。夫其不假人之力而万物以生，则是圣人可以无言也、无为也；至乎有待于人之力而万物以生，则是圣人之所以不能无言也、无为也。"明代宋濂在《诸子辩》中指出："聃书所言，大抵敛守退藏，不为物先，而壹返于自然。由其所该者甚广，故后世多尊之行之。"清朝魏源在《老子本义》中指出，"老子之书，上之可以明道，中之可以治身，推之可以治人"，给予很高评价。

西人对老子思想的评论。《老子》一书自 16 世纪传入西欧，深受西方学者的喜爱。林语堂在《老子的智慧》中指出："在孔子的名声远播西方之前，西方少数的批评家和学者，早已研究过老子，并对他推崇备至。"[1] 老子在西方的影响涵盖哲学、政治、经济、科技和人文各个领域。在哲学方面，推崇老子"道"的概念。德国哲学大师黑格尔在《历史哲学》中指出："道为天地之本、万物之源，中国人把认识道的各种形式看作是最高的学术……老子的著作，尤其

---

[1] 林语堂：《老子的智慧》，陕西师范大学出版社 2006 年版，第 7 页。

是他的《道德经》，最受世人崇仰。"存在主义哲学创始人海德格尔在《语言的本体论》中指出："老子的'道'能解释为一种深刻意义上的'道路'，即'开出新的道路'，它的含义要比西方人讲的'理''精神''意义'等更原本，其中隐藏着'思想着的道说'或'语言'的全部秘密之所在。"法国哲学家德里达认为："整个西方思想与民族精神，都是以逻各斯为中心概念。逻各斯是西方民族精神的最高概念，道是中华民族精神的最高概念，二者惊人的相似，可以说是逻各斯与道同在。"在政治方面，推崇老子的"为而不争"，美国前总统里根援引"治大国若烹小鲜"的名言，以寻求其治国理念和方略。联合国秘书长潘基文十分喜欢"天之道，利而不害。圣人之道，为而不争"，努力把这一智慧应用到联合国工作之中。德国古典社会学奠基人马克斯·韦伯在《儒教与道教》中指出："事实上，在中国历史上，每当道家思想被认可的时期，经济的发展是较好的，社会是丰衣足食的。道家重生，不仅体现在看重个体生命，也体现在看重社会整体的生计发展。"在经济方面，推崇老子的"无为而治"，英国哲学家克拉克在《西方人的道——道家思想的西方化》中指出："现代经济自由市场的原理就是源自《老子》的无为而治。"奥地利经济学家哈耶克认为，"我无为而民自化，我好静而民自正"，就是其自发秩序理论的经典表述。在管理方面，美国学者阿博契特的《二十二种新管理工具》在引用了老子的"善用人者为之下。是谓不争之德，是谓用人之力"时说："这几句话至今已有两千年历史，它代表见识不凡的管理者长久以来都在努力，但仍未有人能够趋近这种道的境界。从某种意义来看，管理者的历史，也就是试图实践这项基本观念的历史。"在科技方面，推崇老子"无"的概念，英国物理学家霍金受到"天下万物生于有，有生于无"的启示，提出了"宇宙创生于无"的理论。美国诺贝尔物理学奖得主卡普拉认为："中国的哲学思想，提供了能够适应现代物理学的新理论的一个哲学框架，中国哲学思想的‘道’暗示着‘场’的概念，‘气’的概念与量子‘场’的概念也有惊人的类似。"在人文方面，推崇老子的"上善若水"，俄国文豪托尔斯泰在日记中指出："做人应该像老子所说的如水一般，没有障碍，它向前流去；遇到堤坝，就停下来；堤坝出现缺口，再向前流去。"英国历史学家汤因比在《人类与大地母亲》中指出："在人类文明中心的任何地方，道家都是最早的一种哲学，它推断人类在获得文明的同时，已经打乱了自己与‘终极实在’精神的和谐相处，从而损害了自己在宇宙中的地位。人类应该按照‘终极实在’的精神生活、行为和存在。"[1]

今人对老子思想的评论。今人的评价大致可分为两个阶段，即以 1949 年为界，之前为一个阶段，之后为一个阶段。无论哪一个阶段，对老子其人其书都存在着争议，但对老子思想的评论基本都是肯定的。鲁迅认为：不读《道德经》一书，不知中国文化，不知人生真谛；不懂道教就不懂得中国历史。1949 年之前，主要集中在 20 世纪二三十年代，由梁启超评论胡适的《中国哲学史大纲》引发了关于老子其人其书的一场争论。胡适在其著作中指出："老子是中国哲学的鼻祖，是中国哲学史上第一位真正的哲学家"；"老子的最大功劳，在于超出天地万物之外，别假设一个‘道’。这个道的性质，是无声、无形；有单立不变的存在，又周行于天地万物之中；生于天地万物之先，又却是天地万物的本源。"[2] 梁启超在《老子哲学》中指出："老子说的是‘天法道’，不说‘道法天’，是他见解的最高处。"[3] 章太炎在《诸子略说》中指出："余谓老子譬之大医，医方众品并列，指事施用，都可疗病。五千言所包亦广矣，得其一术，

---

〔1〕 以上引文参见李世东等：《老子文化与现代文明》附录"外国名人论老子"，中国社会出版社 2008 年版，第 273—279 页。

〔2〕 胡适：《中国哲学史大纲》，北京大学出版社 2013 年版，第 48 页。

〔3〕 梁启超：《梁启超论诸子百家》，商务印书馆 2012 年版，第 9 页。

即可以君人南面矣。"[1]冯友兰在《中国哲学简史》中指出:"《老子》书中大部分论述是试图显示宇宙万物变化的法则。在这些道家看来,事物虽然千变万化,但在各种变化的底层,事物演变的法则并不改变。人如果懂得这些法则,按照这些法则来安排自己的行动,就可以使事物的演变对于自己有利。"[2]1949 年之后,在大陆主要集中在老子是唯物主义还是唯心主义的讨论。伟人毛泽东常读《老子》,经常引用老子名言。据马叙伦《老子校诂》记载:在毛泽东看来,"老子这部书乃是唯心主义的,但包含丰富的辩证法思想。它对春秋战国时期社会大变革的一些现象,特别是战争规律作了概括和总结,所以它也是一部兵书"[3]。任继愈在其主编的《中国哲学史》中指出:"老子从唯物主义观点给世界的生成、变化找寻共同的物质总根源,他提出了'道'。老子高出于过去一切唯物主义流派的地方在于他否认了上帝的最高地位,提出了世界构成的普遍的物质性的总根源。"[4]范文澜在《中国通史简编》中指出:"老子是有极大智慧的古代哲学家。他观察了自然方面天地以至万物变化的情状,他观察了社会方面历史的、政治的、人事的成与败,存与亡,福与祸,古与今相互间的关系与因果,他发现并了解事物的矛盾性比任何一个古代哲学更广泛、更深刻。他把这种矛盾性称为道与德。"[5]台湾地区对老子思想的研究成绩显著,评论也比较中肯。南怀瑾在《老子他说》中指出:"细读中国几千年的历史,会发现一个秘密。每一个朝代,在其鼎盛的时候,在政事的治理上,都有一个共同的秘诀,简言之,就是'内用黄老,外示儒术'。自汉唐开始,接下来宋、元、

---

〔1〕 章太炎:《章太炎谈诸子》,华中师范大学出版社 2010 年版,第 30 页。

〔2〕 冯友兰:《中国哲学简史》,生活·读书·新知三联书店 2013 年版,第 86 页。

〔3〕 卢志丹:《毛泽东品国学》,国际文化出版公司 2012 年版,第 91 页。

〔4〕 任继愈主编:《中国哲学史》,人民出版社 1996 年版,第 49 页。

〔5〕 范文澜:《中国通史简编》,人民出版社 1949 年版,第 272 页。

明、清的创建时期，都是如此。"[1] 陈鼓应在《老子今注今译》中指出："老子是个朴素的自然主义者，他所关心的如何消解人类社会的纷争，如何使人们生活幸福安宁。他所期望的是：人的行为能取法于'道'的自然性与自发性；政治权力不干涉人民的生活；消除战争的祸害；扬弃奢侈的生活；在上者引导人民返回到真诚朴质的生活形态与心境。"[2]

拿破仑曾经说过：世界上有两种东西最有力量，一是剑，二是思想，而思想比剑更有力量。梳理古今中外名人和文人学者对老子思想的评论，心中不时涌起激动的波涛，为中华民族有老子这样的智者而感到自豪。自豪既在于老子其人，更在于老子思想。他提出的道的范畴、自然无为的理念、柔弱不争的生存哲学，涵盖了人与自然、人与社会、人与人、人与自身等重大关系的理论命题，不仅为华夏文明的继承创新提供了重要依托，而且影响了人类文明的发展。对于华夏文明而言，老子是智慧大师，创立了道家学说，学老子、读老子，会增加我们的智慧品性；孔子是道德大师，创立了儒家学说，学孔子、读孔子，会提升我们的道德人格。老子重道、孔子贵仁、儒道互补、根脉相连，共同构筑了中华民族的精神家园，让我们的心灵有栖息之地；共同塑造了中华民族的人格品性，让我们的面貌能够与世界各国其他民族区别开来，进而平等地交流沟通；共同推动了中华民族的前进步伐，让我们的文明能够成为没有中断过的文明而永续发展。对于人类文明而言，老子是中国唯一一位能够与古希腊哲学比肩的思想家，尤其是辩证法思想，对世界建立辩证思维体系有着重要影响。德国哲学家莱布尼茨指出："中国人太伟大了，我要给太极阴阳八卦起一个西洋名字'辩证法'。"据说，

[1] 南怀瑾著述：《南怀瑾选集》（第二卷），复旦大学出版社 2013 年版，第 7 页。
[2] 陈鼓应注译：《老子今注今译》，商务印书馆 2003 年版，第 14 页。

在天才物理学家爱因斯坦家里的书架上发现了一本已经被翻烂的德文版《老子》；至今仍有西方人指出："从政治、经济、文化、科教到经营管理各领域，《老子》在西方世界被视为至宝，成为除《圣经》之外世界销量第二大书籍，是公认最智慧、最古老的学问。"以至英国哲学史家威尔·杜兰认为："除了《道德经》外，我们将要焚毁所有书籍，而在《道德经》中寻得智慧的摘要。"[1] 作为中国人，我们应当为老子感到骄傲，应当永远感恩感谢老子！

---

〔1〕 ［美］威尔·杜兰：《世界文明史》第一卷，东方出版社 1998 年版，第 459 页。

老子之评析：诚惶诚恐

根据辩证思维，毁誉相伴是正常现象，肯定的同时必然有否定，正面评论必然带来负面评论。对于老子思想的评论也不例外，主要是历代儒家为了维护孔子地位和儒学正统，总想否认孔子问礼于老子的史料记载，总想贬低老子思想及其历史地位。即使今天，还有否定老子思想的观点，认为老子不是中国历史上的哲学创始人；老子也不是什么"圣人""智者"；老子思想中有许多是离经叛道之说。但是，总体而言，无论是名人还是文人学者，对于老子思想是肯定居多。即使有批评，也是在肯定基础上的批评和正面评论指导下的批评。这是对待老子及其思想的科学态度，也符合"了解之同情"原则。批评和负面评论集中在老子思想的神秘色彩、复古倾向、愚民意识、权术阴谋和消极因素。评析老子思想，确实会让人产生诚惶诚恐的心理，尤其是批评和负面评论，更让人感到诚惶诚恐。

关于老子思想的神秘色彩。学界一般认为，老子否定了上帝和天命的存在，是一次思想史上的革命；同时认为，老子思想具有神秘主义内容，因而成为道教的思想来源，这主要表现在老子之道的神秘莫测。一方面，道是玄而又玄，《老子》开篇就说："道可道，非常道；名可名，非常名。无，名万物之始；有，名万物之母。故常无，欲以观其妙；常有，欲以观其徼。此两者同出而异名，同谓之玄。玄之又玄，众妙之门。"意思是，可以用言辞表达的道，就不是常道；可以用文字表述的名，就不是常名。无，是形成天地的本始；有，是创生万物的根源。所以常从无中，去观照道的奥妙；常从有中，去观照道的端倪。无与有这两者，同一来源而不同名称，都可说是很幽深的。幽深而又幽深，是一切奥妙的门径。另一方面，道很恍惚，似无非无、似有非有，"孔德之容，惟道是从。道之为物，惟恍惟惚。惚兮恍兮，其中有象；恍兮惚兮，其中有物。窈兮冥兮，其中有精；其精甚真，其中有信"。王弼注云："窈、冥，深远之叹"；"以无形始物，不系成物，万物以始以成，而不知其所以然，故曰恍兮惚兮。"老子之道既玄妙又恍惚，不能不让人产生神秘感觉。然而，老子思想的神秘感是可以理解的，因为老子探究的是自然界和人类社会的本原及终极目的，这就是哲学和形而上学。对于哲学，在英国哲学家维特根斯坦看来是神秘的、不可言说的，"对于不能谈论的东西必须保持沉默"[1]。对于形而上学，冯友兰认为："真正底形上学，必须是一片空灵……空是空虚、灵是灵活。与空相对者是实，与灵相对者是死。历史底命题，是实且死底……科学底命题，是灵而不空底。逻辑学、算中底命题，是空而不灵底。形上学底命题，是空而且灵底。"[2]老子之道正由于空灵，所以神秘，因为人类在宇宙中处于极其渺小的地位。广阔浩瀚的宇宙以其不可预测的时空无限性，呈现在人类面前，使得神秘感成为人类生命体验的重要组成部分。即使像老子这样的智者，也很难摆脱宇宙神秘性的困扰。况且，老子生活的年代是生产力和科技非常落后的春秋末期，那时候，人类从原始社会走出来的时间还不长，十分虚弱和蒙昧；那时候，人类刚会制作简陋工具，面对风雨雷电、干旱水灾等自然力量，只会感到自己无能为力、无可奈何；那时候，人类对宇宙和自然界知之甚少，遇到各种各样的自然现象，

---

〔1〕 [英] 维特根斯坦著，唐少杰等译：《游戏规则：维特根斯坦神秘之物沉默集》，天津人民出版社 2007 年版，第 207 页。

〔2〕 冯友兰：《新知言》，生活·读书·新知三联书店 2007 年版，第 12—13 页。

很难给予科学解释，只会想到超自然力量。在人类社会的早期，怎么可能不产生神秘主义呢？老子在浓厚的神秘主义氛围中仰望星空，抽象升华道与德的范畴，怎么可能不沾染上神秘主义色彩？当然，我们承认老子思想具有神秘色彩，绝不是等同于神秘主义，更不是等同于宗教神秘主义。

关于老子思想的复古倾向。毋庸讳言，老子有复古倾向，既反映在他对个体生命的理解，又体现在他对理想社会的追求。老子思想的基础是道，而道的本质规定是自然，"人法地，地法天，天法道，道法自然"。从道出发，老子认为，个体生命最自然的形态是婴儿。婴儿的品格是素朴本真，他无知无欲、无牵无挂，犹如鱼翔水底，逍遥自在；他一丝不挂、天真无邪，由内而外都毫无修饰，犹如一股山泉清流，纤尘不染、澄澈空明；他元气柔和、元气精纯，体质柔软而活泼好动，犹如苗壮成长的幼苗，充满着旺盛生命力，"含德之厚，比于赤子。蜂虿虺蛇不螫，猛兽不据，攫鸟不搏。骨弱筋柔而握固，未知牝牡之合而全作，精之至也。终日号而不嗄，和之至也"。婴儿是可贵的，却不能不长大成人，生命则因有限而具有悲剧色彩。突破生命的有限性，实现生命的超越，便是生命之梦。老子认为，生命超越之路，就是"复归于婴儿"，"知其雄，守其雌，为天下谿。为天下谿，常德不离，复归于婴儿。知其白，守其黑，为天下式。为天下式，常德不忒，复归于无极。知其荣，守其辱，为天下谷。为天下谷，常德乃足，复归于朴"。在这段话中，老子要求的复归不是人的肉体而是人的心灵，不是人的生理年龄而是人的心灵年龄。时间单向性决定了人的生理只能沿着儿童、少年、青年、中年、老年的轨迹前行，而心灵和精神的无限性，使人有了选择的可能性，既可以选择人之初的至真至朴，也可以选择成人异化后的堕落，还可以选择老年人的世故或通达。老子则倡导人们在心灵和精神上始终选择婴儿时的淳朴本真，而不要被贪欲和私利所污染。最令人难以理解的复古倾向，是老子"小国寡民"的理想社会。老子认为，人类社会最自然的形态是小国寡民，"使有什伯之器而不用，使民重死而不远徙。虽有舟舆，无所乘之；虽有甲兵，无所陈之；使人复结绳而用之。甘其食，美其服，安其居，乐其俗。邻国相望，鸡犬之声相闻，民至老死不相往来"。如果简单地按文字理解，这段话确实表明老子有复古倾向，那就是国家规模很小，人口稀少；人们在原始状态下生活，没有知识和欲望；国与国、人与人之间没有交往，过着封闭的生活。但是，不少学者认为，老子憧憬的并不是原始社会，而是一种精神境界。冯友兰指出：小国寡民"并不是一个原始的社会，用《老子》的表达方式，应该说是知其文明，守其素朴。《老子》认为，对于一般所谓文明，它的理想社会并不是为之而不能，而是能之而不为。有人可以说，照这样理解，《老子》第八十章所说的并不是一个社会，而是一种人的精神境界。是的，是一种人的精神境界，《老子》所要求的就是这种精神境界"。[1]即使小国寡民有复古倾向，也不能否认其中的合理因素，"甘其食，美其服，安其居，乐其俗"，难道不是古今中外统治者梦寐以求的治国图景吗？！

关于老子思想的愚民意识。历史上对老子诟病最多的是愚民意识，宋儒程颐将秦朝的暴政与老子的思想联系起来，认为老子之学"大意在愚其民而自智"。老子生逢乱世，看到当时社会智巧日生、诈伪百出，认为世乱的根源在于人们彼此之间钩心斗角、攻心斗智，因而提出了所谓愚民的政治主张，"古之善为道者，非以明民，将以愚之。民之难治，以其智多。故以智治国，国之贼；不以智治国，国之福"。依据词典的解释，愚字一为笨、傻，头脑迟钝；二为玩弄，欺骗。愚民则是玩弄、欺骗的意思。单从字面理解，这段话的

---

[1] 冯友兰：《中国哲学史新编》（上卷），人民出版社 1998 年版，第 347 页。

愚民意识是明白无误的。然而，如果顺着老子思想的内在逻辑来分析，这段话就有着不同的解读。河上公注："明，知巧诈也；愚，使朴质不诈伪也。"王弼注云："'明'谓多见巧诈，蔽其朴也。'愚'谓无知守真，顺自然也。"这两位老学的权威注解明是智巧、诈伪的意思，愚与明相对，是纯真质朴的意思。显然，老子之愚民意识与统治者的愚民政策有着本质的差别，老子主张人们放弃诈伪之心和投机取巧行为，保持纯真的自然本性和养成淳朴的品格，却不是要求人们成为头脑简单、四肢发达的愚笨冥顽之人；统治者只是要人民愚而自己不愚，以智术权谋来愚弄欺骗百姓，达到维护和巩固统治地位的目的。老子最反对的恰恰是耍弄权术阴谋，因为这是对自然无为原则的背弃。更重要的是，老子睿智地看到，人类文明在给人们带来益处的同时，也带来了众多弊端。就文明本身而言，文明虽然制定了规范，带来了秩序，限制了混乱，增加了人的安全感，却在某种程序上禁锢了人的自由。有时文明越多，则意味着禁忌越多、束缚越多；禁忌、束缚越多，则带来了更多的矛盾和抗争。就文明对人的影响而言，文明为人生提供了更多选择，任何个体从生到死的过程是多样化的，有人高贵、有人低俗，有人站着走、有人爬着走，有人昂首挺胸、有人卑躬屈膝。如果没有文明，就不会有人生的选择。就文明的负面效应而言，文明的发展可能会使人们原本善良、真诚、正直、热情、实在、平和、有责任感、信仰坚定的品质，异化下降为恶毒、虚伪、狡黠、冷漠、功利、轻浮、不负责任和意志薄弱的习性，"故失道而后德，失德而后仁，失仁而后义，失义而后礼。夫礼者，忠信之薄而乱之首"。高明注云："夫礼者，形之于外，饰非而行伪。故曰礼行德丧仁义失，则质残文贵，本废末兴，诈伪日盛，邪匿争生，因而谓为'乱之首'。"[1] 为此，老子给

---

[1]　高明：《帛书老子校注》，中华书局 1996 年版，第 6 页。

统治者开出了"三去"和"三绝"的药方。"三去"是对统治者自身行为的告诫:"是以圣人去甚,去奢,去泰。"河上公注云:"甚,谓贪淫声色;奢,谓服饰饮食;泰,谓宫室台榭。去此三者,处中和,行无为,则天下自化。""三绝"是对统治者统治方式的提醒,即"绝圣弃智,民利百倍;绝仁弃义,民复孝慈;绝巧弃利,盗贼无有。此三者,以为文不足,故令有所属,见素抱朴,少私寡欲"。在老子的思想逻辑里,解决世风日下、人心不古、时局混乱的根本办法,就是迷途知返、重归大道,返璞归真、回到自然。

关于老子思想的权术阴谋。这是老子思想常被诟病的另一个重要原因。有的学者甚至对"不争""无为"等一些老子思想中的基本概念也给予批判,认为蕴含着权谋的内容。宋儒朱熹就说:"老子之心最毒,其所以不与人争者,乃所以深争之也。"[1]近代学者钱穆认为:"'无为而无不为''后其身而身先'……此乃完全在人事利害得失上着眼,完全在应对权谋上打算也。"[2]真正让人批评的是《老子》第三十六章的内容:"将欲歙之,必固张之;将欲弱之,必固强之;将欲废之,必固兴之;将欲夺之,必固予之,是谓微明。柔弱胜刚强。鱼不可脱于渊,国之利器不可以示人。"有人认为这是权术之论,把它看成是阴谋家的重要证据。高亨则注云:"此诸句言天道也。或据此斥老子为阴谋家,非也。老子戒人勿以张为可久,勿以强为可恃,勿以举为可喜,勿以与为可贪耳。故下文曰'柔弱胜刚强'也。"[3]从老子之道分析,这段话不能理解为权术阴谋,而是充满着辩证思维光芒。老子以排比句式提出歙与张、弱与强、废与兴、夺与予四对矛盾,观察矛盾相互转化的原因,说明"物极必反""反

---

〔1〕 [宋] 黎靖德编:《朱子语类》卷137,中华书局1986年版,第3266页。
〔2〕 钱穆:《庄老通辨》,生活·读书·新知三联书店2002年版,第122页。
〔3〕 高亨著:《老子正诂》,中国书店1988年版,第81页。

者道之动"的道理，进而与"柔弱胜刚强"的著名论断联系起来。这是老子的高明之处，也是老子哲学的一大特点，就是采用以退为进的思维方式，在一般人想象不到的地方着力，深刻阐述道理，让人大彻大悟。同时，老子这段话也是在揭示客观事实和自然法则，当花草树木长得茂盛时，便是花落花谢的前奏；当人成长到壮年时，也是智力和身体机能衰退的开始。即使在物理世界，当我们要把一个物体抛落到目的地之前，必定要把它高高举起、远远地抛掷出去，高举远抛的时候，就是物体坠落的序曲。当然，批评老子思想中有权术阴谋内容，也不是全无道理。老子之后的许多政客阳言道义、阴奉权谋，用于政治上的纵横捭阖，不讲人世间的信誉原则；历朝历代上演的政治权谋和宫廷阴谋，都可以看到老子思想的影响，以致一般人把权术阴谋的坏处归到老子名下。事实上，老子思想中可能有权术因素，更多的却是谋略内容。权术与谋略在概念上的区分是明显的，权术是阴暗的，谋略是光明的，而在实践中却很难区分，有时权术中含有谋略，有时谋略中含有权术。与其把老子视为阴谋家，倒不如把老子看成是谋略家，这更符合本原意义上的老子。

关于老子思想的消极因素。北京大学哲学系所著的《中国哲学史》认为："老子这种消极无为的政治态度，决定了他对人生的看法也是消极无为的。在老子心目中，圣人应该是一个表面上处处不与人争，不为人先，处下守柔，少私寡欲，绝学弃智，浑浑噩噩，像初生的婴儿那样，完全处于自然状态的人。他认为，只有这样才能在这复杂的现实斗争中保全自己的生命，无忧无虑，达到精神上的最高境界。"[1] 由此可见，对于老子思想中的消极因素，既有政治思想方面的批判，又有人生价值方面的批判。政治上的批判大多指向

---

〔1〕 北京大学哲学系中国哲学教研室编：《中国哲学史》（第2版），北京大学出版社2003年版，第18页。

老子提出的愚民、弃智和复古主张；人生上的批判则集中在自然、无为和柔弱等概念。自然是老子思想中可以与道并列甚至高于道的概念，即"道法自然"。在老子看来，既然万物的本原是自然的道，道又不干扰万物自然地生存，那么，万物的生存就应该是自然的，万物自然地生存有道的形而上根据。自然并不是指具体存在的东西，而是形容"自己如此"的一种状态。刘笑敢认为："老子的自然的核心意义在于人世。"[1] 道的自然不仅是自然界的本质规定，更是人世间的价值准则。对于人的生存而言，无外乎外在环境与内在心境两个要素。外在环境是由社会提供的，老子提出了无为主张，希望建立自然的社会政治秩序，为人的自然生存营造一个自由宽松的环境。老子之无为是对有为政治统治行为的批判。所谓有为，是指统治者强作妄为，肆意伸张自己的欲望和滥用自己的权力，给社会和老百姓造成严重危害。统治者政苛民烦，过度扩张自己的私欲，必然导致老百姓轻于犯死，"民之饥，以其上食税之多，是以饥。民之难治，以其上之有为，是以难治。民之轻死，以其求生之厚，是以轻死"。统治者过多的干预和强制必然会导致政治专制，导致老百姓铤而走险，"天下多忌讳，而民弥贫；民多利器，国家滋昏；人多伎巧，奇物滋起；法令滋彰，盗贼多有"。在老子看来，老百姓身上有着自我化育、自我长成的自然本性，只要统治者顺应老百姓的自然本性而不加以干扰，就会形成良好的社会秩序，"我无为而民自化，我好静而民自正，我无事而民自富，我无欲而民自朴"。无为主张容易被误解为无所事事、无所作为，什么事都不做，从而认为老子在政治领域具有消极倾向。内在心境是由个体修身造就的，老子提出了柔弱主张，希望推进个体生命的自然历程，为人的自然生存锻造

---

[1] 刘笑敢：《老子古今：五种对勘与析评引论》（上卷），中国社会科学出版社2006年版，第509页。

一个素朴纯真的内在心境。老子之柔弱是对逞强的个体价值行为的批判。所谓逞强，是指个体在人与人、人与社会以及人与自然的互相关系中过于争强好胜，自以为是、刚愎自用，给社会造成纷争，给自己带来伤害。因此，老子以人生、草木、军队为例，说明逞强属于死亡，没有生命力；柔弱属于生存，充满活力与生机，"人之生也柔弱，其死也坚强。草木之生也柔脆，其死也枯槁。故坚强者死之徒，柔弱者生之徒。是以兵强则灭，木强则折"。在老子看来，柔弱最好的喻体是水。世间没有比水更柔弱的，在攻击坚强的方面，却没有能胜过它的。屋檐下点点滴滴的雨水，由于它的持续性，长年累月就可以把一块巨石穿破；洪水泛滥时，淹没田舍、冲毁桥梁，任何坚固的东西都抵挡不住，"天下莫柔弱于水，而攻坚强者莫之能胜，以其无以易之。弱之胜强，柔之胜刚，天下莫不知，莫能行。"从这段话中，我们可以看出老子的忧虑，即"天下莫不知，莫能行"，意思是，天下没有人不知道柔弱的道理，却没有人能实行。是啊，如果把柔弱理解为软弱，理解为一味退让，理解为永远败于刚强而不是胜过刚强，那人们怎么会愿意用柔弱来指导自己的人生，怎么会不认为老子的人生哲学太消极呢？！

晚清名臣曾国藩诗云："左列钟铭右谤书，人间随处有乘除。低头一拜屠羊说，万事浮云过太虚。"意思是，功成名就之后，虽然左边挂着朝廷的奖状，右边却放着毁谤、谩骂的信件；人间的毁誉荣辱、祸福得失都没有定数。应像先秦楚国的屠羊说那样看淡名利、功成身退；什么毁誉得失，都是过眼烟云，留下的依然是蓝天白云。这说明无论什么人什么事尤其是成功的人和事，都会有毁有誉、有荣有辱，不必过于较真。人们对于老子思想的正面评论，一般比较好理解和接受，但如何看待负面的批评批判意见，却需要理性和理智。老子生活在2500多年前，不管多么睿智和聪慧，也摆脱不了时代的局限，其思想必定有不完善的地方和不成熟的内容。评析老子不完善、不成熟的思想，应是后人的职责所在，否则，思想就无法进步，社会就不能发展。《老子》一书只有五千余言，涵盖了自然界、人类社会、个体生命的本原和终极问题，虽能"天网恢恢、疏而不漏"，却亦难免有疏漏、断档和空白。而且，老子善用比喻、对偶和排比，很少用概念、定义和判断，这虽然强化了语言的生动性和感染力，有助于人们理解和把握，却也容易引起歧义，从而为后人的批评批判提供了条件。任何批评批判，只要是理性的，而不是谩骂式的，都不必给予苛求。我们是冒冒失失踏进评析之路，又跌跌撞撞走出评析之路，无论路途是平坦还是曲折，我们都对老子及其思想永远怀抱景仰之心。

老子之成语：思想结晶

　　品读《老子》，不时遇到一些自己耳熟能详或经常使用的成语，感到非常亲切，进而激起对成语的关注和兴趣。成语是汉语词汇的重要组成部分，积淀着丰富而鲜活的民族文化内涵。所谓成语，是汉语词汇中一部分定型的词组或短句，具有固定的说法和结构形式，表示一定的意义，在语句中作为一个整体来使用。成语一般源自文化经典、历史故事和人们的口头传说，在用词方面不同于现代汉语，往往代表着一个故事或典故。一个成语从产生到定型，要走过漫长的历史道路，经过语言史上多次筛选和锤炼。据统计，现有成语5万多条。商务印书馆2004年版《成语大词典》（以下简称《词典》），收录17000余条成语，其中96%为四字格，也有三字、五字、六字、七字以上的成语。之所以四字格居多，是因为四字朗朗上口，符合汉文化中"以偶为佳""以四言为正"的审美要求。以偶为佳是古人崇尚成双成对的美学观，本质上也是认识世界的哲学观。语言学家吕叔湘指出："四音节好像一直都是汉语使用者非常爱好的语音段落，最早的诗集《诗经》里的诗以四言为主，启蒙课本《千字文》《百家姓》《李氏蒙求》《龙文鞭影》等等都是四言，亭台楼阁常有四言的横额……流传最广的成语也是四言为多。"[1] 成语与谚语、习用语相近，区别在于成语几乎都是约定俗成的四字结构，字面不能随

---

[1]　吕叔湘：《吕叔湘全集》（第二卷），辽宁教育出版社2012年版，第425页。

意改动，而谚语、习用语则比较灵活和松散，不限于四字格。成语凝练典雅、意境幽远，简短精辟、易记易用，是比词的含义丰富而语法功能又相当于词的语言单位，一般具有丰富的信息量、深刻的思想内涵和鲜明的感情色彩。

《老子》一书寥寥五千余言，却语言流畅、结构整齐，言辞精辟、内容丰富，形成了许多成语。老子之成语大多为四字格，也有六字格、八字格、十字格，甚至十二字格，即"鸡犬之声相闻，老死不相往来"。从语法分析，老子之成语结构包含了众多关系，一是主谓关系，像"上善若水"这一类成语前面的成分是被说明、描写、陈述的对象，后边的成分是说明、描写、陈述前面成分的，多数情况下主语和谓语关系都非常清晰；二是偏正关系，像"自知之明"这一类成语两个成分之间是修饰限制与被修饰限制的关系，前者是偏，起修饰限制作用，后者是正，被修饰限制；三是并列关系，像"天长地久"这一类成语前后成分之间是平等、并列在一起的，前后两节没有先后、主次之分，多数情况下，颠倒成语先后顺序不影响其意义；四是补充关系，像"功成不居"这一类成语成分之间是补充说明的关系，后一部分是对前一部分的补充，既有"主谓补"又有"谓宾补"；五是谓宾关系，像"如烹小鲜"这一类成语成分之间是谓语与宾语的关系，前一部分支配后一部分；六是连谓关系，像"取长补短"这一类成语内有两个谓语成分，通常以动词为主，两者构成一先一后承接相连的关系；七是兼语关系，像"以德报怨"这一类成语内有的成分既充当前面成分的宾语，又充当后面成分的主语。当然，研读老子之成语，重点不是成语的字数和语法结构，而是蕴含于成语之中的哲理含义。老子之成语本质是老子思想更凝练、更集中的反映，涵盖了对自然界、人类社会和个体生命的感悟。通过研读成语，不仅可以加深对老子思想的正确把握，而且可以提高运用老子成语的准确性。从思想内容分析，老子成语大致可分为哲学内涵、辩证思维、认识路径、政治思想、圣人之道和人生启迪。对照《词典》，择要梳理分类研读老子之成语，是一件兴趣盎然的事情。

关于哲学内涵。老子是伟大的哲学家，《老子》一书处处闪烁着对自然界和人类社会本原及其终极目标的思考。这些思考浓缩在成语之中，作为阐述老子本体论和宇宙观的重要载体。

玄之又玄。《词典》解释"玄"为奥妙，微妙，奥妙无比。在《老子》一书中，这是阐述道本体的一个重要成语，意指道幽昧深远，微妙无形，不可测知；后来泛指事理非常奥妙而难以理解。出自开篇第一章：道之无是万物之始、有是万物之母，"此两者同出而异名，同谓之玄。玄之又玄，众妙之门"。意思是，道之无、有同一出处而名称不同，都十分深远玄妙，玄妙而又玄妙啊，这是解开所有奥妙的门径。

尊道贵德。《词典》没有收入这一成语，却是理解老子哲学思想的一把钥匙。在《老子》一书中，道和德是核心概念，意指形而上之道创生天地万物，落实到自然界，作用于社会人生，就变成了德。道是德之体，德是道之用，两者合二而一。后来道教最崇敬的观念是道和德，道教经书特别注重阐述道和德的内容及其关系。出自第五十一章："道生之，德畜之，物形之，势成之。是以万物莫不尊道而贵德。"意思是，道化生万物，德畜养万物，物赋予万物形体，势使万物完成自己。所以，万物没有不尊崇道而珍视德的。

无中生有。《词典》解释为在没有中生出有来。在《老子》一书中，这是阐述道创生天地万物的一个重要成语，具有本体论意义，意指创生天地万物的本原是有与无；后来泛指毫无事实根据，凭空捏造，主要指人的品行和德性。出自第四十章："天下万物生于有，有生于无。"王弼注云："有之所始，以无为本。将欲全有，必反于无也。"这段注解不仅阐明有与无的同一，而且阐明两者之间的差异。从内涵上说，无是比有更重要的概念；从顺序上说，无先于有，比有更具基础性。

天长地久。《词典》解释为像天地一样长久，指时间久远。在《老子》一书中，表面上是指自然界的客观现象，深层次是阐述天道自然、人道无为的哲理；后来泛指人与人之间情感十分巩固。出自第七章："天长地久。天地所以能长且久者，以其不自生，故能长生。是以圣人后其身而身先，外其身而身存。非以其无私邪？故能成其私。"意思是，天地的存在既长且久。天地之所以能够长久存在，是因为它并不为自己而存在，所以它就能够长生。因此，圣人把自己的利益置于众人之后，他的所得反而先于众人；他总是将自己置之度外，其自身反倒保全。这难道不是因为他的无私吗？他因此而成就了伟业。

视而不见，听之不闻，简称视而不见。《词典》解释为睁着眼睛看着，却什么也没有看见。在《老子》一书中，这是一组具体描述道的形状的成语，意指道无形无状、不可感知；后来泛指不关心，不重视，不注意或假装没看见。老子在许多篇章中，总是想从形上到形下、从抽象概括到具体比喻，能够说明道是什么，以帮助人们理解把握道的内涵。尽管老子隐隐约约感知了道，努力把它形诸文字、记录下来，然而还是让人感到恍惚，老子自己也为之恍惚。出自第十四章："视之不见名曰夷，听之不闻名曰希，搏之不得名曰微。此三者不可致诘，故混而为一。其上不皦，其下不昧，绳绳不可名，复归于无物。是谓无状之状、无物之象。是谓惚恍。"意思是，想看看不见叫作夷，想听听不到叫作希，想摸摸不着叫作微。这三者难以深究，它们原就合为一体。它的上部不明亮，它的下部不太昏暗，难以名状，无边无际，回归于无物的境地。它是一种没有形状的形状，没有物体的形象，所以把它叫作惚恍。

关于辩证思维。老子是朴素辩证法大师，《老子》一书有着丰富而深刻的辩证法思想。这些关于天地万物产生、发展、演变及其内在动力的思想浓缩在成语之中，作为阐述老子方法论和循环观的有效保证。

有无相生。《词典》没有收入这一成语，却是踏进老子辩证思维王国的重要路径。在《老子》一书中，这是阐述对立统一规律的成语，意指客观世界普遍存在着矛盾，两者相辅相成，在对立中形成统一，在统一中分为对立，共同构成天地万事万物。出自第二章："天下皆知美之为美，斯恶已；皆知善之为善，斯不善已。故有无相生，难易相成，长短相较，高下相倾，音声相和，前后相随。"这段话集中体现了对立统一的辩证思想，老子在深刻观察世界的基础上，总结出美丑、善恶、有无、难易、长短、高下、音声、前后等一系列既对立又统一的概念，把它们抽象升华为自然界和人类社会的一般规律。

千里之行，始于足下。《词典》解释为走千里远的路，要从眼前的这第一步走起。在《老子》一书中，这是阐述质量互变规律的一个重要成语，对于政治统治和人生目标也有重要的指导价值，意指任何事情都是从小到大逐步发展起来的，尤其是负面因素，要防患于未然；后来比喻任何远大的目标，都要从目前细微的小事情做起。出自第六十四章："其安易持，其未兆易谋，其脆易泮，其微易散。为之于未有，治之于未乱。合抱之木，生于毫末；九层之台，起于累土；千里之行，始于足下。"意思是，事物发展处于稳定的状态则易于掌握，事物发展尚未显示征兆的时候则易于处理，事物发展尚处于脆弱的时候则易于破灭，事物发展尚处于微小的时候则易于散失。在事情尚未发生时就应早做准备，在混乱尚未发生时就应该加以治理。合抱的大树，生于细小的萌芽；九层的高台，起于最初的堆土；千里的远行，就从脚下开始。

循环往复。《词典》解释循环为周而复始。往复，重复。指反复地出现或进行，形容反复不断。《词典》认为这一成语出自五代王定保《唐摭言·师友》，而其思想源头则在于老子。在《老子》一书中，这是阐述否定之否定规律的一个重要成语，主要揭示道的运行规律，意指事物的运动既有朝着相反方面运行的规律，又有返本复初、循环运行的规律，即当事物朝着相反方面运行时，便踏上了复归之路。这一成语既出自第四十章："反者，道之动；弱者，道之用"；又出自第二十五章："有物混成，先天地生。寂兮寥兮，独立不改，周行而不殆，可以为天下母。吾不知其名，字之曰道，强为之名曰大。大曰逝，逝曰远，远曰反。"意思是，有物浑然一体，先于天地生成。无声而又无形，独立长存从不改变，循环运行永不停息，可以说是天地之本根。我不知道它的本名，给它取名叫道，勉强取名叫大。大到无边又无所不至，无所不至而运行遥远，运行遥远又回归本原。

祸兮福所倚，福兮祸所伏，亦称祸福相倚。《词典》解释倚为靠着；伏为藏。祸伴随着福，福隐藏着祸。在《老子》一书中，这是阐述事物矛盾互相转化规律的一个重要成语，揭示物极必反的道理，意指祸福互相倚伏、正反互相转化。出自第五十八章："其政闷闷，其民淳淳；其政察察，其民缺缺。祸兮福之所倚，福兮祸之所伏。孰知其极？其无正也？正复为奇，善复为妖。"意思是，国家政治宽厚有容，人民就敦厚朴实；国家政治明察是非，人民就狡猾欺诈。祸啊，是福所依凭的东西；福啊，是祸所隐藏的地方。谁知道它们变化的究竟？是没有个定准吗？正又变为邪，吉又变为凶。"孰知其极？其无正也？"连续两个问句，表达了老子对事物正反转化之理的玄妙深奥而又难以把握的感叹。

欲取姑予。《词典》解释欲为想；姑为姑且、暂且；予为给予。要想得到什么，就必定要先给别人一点什么。在《老子》一书中，这是阐述事物矛盾互相转化规律的另一个成语，更深刻地揭示了物极必反的道理，意指对待自己，要防止事物发展到极端向对立面转化；对待敌人，则促使事物发展到极端向对立面转化。正是这一成语，使得老子经常被误解为阴谋权术家。出自第三十六章："将欲歙之，必固张之；将欲弱之，必固强之；将欲废之，必固兴之；将欲夺之，必固予之，是谓微明。柔弱胜刚强。鱼不可脱于渊，国之利器不可以示人。"意思是，要想让它收缩，必先使它扩张；要想让它削弱，必先使它加强；要想让它废弃，必先使它兴举；要想将它夺取，必先设法给予。从细微中发现变化，柔弱就能战胜刚强。游鱼不能脱离深渊，治国的法宝不能轻易出示于人。

关于认识路径。老子是理性直觉的倡导者，《老子》一书不重视通常的感性认识和理性认识，以致人们认为老子的认识论是神秘主义。事实上，老子之道惟恍惟惚，老子强调从事物的反面去更深刻地认识事物，这些都不可能从感性路径获取，也不可能从感性到理性的途径去升华，只能从理性直觉中洞察和把握。这些理性直觉的思想浓缩在成语之中，作为阐述老子本体论和辩证法的重要途径。

致虚守静。《词典》没有收入这一成语，却是学习老子认识论的关键环节。在《老子》一书中，虚和静是两个重要概念，既有本体哲学意义，又有政治和人生含义；对于认识世界而言，意指人的心灵要像明镜一样干净清楚，不为外物所干扰，才能认识事物的本质。在老子看来，要想真正了解道的运行和事物规律，那就必须保持心灵的虚寂和宁静。出自第十六章："致虚极，守静笃，万物并作，吾以观复。"意思是，尽力达到心灵空明的极致，坚守清静的最佳状态。万物都蓬勃生长，我从中观察它们的循环往复。

其出弥远，其知弥少。《词典》没有收入这一成语，却是理解老子之认识论的重要成语。在《老子》一书中，始终没有给感性认识留下空间，意指实践经验越多，了解具体事情越多，就越不可能认识道的本体。出自第四十七章："不出户，知天下；不窥牖，见天道。其出弥远，其知弥少。是以圣人不行而知，不见而名，不为而成。"意思是，不出门就知道天下事，不看窗外就知道宇宙万物之道。出门走得越远，所知道就越少。所以圣人不用去做就能知道，不用去看就能明了，无所作为就有成就。

涤除玄览。《词典》没有收入这一成语，却和致虚守静一起，是学习老子认识论的另一个关键环节。在《老子》一书中，经常倡导像婴儿一样无杂念的清纯之质，意指清除内心的污垢，使之清明透亮，没有一点瑕疵。出自第十章："专气致柔，能婴儿乎？涤除玄览，能无疵乎？"意思是，结聚精气而达致柔顺，能纯真得像婴儿吗？清除内心污垢，使之清澈如镜，能做到没有瑕疵吗？！冯友兰认为："'玄览'即'览玄'，'览玄'即观道。要观道，就要先'涤除'。'涤除'就是把心中的一切欲望都去掉，这就是'日损'。'损之又损'以至于无为，这就可以见道了。见道就是对于道的体验，对于道的体验就是一种最高的精神境界。"[1]

欲益反损。《词典》解释益为补益；损为损失。原想有所得，结果却反受其害。形容事与愿违。《词典》认为出自司马迁《报任安书》，而其源头却在于老子。在《老子》一书中，"为学"与"为道"是相反的，为学是一般的求知活动，为道则不是求知行为，而是理性直觉活动；意指知识对于为学是有益的，但对于为道而言，反而有损失。只有减少知识，抛弃成见，才能达到清静无为的体道悟道之境。出自第四十八章："为学日益，为道日损。损之又损，以至于无为，无为而无不为。"意思是，治学是一天比一天增加知识，体道悟道是一天比一天减少知识。减少而又减少，一直到无为的地步。顺其自然清静无为，就没有成不了的事。

最好的成语一定是思想的结晶，充满着哲理。品读老子之成语，

---

〔1〕 冯友兰：《中国哲学史新编》（上卷），人民出版社1998年版，第342页。

似乎漫游在思辨的梦境和理性的王国，我们的心灵沉浸在宁静安逸的氛围之中。尽管老子之成语关乎天地的本原、宇宙的起源和人类的终极意义，其思想博大精深、浩瀚无边，我们仿佛仍能做到无牵无挂，做到心如止水。这真是遥望蓝天，观云卷云舒，去留无意；闲坐门前，看花开花落，宠辱不惊。在老子的成语中，我们体验到了宇宙的起源。大约在140亿年前，宇宙发生了大爆炸，空间不断膨胀，温度逐步下降，随后相继出现了星系、恒星、行星乃至生命。在老子的成语中，我们体验到了矛盾的生机。矛盾无处不在，无时不在，正是对立统一的矛盾，构成了现在的宇宙，推动天地万事万物演化变异出新的万事万物。在老子的成语中，我们体验到了理性直觉的玄妙。如果只有经验主义认识方法，那就永远无法认识宇宙的奥秘；如果只有神秘主义认识方法，恐惧就将永远陪伴人类。理性直觉，则帮助我们既避免经验主义的局限，又摆脱神秘主义的恐惧。更重要的是，在老子的成语中，我们体验到了宇宙的本原和人生的终极价值。只有终极价值，才能熨平生命有限性与精神无限性之间的冲突和紧张，人类就不会感到孤独，人生就是美好和幸福。

老子之成语：人生智慧

　　中国古代许多成语出自先秦诸子。先秦诸子都是语言大师，他们的著作和思想经过长期传播，影响着几千年来中国社会生活的各个方面；其鲜活生动的词句典故像闪闪发光的金子，逐渐积淀在语言长河的河底，强化了汉语的表现力，形成了相当数量的成语，特别是儒道两家所产生的成语，数量多、范围广，对于塑造中华民族品格和推动中华文化发展，起到了重要作用。先秦诸子思想转化为成语的方式，一是原文摘录。"大器晚成"出自《老子》第四十一章："大方无隅，大器晚成，大音希声，大象无形。道隐无名"；二是词句压缩和改写。"温故知新"出自《论语·为政》第十一章："子曰：温故而知新，可以为师矣；"三是不同出处的词句黏合。"独夫民贼"出自《尚书·秦誓下》："独夫受，洪惟作威，乃汝世仇"和《孟子·告子下》："今之所谓良臣，古之所谓民贼也"；四是寓言归纳。先秦诸子著作中有大量的寓言故事，大多以标题性或概括性的词句转化为典故式的成语。"朝三暮四"出自《庄子·齐物论》："狙公赋芧，曰：'朝三而暮四。'众狙皆怒。曰：'然则朝四而暮三。'众狙皆悦。"据有关学者研究统计，《老子》产生了近 70 条成语，《论语》约产生了 380 条成语，《孟子》产生了 200 多条成语，《荀子》产生了 70 多条成语，《庄子》产生了 170 多条成语，《韩非子》产生了近 100 条成语。不同学者有着不同统计口径和方法，对于出自《论语》的成语，有的认为只有 173 条；有的认为有 384 条，其中首见于《论语》的有158条，直接从经书引用的为10条，源于经书经过《论语》加工的有197条，源于《论语》经过后人加工的有19条。《老子》亦然，有的认为有68条，有的认为只有41条。然而，一个不争的事实是儒家产生的成语明显多于道家等其他学派，其中的原因可能是政治性的，即汉武帝罢黜百家、表彰六经；东汉以后，《论语》被列为经书；宋代以后儒家典籍成为科举考试的必读书目，这使得儒家不仅在意识形态方面占据了主导地位，而且也为产生更多成语以影响人们日常言行提供了有利条件。

在先秦诸子中，《论语》有一万五千言，《孟子》有三万言，《庄子》有十万言，而《老子》五千言的内容却是最丰富的，建构了朴素自然、飘逸豁达的宇宙观、方法论、政治思想和人生哲学的宏大框架，从而为产生既有数量又有质量的成语奠定了坚实基础。《老子》成语绝对数量不多，相对比例却是较高的，即使按41条统计，那也是平均140字左右就有一条成语。《老子》成语的产生方式，与其他诸子基本一致，有的是直接截取原句而产生的成语，"千里之行，始于足下"出自第六十四章；有的是把较长的句子压缩精简，"知雄守雌"出自第二十八章："知其雄，守其雌"；有的是通过原文语句概括出来的成语，"无中生有"出自第四十章："天下万物生于有，有生于无。"《老子》成语的最大特点是含有较多的反义词，这和老子的辩证法思想密切相关。在这些反义的成语中，有的是名词对名词，"祸福相倚"出自第五十八章；有的是动词对动词，"出生入死"出自第五十章；有的是形容词对形容词，"柔能克刚"出自第七十八章。老子之成语既是其宇宙观和方法论的集中体现，更是其政治思想和人生哲学的凝练集聚。

关于政治思想。老子是政治思想大家，《老子》一书充满着治国理政的智慧，以致许多学者认为《老子》是言"君人南面之术"，宋代欧阳修指出："老子为书，其言虽若虚无，而于治人之术至矣。"[1] 这些政治智慧浓缩在成语之中，作为阐述老子统治方式和政治谋略的有力支撑。

无为而治。《词典》从儒家立场出发，解释"为"是刑罚。古代儒家主张以德政治民，不用刑罚，叫"无为而治"。后多指寓治于教化之中。在先秦思想家中，老子与孔子都提出过无为而治的主张，但老子早于孔子，孔子曾问礼于老子。从这个意义上说，无为而治的发明权应属于老子。更重要的是，孔子并没有展开和论述无为而治，老子却全面论述了无为而治的内容。无为这一概念散布于《老子》全书，无为而治是老子政治思想的核心理念。《词典》后一部分解释则比较接近老子思想，即现指放任自流、不加约束的治理方法。出自第三章："不尚贤，使民不争；不贵难得之货，使民不为盗；不见可欲，使民心不乱。是以圣人之治，虚其心，实其腹；弱其志，强其骨。常使民无知无欲，使夫智者不敢为也。为无为，则无不治。"这段话使老子饱受争议，认为是在搞愚民政策。从老子的思想逻辑分析，老子认为人的本性是自然的，不应受到后天和外界污染，因而提出净化民众心灵，减少贪欲之心，保证他们过上温饱的生活，使其体魄强健而成为健全的人。这一主张与统治者有意推行愚民政策，完全不可同日而语。

小国寡民。《词典》解释小国为小的国家；寡为少。国家小，百姓也少。在《老子》一书中，这是老子阐述心目中理想社会的一个重要成语，集中描绘了桃花源式的社会生活图景，意指小国少民，自给自足，人民安居乐业，社会风俗淳厚，过着淳朴的生活，有着一种生存的满足感；后来演变为自谦之词。出自第八十章："小国寡民，使有什伯之器而不用，使民重死而不远徙。虽有舟舆，无所乘

---

[1]　[宋]欧阳修著、李之亮笺注：《欧阳修集编年笺注》（七），巴蜀书社2007年版，第151页。

之；虽有甲兵，无所陈之；使人复结绳而用之。甘其食，美其服，安其居，乐其俗。邻国相望，鸡犬之声相闻，民至老死不相往来。"什伯之器，意指各种器具。王弼注云："言使民虽有什伯之器，而无所用，何患不足也。"《老子》一书共有八十一章，这一章产生的成语最多，除小国寡民外，还有结绳而治，安居乐业，鸡犬之声相闻、老死不相往来等成语，以至后人经常运用，产生了深刻影响。

绝圣弃智。《词典》没有收入这一成语，却是理解老子政治统治方法的重要成语。在《老子》一书中，经常批判文明的弊端，认为圣智、仁义等都是统治者设立的用以愚弄民众的工具，也是导致社会混乱的病根，意指只有放弃圣智、仁义，才能恢复没有个人私欲和权谋欺诈的小国寡民社会。出自第十九章："绝圣弃智，民利百倍；绝仁弃义，民复孝慈；绝巧弃利，盗贼无有。此三者，以为文不足，故令有所属，见素抱朴，少私寡欲。绝学无忧。"意思是，抛弃聪明与智巧，民众才能获利百倍；抛弃仁与义的法则，民众才能回到孝慈；抛弃机巧与货利的诱惑，盗贼才能消失。以上三种巧饰之物，不足以治理天下，因此要让民心有所归属：外表单纯而内心淳朴，少有私心降低欲望。摒弃所谓的学问，就能无忧无虑。这段话容易使老子被误解为推行愚民政策，但詹剑峰认为，上述圣智、仁义诸种观念"其涵义绝不同于儒家所说或现代人头脑中所有'圣''智''慧''学'等概念"，[1] 而是统治者愚弄民众的宗教迷信、奸巧诈伪，以及卜筮、巫守、图谶、堪舆等前识和术数之学。

天网恢恢，疏而不漏。《词典》解释天网为天道之网，指自然的惩罚；恢恢为宽广的样子；疏为稀，不密。在《老子》一书中，这是阐述天道无为的一个重要成语，意指天道无边笼罩万物，作用柔弱而又无所漏失；后来泛指坏人得到惩罚。出自第七十三章："勇

---

〔1〕 詹剑峰：《老子其人其书及其道论》，华中师范大学出版社 2006 年版，第 237 页。

于敢则杀，勇于不敢则活。此两者，或利或害。天之所恶，孰知其故？是以圣人犹难之。天之道，不争而善胜，不言而善应，不召而自来，繟然而善谋。天网恢恢，疏而不失。"意思是，勇于坚强的就会死，勇于柔弱的就会活。这两种勇或有利或有害，有时似乎并不易知。天有所厌恶，谁知道它的缘故？天之道，不争斗而善于取胜，不说话而善于回应，不召唤而使万物自来归附，坦荡无私而善于谋划。天网广大无边，稀疏却无所漏失。

天道好还。《词典》解释道为道义。指作恶必然得到恶报。在《老子》一书中，这是阐述军事和战争的一个重要成语，意指好战者会得到报应。出自第三十章："以道佐人主者，不以兵强天下，其事好还。师之所处，荆棘生焉。大军之后，必有凶年。"意思是，以道辅佐国君的人，不靠兵力强行天下，发动战争很快就会遭到报应。军队驻扎的地方，就会荆棘丛生；打了大仗之后，必定有荒年。军事和战争是政治的延续，老子目睹民众遭受战争的苦难，鲜明地提出反对战争的主张。而且，《老子》一书有四章论及战争，但反对战争的态度却是一以贯之，这充分体现了老子伟大的人道主义精神。

关于圣人之道。老子是理想主义者，在《老子》一书中，圣人概念出现了 24 次。老子追求的理想人格是圣人，老子之圣人既有政治思考又有人生思考。这些思考浓缩在成语之中，作为阐述老子理想人格的载体和无为政治的保证。

被褐怀玉。《词典》没有收入这一成语，许多研究者却认为这是认识老子理想人格的重要成语。在《老子》一书中，圣人的品质是素朴纯真，与社会和光同尘，意指人有才德而深藏不露，贫寒出身而有真才实学。出自第七十章："吾言甚易知，甚易行，天下莫能知，莫能行。言有宗，事有君。夫唯无知，是以不我知。知我者希，则我者贵。是以圣人被褐怀玉。"意思是，我的言论很容易了解，很容易实行；可是天下没有人能了解，没有人能实行。言论有宗旨，行事有要领。正因为人们无知，所以不能了解我。了解我的人少了，那我就更加高贵了。所以圣人常常穿着粗布衣服而怀揣着宝玉。

轻诺寡信。《词典》解释诺为答应，许诺；寡为少。轻易许下诺言的，很少守信用。在《老子》一书中，强调圣人讲信用，很重视诚信问题，意指轻易答应别人要求的，一定难以遵守信用和做到诚信。出自第六十三章："夫轻诺必寡信，多易必多难，是以圣人犹难之。故终无难矣。"意思是，轻易许诺，一定会缺少诚信；把事情看得太容易，一定会遭受更多的困难。所以圣人都把事情看得很难，也不轻易许诺，这样最终也就没有什么困难了，守住了诚信。

去甚去泰。《词典》解释甚、泰为过分。做事不能做得太过分。在《老子》一书中，反复强调无为治国，坚决反对贪欲和胡作非为，意指治理国家要去除过度，去除奢靡，去除极端。出自第二十九章："将欲取天下而为之，吾见其不得已。天下神器，不可为也。为者败之，执者失之。故物或行或随，或歔或吹，或强或羸，或挫或隳。是以圣人去甚，去奢，去泰。"意思是，想治理天下而任意作为，我断定他达不到目的。天下是神圣的宝物，不能用强力去求取。任意作为必然失败，想要把持必定失去。所以世间众生，有的积极前行，有的消极尾随；有的性情和缓，有的性格急躁；有的身强力壮，有的瘦弱不堪；有的小受挫折，有的全部毁伤。所以圣人不要乱加干涉，而要清静自守。

功成不居。《词典》没有收入这一成语，却是理解老子的圣人之道的重要成语。在《老子》一书中，圣人与治国理想密切相关，意指事成而不居功自傲，不去占为己有；后来泛指立了功而不把功劳归于自己。出自第二章："是以圣人处无为之事，行不言之教，万物作焉而不辞，生而不有，为而不恃，功成而弗居。夫唯弗居，是以不去。"意思是，所以圣人顺应自然而不胡作非为，注重身教而不以言教，听凭万物兴起而不加干预，滋养万物而不据为己有，助其成长而不自持其能，大功告成而不邀功自傲。正因为他不居功自傲，所以他的功业得到永存。

关于人生启迪。老子无疑是一位人生导师，《老子》一书由宇宙观伸展到人生论，再由人生论延伸到政治论，人生论是宇宙观与政治论的中介和联结点。老子思考的重点是人生论，这些思考浓缩在成语之中，作为阐述老子人生价值和生活意义的可靠平台。

赤子之心。《词典》解释赤子为初生的婴儿。纯洁、善良的心。《词典》认为这一成语出自《孟子·离娄下》，实际是源自老子。婴儿是老子常用的比喻，他希望成人在精神上永远保持婴儿心态，不被名利和私欲玷污。在《老子》一书中，这是阐述人的自然本性的一个重要成语，意指心地淳朴，天真无邪；后来泛指个人的忠诚之心。出自第五十五章："含德之厚，比于赤子。蜂虿虺蛇不螫，猛兽不据，攫鸟不搏。骨弱筋柔而握固，未知牝牡之合而全作，精之至也。终日号而不嗄，和之至也。"意思是，含德深厚的人，好比新生的婴儿。蜂蝎毒蛇不会螫他，鸷鸟猛兽不会搏击他，筋骨柔弱拳头却握得紧紧的，不知男女之事，男性性征却很突出，这是因为元气精纯之至的缘故；整天号哭却不会嘶哑，这是因为元气柔和之至的缘故。

虚怀若谷。《词典》解释虚为谦虚，谷为山谷。胸怀谦虚得像山谷一样深广。形容非常虚心。在《老子》一书中，这是阐述人的品格的一个重要成语，意指得道之人的心胸就像山谷一样空旷；后来泛指谦虚谨慎。出自第十五章："古之善为士者，微妙玄通，深不可识。夫唯不可识，故强为之容：豫兮，若冬涉川；犹兮，若畏四邻；俨兮，其若客；涣兮，若冰之将释；敦兮，其若朴；旷兮，其若谷；混兮，其若浊。"意思是，古代明于治道之士，幽微精妙深奥通达，深邃得难以认识。正因为难以认识，只能勉强加以描述：迟疑不决啊，就像冬天赤脚蹚河；心怀畏惧啊，如同强敌在四邻；恭敬严肃啊，仿佛出外去做客；顺应潮流啊，恰似春来冰雪融化；敦厚诚实啊，就像木材未经雕琢；襟怀宽阔啊，就像空旷的山谷；深厚含蓄啊，就像浊流盈江河。

自知之明。《词典》解释自知为自己了解自己；明为看清事物的能力，对自己能做出正确的看法和评价的能力。在《老子》一书中，这是阐述自我修养的一个重要成语，意指要修养到自己知道自己的长处和短处、优点和缺点，做一个明白人。出自第三十三章："知人者智，自知者明。胜人者有力，自胜者强。知足者富，强行者有志，不失其所者久，死而不亡者寿。"王弼对"知人者智，自知者明"注云："知人者，智而已矣，未若自知者，超智之上也。"

慎终如始。《词典》解释慎为谨慎。谨慎到最后，也像开始时一样。即始终如一谨慎从事。在《老子》一书中，这是阐述人对待工作、事业态度的一个重要成语，意指做人做事要谦虚谨慎，始终如一；后来泛指有始有终，以免功亏一篑。出自第六十四章："民之从事，常于几成而败之。慎终如始，则无败事。"意思是，人们做事，常常在快要成功的时候失败了。慎重对待事情的终结，就像对待开始一样，就不会有失败之事。

大器晚成。《词典》解释是旧时用来比喻有才能的人或事物成就得要晚。后指有大才的人要经过长期的锻炼，才能成大事，做出成就。在《老子》一书中，这是阐述人生励志的一个重要成语，意指有才之人会经受很多磨难，才能百炼成钢。出自第四十一章："大方无隅，大器晚成，大音希声，大象无形。道隐无名。"意思是，最方正的好似没有棱角，贵重的器物总是最后完成，最大的乐声反而听来无音响，最大的形象反而看不见形迹，道幽隐而没有名称。

功成身退。《词典》解释身为自身、自己。功业建成后自己就引退了。在《老子》一书中，这是阐述人对待功名利禄态度的一个重要成语，意指急流勇退，避免居功自傲；后来泛指及时退出官

场。出自第九章："持而盈之，不如其已。揣而梲之，不可长保。金
玉满堂，莫之能守。富贵而骄，自遗其咎。功遂身退，天之道。"意
思是，与其装得过满而溢出，不如及早停止灌注；器具捶打得过于
尖利，不会长久得以保持。纵然金玉堆满堂室，没有谁能够将它守
住；身居富贵而不可一世，必然是自取灾祸。功成名就抽身而退，
这才符合天道。这段话对于任何成功人士而言，都是振聋发聩，不
无警示提醒作用。

　　语言是文化的载体。美国语言学家萨丕尔指出："语言的内容，
不用说，是和文化有密切关系的。"[1] 品读老子之成语，心情是愉悦
的，仿佛翱翔在蔚蓝的天空，享用着老子人生的智慧，沐浴着中华
文化的阳光。在老子的成语中，我们体验了汉文化对自然的崇拜。
自然界众多景观成为老子的移情对象，天地的广阔，使得老子想到
了"天长地久""天网恢恢，疏而不漏"，告诫人们要尊天敬地、顺
应自然；山谷的博大，使得老子想到了"虚怀若谷"，告诫人们要有
山谷一样的胸怀，谦虚谨慎、不骄不躁；水的柔弱，使得老子想到
了"上善若水"，告诫人们要像水一样立身处世、为官做人。在老子
的成语中，我们体验了汉文化对农耕文明的眷恋。诗情画意的田园
风光成为老子的精神寄托。袅袅炊烟的村落古居，亲情融融的街坊
乡邻，使老子想到了"小国寡民"，告诫人们要返璞归真，那里的生
活宁静平和，鸡犬之声相闻，邻里和睦相处。在老子的成语中，我
们体验了汉文化对财富的态度。金子的贵重、玉石的圆润成为老子
的警惕对象。金子虽然光泽耀眼，玉石虽然圆润无瑕，却是财富、
身份、权力的象征，这些都使老子想到了"金玉满堂"，告诫人们要
见素抱朴、少私寡欲，不要为财富所累，不要成为财富的奴隶。在
老子的成语中，我们体验了汉文化均衡和谐的审美理念。天地万事

---

〔1〕　[美] 爱德华·萨丕尔：《语言论：言语研究导论》，商务印书馆 1985 年版，第 196 页。

万物的矛盾对立统一成为老子的思想源泉。任何事物既一分为二又合二而一，使得老子想到了"知足不辱、知止不殆"，喜用成语的四字格和对偶结构，告诫人们不仅要看到事物的正面，更要看到事物的反面。老子认为，与正面相比，反面更能体现事物的本质和规律。因此，我们在学习运用成语时，不要忘记蕴含其中的民族文化。浸润在民族文化之中，品读老子之成语，更是一种无上的精神享受。

老子与孔子：日月同辉

　　老子与孔子是中国历史上的思想巨人，也是世界历史上的思想伟人。对于中华文明而言，两人犹如太阳和月亮，同时出现在历史的天空，交相辉映、光焰万丈、泽被华夏。老子是智慧大师，创立了道家学派，孔子是道德大师，创立了儒家学派，两人之间的关系，是一个说不尽的话题。历史上和学术界认为两者是互补关系大有人在，可以找到许多文献；认为两者是对立关系也为数不少，并可以找到大量文献。研究老子与孔子的关系，如果只在对立与互补的轨迹中运行，可能永远走不出这个怪圈。黑格尔在论述思维与存在的关系时，天才地表达了这样一个理念，即同一是有差异的同一，差异是有同一的差异。运用同一与差异的关系进行分析，似乎可以跳出对立与互补的怪圈。首先要承认差异是老子与孔子最基本的关系，否则，就不用道和儒两个概念来分别命名他们的思想体系。同时，要看到老子与孔子思想的差异，既不是简单的对立关系，又不是简单的互补关系，而是差异中有同一、同一中有差异。

　　研究老子与孔子的关系，从本质上说是一个学术问题，应力求恢复历史的本来面目。梁启超曾经指出，历史上的孔子与后人的孔子是不同的，随着历史的脚步，孔子渐渐变成了汉朝的董仲舒，魏晋南北朝的马融、郑玄，唐朝的韩愈，宋朝的程颐、朱熹、陆九渊，明朝的王阳明，清朝的顾炎武、戴震。同理，老子也渐渐变成了河上公、严遵，变成了王弼、李荣，变成了唐玄宗、成玄英、杜光庭，变成了宋徽宗，变成了明太祖、释德清、李贽，变成了清世祖。后人不断演绎老子与孔子，一方面说明道家与儒家思想具有普遍性意义、历史性价值和经久不衰的生命力，另一方面则提醒人们，研究老子与孔子思想及其相互关系，不能把后人演绎的老子与孔子作为主要依据，这容易陷入误区，还可能会谬以千里。因此，所谓恢复历史的本来面目，就是要立足《老子》和《论语》原著，研究老子与孔子的关系，就是要回到春秋战国时期，理解老子与孔子的关系。

　　研究老子与孔子的关系，要避免感情用事，尤其是思想立场之偏见。最大的问题是儒道两家之间的互相排斥和批评，早在汉初就已出现这种情况，以至司马迁在《史记·老子韩非列传》中指出："世之学老子者则绌儒学，儒学亦绌老子。'道不同不相与谋'，岂谓是耶？"这大抵符合汉初的历史史实，"文景之治"时期崇尚老子，汉武帝之后则"罢黜百家，独尊儒术"。回首历史长河，儒家长期居庙堂之高，属于官方思想，占据主导地位；道家则久处江湖之远，属于民间哲学，处在边缘地带。庙堂与江湖边界分明，按说可以相安无事，井水不犯河水。然而，中国传统社会是官本位和权力本位的社会，任何一个思想流派一旦占据统治地位，必欲封杀其他思想流派为快事。总体而言，儒家排斥道家时间居多，尤其是宋儒理学，有的否认孔子问礼于老子的史实，譬如叶适，在《习学记言序目》评说："言孔子赞其为龙，则是为赞其学者，借孔子以重其师之辞也"，这些"皆途引港授，非有明据"。有的批评老子甚至到了人身攻击的程度，譬如朱熹，批评老子自私："老子之术，须自家占得十分稳便，方肯做；才有一毫于己不便，便不肯做。"批评老子懒惰："老子之术，谦冲俭啬，全不肯役精神。"批评老子不负责任："老子之学，大抵以虚静无为，冲退自守为事。故其为说，常以懦弱谦下为表，以空虚不毁万物为实。其为治，虽曰'我无为而民自化'，然不化者亦不之问也。其为道每每如此。"批评老子无情冷血："看得天下事变熟了，都于反处做起。且如人刚强咆哮跳踯之不已，其势必有时而屈。故他只务为弱。人才弱时，却蓄得那精刚完全；及其发也，自然不可当。故张文潜说老子惟静故能知变，然其势必至于忍心无情，视天下之人皆如土偶尔。其心都冷冰冰地了，便是杀人也不恤，故其流多入于变诈刑名。"批评老子阴谋权术："只要退步柔伏，不与你争"，"他这工夫极离。常见画本老子便是这般气象，笑嘻嘻地，便是个退步占便宜底人。虽未必肖他，然亦是它气象也。只是他放出无状来，便不可当。"[1] 引述朱熹批评老子的众多言论，并不是否定朱熹的为人和思想贡献，而是表明像朱熹这样的大儒和宋明理学集大成者，有时也难免受门户之鼓惑和蒙蔽。因此，研究老子与孔子的关系，可以互相批评，却不能互相指责；可以理性批判，却不能感情用事；可以坚持自己的观点，却不能陷入门户之见。惟其如此，才能认识和把握老子与孔子的真实关系。

　　从思想渊源和演变分析，老子与孔子既有同一关系又有差异关系，但差异是主要的，从而形成了不同的思想体系，建构起各具特色的思想大厦。老子与孔子的差异是多方面的，在著作文本方面，《老子》一书应为老子自撰，是现存的私人著述中最早的著作，而孔子是"述而不作"，没有留下亲笔著作，《论语》是其弟子相与讨论而编纂的。在思想风格方面，读《老子》有一种清冷的感觉，好像秋风扫落叶，会震撼于他的冷静无情，"致虚极，守静笃，万物并作，吾以观复。夫物芸芸，各复归其根。归根曰静，是谓复命。复命曰常，知常曰明。不知常，妄作，凶"。意思是，极力使心灵做到虚静澄明，努力使心灵坚持清静无为。万物蓬勃生长，我就可以凭借虚静的本性看出万物循环往复的道理。万物纷纷纭纭，最终都要返回到它的本根。返回本根就叫作虚静，虚静就叫复归本性。复归

―――――――――

[1] 黎靖德编：《朱子语类》，岳麓书社 1997 年版，第 2704 页。

本性就是万物变化运动的规律，懂得了万物变化的规律就是明智，不懂得万物变化规律而轻举妄动就会有凶险、出乱子。而读《论语》则有温暖的感觉，似乎沐浴在春风之中，会感动于他的"温良恭俭让"。即使批评人，也带着亲近温暖，"樊迟请学稼。子曰：'吾不如老农。'请学为圃。曰：'吾不如老圃。'樊迟出。子曰：'小人哉，樊须也！'"意思是，弟子樊迟请教怎样学种庄稼。孔子说，我不如老农民。樊迟又请教怎样学种菜。孔子说，我不如老菜农。樊迟出去后，孔子不满地说，这个樊迟，真是一个小人啊！在思考范围方面，《老子》五千言涵盖了本体哲学、政治哲学和人生哲学，而《论语》一万五千言则主要讲述伦理哲学；老子建立了相当完备的形而上学体系，有着丰富的本体内容、系统的辩证思维和"静观""玄览"的认识方法，而孔子思想中没有本体论和宇宙观的位置，辩证法思想亦付阙如，认识论则比较贫乏。当然，老子与孔子最大的差异不在于文本、风格和思考范围，而在于思想内容，这是区别老子与孔子、道家与儒家的关键所在。

首先是道与仁的差异。任何思想体系的差异，都是基本概念和逻辑前提的差异。基本概念的差异，是不同的思想体系的主要标志，而逻辑前提的差异，则推导演绎出不同的概念集群、价值判断和理论框架。老子与孔子的差异在于基本概念不同，老子是道，由此形成了思辨哲学；孔子是仁，由此形成了伦理哲学。《老子》一书七十四次论及道的概念，老子从道出发，穷近自然界、人类社会和个体生命的本原及其终极目的，进而构筑起道家思想体系。在老子那里，道是天地万物的本原，先于天地生成。"有物混成，先天地生。寂兮寥兮，独立不改，周行而不殆，可以为天下母。吾不知其名，字之曰道，强为之名曰大。"道的本原是最原始、最质朴、最细小的东西，却又是能够支配一切的东西，即"道常无名，朴虽小，天下莫能臣也"。在老子那里，道是天地万物的起源，"道生

一,一生二,二生三,三生万物。万物负阴而抱阳,冲气以为和"。这
是从宇宙观的角度阐述道的作用。在老子那里,道是天地万物运行
的动力和规律,"反者,道之动;弱者,道之用。天下万物生于有,
有生于无"。具体表现为矛盾对立面统一规律,"天下皆知美之为
美,斯恶已;皆知善之为善,斯不善已。故有无相生,难易相成,
长短相较,高下相倾,音声相和,前后相随"。同时表现为循环运
行规律,"大曰逝,逝曰远,远曰反"。意思是,大到天边又无所不
至,无所不至而又运行遥远,运行遥远而又回归本原。作为形上本
体之道,最大的特点是无形无象,似有非有,看不见、听不到、摸
不着,"视之不见名曰夷,听之不闻名曰希,搏之不得名曰微。此
三者不可致诘,故混而为一。其上不皦,其下不昧,绳绳不可名,
复归于无物。是谓无状之状、无物之象。是谓惚恍。迎之不见其
首,随之不见其后。"河上公注云:"无色曰夷,无声曰希,无形
曰微";释德清注"致诘"为"犹言思议"。《论语》一书 109 次论
及仁的概念,孔子从仁出发,深究人世间和社会中各种关系尤其是
人与人关系的准则,进而构筑起儒家思想体系。孔子既把仁看作人
生的最高境界,以此作为人的道德规范和行为标准,来处理社会各
种关系,又把仁看作儒家思想的最高范畴,统率其他范畴、概念和
判断、推理。在孔子那里,爱人是仁的首要含义,"樊迟问仁。子
曰:'爱人'"。爱人是从血缘亲情出发的,"其为人也孝弟,而好犯
上者,鲜矣;不好犯上,而好作乱者,未之有也。君子务本,本立
而道生。孝弟也者,其为仁之本与?"古注云:"善事父母曰孝;
善事兄长曰弟。"是啊!一个连自己父母兄弟都不爱的人,怎么可
能爱其他人呢?!一个孝顺父母、敬爱兄长的人,怎么可能犯上作
乱呢?!孔子之仁真是充满着亲情温暖和人性光辉。在孔子那里,
克己是仁的主要内容,"颜渊问仁。子曰:'克己复礼为仁'"。孔
子从正反两个方面阐述克己的内容,正的方面是帮助人、关爱人,

"夫仁者，己欲立而立人，己欲达而达人。能近取譬，可谓仁之方也已"。意思是，仁者，自己想有所成就，便也帮助人有所成就。自己想通达，便也帮助他人通达，凡事能推己及人，这就是仁的方法了。反的方面是不强加意志于人，"子贡问曰：'有一言而可以终身行之者乎？'子曰：'其恕乎！己所不欲，勿施于人'。"意思是，子贡请教有没有一个可以终身奉行的道理呢？孔子回答，那大概就是恕吧，自己所不想要的，不要强加给别人。在孔子那里，复礼是仁的根本目的，"一日克己复礼，天下归仁焉！"意思是，只要哪一天做到了克己复礼，天下的一切都归于仁的境界。孔子所推崇的礼是西周的政治规则和社会秩序，"周监于二代，郁郁乎文哉，吾从周"。意思是，周朝的礼仪制度借鉴于夏、商两代的文化，多么富有文采啊！我是赞同周朝的。

　　其次是无为与有为的差异。老子与孔子生活在礼崩乐坏的春秋末期，两人都关心时政，都在为匡正时弊寻找办法，而开出的药方却大相径庭，甚至到了尖锐对立的地步。孔子推尚"仁政"，倡导仁、义、礼、智、信。在社会治理上，孔子要求用礼乐教化百姓，使人人各安其位，各司其职，不越位，不僭礼；以礼义规定长幼、嫡庶、君臣关系，规范人与人之间的关系，使每个人都恪守各自的社会地位，履行社会职责。"道之以政，齐之以刑，民免而无耻。道之以德，齐之以礼，有耻且格。"意思是，用政纪来教导民众，用刑罚来规范民众，民众往往会为了侥幸逃脱而不顾忌耻辱；用道德来教导民众，用礼义来规范民众，民众就会有明确的是非之心而真心归附。老子则明显反对仁政主张，"大道废，有仁义；慧智出，有大伪；六亲不和，有孝慈；国家昏乱，有忠臣"；老子还说："故失道而后德，失德而后仁，失仁而后义，失义而后礼。夫礼者，忠信之薄而乱之首。"当然，老子与孔子对待政治的态度，还是集中反映在无为与有为的差异。老子依据于"道法自然"原则，提出无为而治主张，表现出超凡脱俗的人生智慧，"故圣人云，我无为而民自化，我好静而民自正，我无事而民自富，我无欲而民自朴"。孔子依据于"仁者爱人"的原则，提倡积极有为的人生态度，表现出高度的社会责任感，"士不可以不弘毅，任重而道远。仁以为己任，不亦重乎？死而后已，不亦远乎？"具体表现在治国图景不同。老子与孔子都有明显复古倾向，老子尊素朴，希望回到远古社会，提出了"小国寡民"的图景，"使有什伯之器而不用，使民重死而不远徙。虽有舟舆，无所乘之；虽有甲兵，无所陈之；使人复结绳而用之。甘其食，美其服，安其居，乐其俗。邻国相望，鸡犬之声相闻，民至老死不相往来"。孔子贵文饰，心目中的治国楷模是尧、舜、禹、汤、文、武、周公，希望回到尧舜时代和西周时期，"大哉！尧之为君也！巍巍乎！唯天为大，唯尧则之。荡荡乎！民无能名焉。巍巍乎！其有成功也。焕乎！其有文章！"意思是，尧这样的君主伟大啊！只有天那么高大，只有尧能效法天。广大啊！百姓无法用语言称赞他。他的功绩真是崇高啊！他的礼乐法度真是光辉灿烂啊！统治路径不同。老子尊自然，强调政治统治和社会治理要依据人和物自身的性质，让其独立自主、率性而为，自己成就自己，而不要受外在人为因素的无端干扰和任意审判，"是以圣人欲不欲，不贵难得之货。学不学，复众人之所过。以辅万物之自然而不敢为"。意思是，所以圣人以不欲为欲，不看重难得的奇物；以不学为学，抛弃众人的过失而复归于根本，辅助万物自然成长而不敢作为。孔子贵仁政，强调人为的作用，积极推行德治，"为政以德，譬如北辰。居其所而众星共之"。同时要求建立礼制，形成等级分明的和谐秩序，"礼之用，和为贵"；形成统治者内部的和谐秩序，"君使臣以礼，臣事君以忠"；形成统治者与被统治者之间的和谐秩序，"上好礼，则民莫敢不敬"。个人志向不同。先秦诸子著书立说，目的都是服务政治，为统治者献计献策，即使老子也不例外。差别在于有的人仅仅是为了提供思想主张，有的人则还想为官从政、躬身践行。老子尊自由，安于周守藏室之史职位，看到周王室衰败时，则辞官西出函谷关隐居，因而反复强调"功遂身退，天之道"。孔子贵入仕，甚至对自己的治国才能颇为自信，"苟有用我者，期月而已可也，三年有成"。意思是，如果有人任用我治理国家，一年便可以做出成绩，三年就会成功。

再次是圣人与君子的差异。老子与孔子都有自己的人格理想，也是他们的道德主张。老子的人格理想是圣人，孔子的人格理想是君子，两人人格理想的交集是应该由人格完善、精神高尚的人来治理国家。老子多次提到圣人之治的观念，"是以圣人之治，虚其心，实其腹；弱其志，强其骨。常使民无知无欲，使夫智者不敢为也。为无为，则无不治"。意思是，所以有道的人治理国家，要使人的心灵开阔，生活安饱，意志柔韧，体魄强健。常使民众没有奸诈的心智，没有争盗的欲念，使一些自作聪明的人不敢妄为。依照无为的原则去处理政务，则能治理好国家。孔子则强调修身齐家治国平天下，"子路问君子。子曰：'修己以敬。'曰：'如斯而已乎？'曰：'修己以安人。'曰：'如斯而已乎？'曰：'修己以安百姓。修己以安百姓，尧舜其犹病诸！'"意思是，弟子子路问怎样才算是君子。孔子回答，修养自己，以使自己看起来庄重、恭敬。子路又问，这样就行吗？孔子回答，修养自己，能使他人得到安宁和快乐。子路再问，这样就行吗？孔子回答，修养自己，使老百姓得到安宁和快乐。在这一点上即使尧、舜也难以做到。尽管如此，老子之圣人和孔子之君子有着很多差异，最大的差异在于圣人守道，"天之道，利而不害。圣人之道，为而不争"；君子守仁，"君子去仁，恶乎成名？君子无终食之间违仁，造次必于是，颠沛必于是"。意思是，君子如果抛弃了仁，又怎么能成就声名呢。君子不会有哪怕一顿饭的时间离开仁，即使在仓促匆忙之间也必定与仁同在，即使在颠沛流离之时也必定与仁同在。具体而言，在立身处世方面，圣人愿意处下，君子勇于争先。老子认为，圣人治理天下，如江海之纳百川，自甘于处下居后，故能蓄养万民，而不给民众造成损害。"江海所以能为百谷王者，以其善下之，故能为百谷王。是以欲上民，必以言下之；欲先民，必以身后之。是以圣人处上而民不重，处前而民不害，是以天下乐推而不厌。以其不争，故天下莫能与之争。"孔子则认为，君子为了崇高的理想，必须意志坚定、百折不挠，"三军可夺帅也，匹夫不可夺志也"；愿意付出重大牺牲，甚至献出生命，"志士仁人，无求生以害仁，有杀身以成仁"。在学习方面，圣人凭直觉，君子靠好学。老子重视智慧而不重视知识，推崇理性直觉，"不出户，知天下；不窥牖，见天道。其出弥远，其知弥少。是以圣人不行而知，不见而名，不为而成"。意思是，不出门就知道天下事，不看窗外就知道宇宙万物之道。出门走得越远，所知道的就越少。所以圣人不用去做就能知道，不用去看就能明了，无所作为就能有所成就。孔子则重视知识，重视感性认识和经验积累，《论语》开篇就说："学而时习之，不亦说乎？"孔子不承认自己是君子、圣人或仁者，却承认自己好学，"十室之邑，必有忠信如丘者焉，不如丘之好学也"。意思是，即使在只有十户人家的小地方，也必定有像我一样忠实而讲信用的人，只是比不上我爱好学习罢了。在内在品质方面，圣人本真，君子优质。老子注重原始淳朴的人生品质，希望人们无论在什么年龄段都要返璞归真，保持婴儿般心态，这就是"含德之厚，比于赤子""见素抱朴，少私寡欲""是以圣人被褐怀玉"。王弼注云："被褐者，同其尘；怀玉者，宝其真也。圣人之所以难知，以其同尘而不殊，怀玉而不渝，故难知而为贵也。"孔子则强调人生品质的后天养成，最重要的品质是仁、知、勇，"君子道者三，我无能焉：仁者不忧，知者不惑，勇者不惧"。

郑板桥诗云："删繁就简三秋树，领异标新二月花。"意指思想观点要有新意，有别于他人的想法，就像春天里百花争艳，生机勃勃，而表达思想观点的文章须简洁明快，就像秋天里的树木，叶已落尽，很有骨感。研究老子与孔子关系，不能不重温《老子》和《论语》，深深感到两部经典的文字简洁，似三秋树般地干净；思想观点各异，如二月花般地繁荣，这就是承载着不同的思想路径和智慧形态，承载着中华文明对于美好生活的不同思想实验。思想差异是创新的动力，更是进步的源泉。由于认识是一个主体与主体、主体与客体互动的过程，产生思想差异是必然的，不产生差异则有悖规律。就主体而言，每个人的生活背景、成长经历、职业性质不同，不可能对客体达到完全一致的认识；就客体而言，人们只能接近真理和认识客体的真实面目，不可能穷尽对客体的认识。况且，客体处于永恒的运动变化过程，今天获得的正确认识未必适应明天的客体情况。因此，对于文明进步和思想发展而言，百家争鸣比定于一尊为好，百花齐放比一枝独秀为好。如果没有思想的差异，就不可能有思想的竞争；没有思想的竞争，就不可能有思想的创新。人类文明的进步，归根结底是思想的进步，是思想创新的结果，没有思想的创新，就不可能有人类文明的进步。让我们在包容思想差异的过程中，推动思想创新，赢得进步伟业。

老子与孔子：根脉相连

在中国，真正能够塑造中华民族人格，影响社会政治经济进程，具有宗教性质的思想流派，只有以老子为代表的道家思想和以孔子为代表的儒家思想。南北朝刘勰就曾指出："道者玄化为本，儒者德教为宗，九流之中，二化为最。"[1] 春秋战国时期有"诸子百家"之说，这是对当时各种思想流派的总称。据东汉班固《汉书·艺文志》统计，先秦时期数得上名字的计有 189 家，著作 4324 篇。大浪淘沙，随着历史的前进和时光的流逝，那些生命力不强的思想家及其流派消失了，留下的是生命力比较强健的思想流派。还是这个班固，明确提出了"十家九流"的概念，"诸子十家，其可观者九家而已"，即指儒家、道家、墨家、法家、名家、杂家、农家、阴阳家、纵横家、小说家。由于小说家已没有影响，这就有了"九家"或"九流"概念。历史发展证明，道家、儒家生命力在九流中最为强健，其余七家，要么像墨家那样消失了；要么像法家那样式微了。当今中国，只有道家、儒家思想仍在深刻影响着人们的思维方式、认知习惯和行为路径。老子与孔子的思想既是深入到中国传统文化骨髓的基因，又是左右着中国传统文化发展的源头活水。每当中华民族面临振兴崛起的关键时刻或生死存亡的危急关头，无数志士仁人或赞叹或批判，或问道或问仁，回过头去请教老子与孔子，希冀从他们那里获

---

[1] 刘勰：《刘子集校》，上海古籍出版社 1985 年版，第 303 页。

取精神食粮、智慧清泉和前进动力。

　　两千多年来，人们一直在比较研究老子与孔子、道家与儒家的思想。这些比较究其异者多，求其同者少，普遍认为老子与孔子是两个对立的人物，道家与儒家是两个对立的思想体系。诚然，无论是基本概念还是思想范畴，无论是逻辑体系还是理论架构，老子与孔子、道家与儒家都是差异大于同一，差异是基本的。但是，差异并不否认同一，更不意味着泾渭分明的对立。1993 年湖北郭店出土的战国竹简，计有 730 枚、13000 多个文字，包含着十六种古籍，其中三种为道家著作，一种为儒道共同的著作，其余为儒家著作。在三种道家著作中，有《老子》甲、乙、丙三组竹简。《老子》与儒家经典一同出土，说明早期道家与儒家应该有着联系和交流，尤其是竹简《老子》第十九章是"绝知弃辩""绝巧弃利"，而不是传世本的"绝圣弃智""绝仁弃义"，更说明早期道家与儒家并没有那么严重的冲突。当然，对于思想史而言，郭店竹简并没有提供足够资料，推翻差异是道家与儒家基本关系的论断。这并不妨碍比较研究老子与孔子，发现其存在的同一性和共同特点，从而加深理解他们的思想观点，辨析道家与儒家一些重要的价值取向和伦理标准。

　　据先秦史料记载，老子与孔子有过多次交往，《庄子》一书详述了老子与孔子的四次交往，《庄子·田子方》记载"孔子见老聃，老聃新沐"，描述两人讨论"游心于物"问题。《论语·述而篇》记载："子曰：'述而不作，信而好古，窃比于我老彭。'"如果"老彭"指老子和彭祖，可见孔子与老子关系之密切。在老子与孔子交往中，两人非但没有互相贬斥，而是互相研习，相处十分融洽。《庄子·天运篇》可分为七个部分，其中三个部分都是关于老子与孔子的交往，第七部分记载："孔子谓老聃曰：'丘治《诗》《书》《礼》《乐》《易》《春秋》六经，自以为久矣，孰知其故矣，以奸者七十二君，论先王之道而明周、召之迹，一君无所钩用。甚矣！夫人之难说也？道之难明邪？'老子曰：'幸矣，子之不遇治世之君！夫六经，先王之陈迹也，岂其所以迹哉！今子之所言，犹迹也。夫迹，履之所出，而迹岂履哉！夫白鶂之相视，眸子不运而风化；虫，雄鸣于上风，雌应于下风而风化。类自为雌雄，故风化。性不可易，命不可变，时不可止，道不可壅。苟得于道，无自而不可；失焉者，无自而可。'孔子不出三月，复见，曰：'丘得之矣。乌鹊孺，鱼傅沫，细要者化，有弟而兄啼。久矣，夫丘不与化为人！不与化为人，安能化人。'老子曰：'可。丘得之矣！'"从这一史料可知，老子与孔子似乎有一次长时间的相处和集中讨论，老子之论深邃而飘逸，孔子所得欣然而窃喜。更重要的是，对于老子思想的传播，孔子发挥了重要作用。《礼记·曾子问》有四处记载，都是孔子复述老子的思想观点，即"吾闻诸老聃曰"。这一方面说明老子思想对孔子的影响很大，另一方面则起到了传播老子思想的功能。《论语》一书也有类似情况，"或曰：'以德报怨，何如？'子曰：'何以报德？以直报怨，以德报德'"。孔子以另一种眼光看待老子"报怨以德"的观点，客观上也起到了传播作用。当然，我们记述老子与孔子的交往交流，目的还是为了探究两人的共同点和思想的同一性。

背景相同。这不是直接比较研究老子与孔子的思想内容，却是研究两人思想关系的重要前提。孔子生于公元前551年，老子约长孔子二十余岁，他们生活在大动乱、大变革的春秋时代。由于生活年代相同，就有了可比性，也就构成了老子与孔子同一性的多种表现形式。面对同样的历史趋势，这就是春秋的社会形态由奴隶制向封建制转变，政治体制由君主、贵族等级分封制走向君主专制、中央集权和官僚体制，全国局势由分裂趋于统一，华夏族与周边族群以政治认同和文化认同为纽带而日趋融合。身处同样的生存环境，一言以蔽之就是乱。西周灭亡，都城东迁，周王室衰微而愈加溃败，统治秩序日益败坏；诸侯争霸不已，征战讨伐、攻城略地，春秋初期一百四十多个诸侯国逐步演变为十四国，尔后相继出现了所谓"春秋五霸"和"战国七雄"；纲纪解纽，周王室与诸侯之间是"大宗"不尊和"小宗"叛乱，诸侯国内部是弑君杀父、内乱不止；礼崩乐坏，旧的价值观念和行为准则失效了，旧的政治经济秩序瓦解了，新生的思想观念和体制机制还没有建立起来，老百姓不仅朝不保夕，而且无所适从。这些乱象的集中表现就是战争，"春秋无义战"。老子与孔子鲜明表达了相同的反对战争态度，老子指出："以道佐人主者，不以兵强天下，其事好还。师之所处，荆棘生焉。大军之后，必有凶年。"意思是，以道辅佐国君的人，不靠武力强行天下，发动战争就会遭到报应。军队驻扎的地方，就会荆棘丛生；打了大仗之后，必定有荒年。孔子则拒绝学习军事和战争，"卫灵公问陈于孔子。孔子对曰：'俎豆之事，则尝闻之矣，军旅之事，未之学也。'明日遂行"。意思是，卫灵公向孔子询问军队陈列之法。孔子回答，礼仪方面的事情，我曾听说过；军队方面的事情，从来没有学习过。第二天，孔子便离开了卫国。这一史料还说明，孔子尽管一生凄凄惶惶，却仍然保持着"择木而栖"的独立人格，令人肃然起敬。遇到同样的问题，一方面，统治者荒淫奢靡，《左传·昭公二十年》描述道："适遇淫君，外内颇邪，上下怨疾，动作辟违，从欲厌私。高台深池，撞钟舞女，斩刈民力，输掠其聚，以成其违，不恤后人。暴虐淫纵，肆行非度，无所还忌。"另一方面，老百姓民不聊生，老子指出："民之饥，以其上食税之多，是以饥"；孔子则大声疾呼："苛政猛于虎"。追寻同样的梦想，面对春秋乱世，有识之士试图从理论上探索战乱的根源，寻求实现和平相处的社会方案；思想家进而探究人生的哲理，抒发自己的理想抱负，由此形成了百家争鸣的格局。老子与孔子是出类拔萃的思想伟人，他们提出了不同的社会政治思想，却怀抱着同一志向，生长在同一土壤。树虽不同，根脉相连，真是剪不断理还乱。

目标趋同。张舜徽指出，诸子百家都离不了为政治服务，"他们的目的不外想拿各人自己的一套议论主张，游说诸侯，乘机爬上统治地位，成为最高统治者周围的显赫人物。他们的任务不外想拿各人自己的一套议论主张，实行于当时，来巩固统治者的权位，维护统治与服从的社会秩序"。[1] 这一论断基本符合诸子百家的思想实际，孔子倡导入世，自不待言，即使老子这样的玄思者，也不能例外。他们著述立说的根本缘由，就是要消除社会动乱；他们共同的政治理想和目标，就是要安邦治国，实现天下太平，百姓安居乐业。老子与孔子都有入仕从政的经历，这使他们熟知统治阶级内部的各种关系，有着丰富的政治经验，又使他们对周王朝及诸侯国的典章制度，有着广博的历史知识。老子生于楚苦县厉乡曲仁里，成年后任周之守藏史，因"见周之衰，乃遂去"，即辞官归隐；孔子曾任鲁国司空、大司寇，因不满统治者声色犬马，毅然辞鲁周游列国。两人集一生经验和学问之大成，以批判的眼光审视现实，各自提出了虽有差异实为同一的政治主张。老子思想表面是无为，是柔弱虚静、谦退避世，实质却是入世的，这和孔子有异曲同工之妙。在老子看来，无为不是目的，只不过是实现目标的行为，"我无为而民自化，我好静而民自正，我无事而民自富，我无欲而民自朴"。由此可见，无为不是无所作为，而是效法天道、顺应自然，反对妄为和勉强，从而实现民化、民正、民富、民朴的治世目的。老子认为，治国是必须的，只不过治理大的国家和烹食小鲜是一个道理，不要经常去打扰它、搅动它，"治大国若烹小鲜"。老子认为，追求功名是正常的，只不过是功成之后不要居功自傲，"生而不有，为而不恃，功成而弗居"；功成之后不要恋位，不要贪图权力，而要急流勇退，"功遂身退，天之道"。老子认为，君王想治理好国家无可非议，只不过要遵守无为之道和不争之德，"江海所以能为百

[1] 张舜徽：《周秦道论发微　史学三书平议》，华中师范大学出版社 2005 年版，第 7 页。

谷王者，以其善下之，故能为百谷王。是以欲上民，必以言下之；欲先民，必以身后之。是以圣人处上而民不重，处前而民不害，是以天下乐推而不厌。以其不争，故天下莫能与之争"。孔子则毫不掩饰自己的入世精神和为政欲望，"如有用我者，吾其为东周乎！"意思是，如果有人任用我，至少不会把它建设成像东周那样的动乱社会。在孔子看来，社会之所以动乱无序，是因为乱了名分，所以要正名，"子路曰：'卫君待子而为政，子将奚先？'子曰：'必也正名乎！'"意思是，弟子子路问，假如卫国国君要你去治理国家，你先做什么呢？孔子回答，首先一定是正名分。正名的内容是"君君、臣臣、父父、子子"，以建立具有等级、角色清晰的社会秩序。孔子认为，要修明政治，统治者必须做到身正，"政者，正也，子帅以正，孰敢不正"。统治者身不正，就不能正人，"苟正其身矣，于从政乎何有？不能正其身，如正人何？"意思是，如果自身正了，对于从政还有什么困难呢？如果不能使自身端正，怎么能使别人端正呢？孔子认为，要修明政治，必须推行德治，"道之以政，齐之以刑，民免而无耻。道之以德，齐之以礼，有耻且格"。孔子认为，要修明政治，必须重视民生和教育，"子适卫，冉有仆。子曰：'庶矣哉！'冉有曰：'既庶矣，又何加焉？'曰：'富之'。曰：'既富矣，又何加焉？'曰：'教之'"。意思是，孔子到卫国去，弟子冉有驾车。孔子说，卫国人口真多呀。冉有问，人口多了，还要做什么呢？孔子回答，使他们富裕起来。冉有又问，富了以后还要做什么呢？孔子回答，教育和教化他们。

　　异中有同。令人感兴趣的是，在老子与孔子思想最大差异之处，往往隐藏着同一性。道是老子思想的最高范畴和逻辑基础，也是区别老子与孔子思想的显著标志。然而，就在道这一范畴中，可以找到老子与孔子思想的交集。道是老子与孔子思想的主要概念，《老子》一书先后出现了74次，《论语》一书出现了89次。老子与孔子如此大量使用道的概念，存在同一性是必然的，集中表现在道的人文内容。

老子之道不仅是形而上本体，而且是人世间的基本准则，"金玉满堂，莫之能守。富贵而骄，自遗其咎。功遂身退，天之道"。孔子之道就是人道，两人思想就有了同一。老子与孔子都把道看成是事物的本质和规律，在老子那里，道是本体、本原和规律的统一体；孔子也把道看成是事物的本质，"朝闻道，夕死可矣！"孔子还说："笃信好学，守死善道。"意思是，笃实地信仰道，好好地学习道，誓死守卫道。老子与孔子都要求人们尊道守道、顺道而行，老子说："孔德之容，惟道是从"；孔子则说："君子谋道不谋食，君子忧道不忧贫。"老子与孔子政治之道都是推崇百姓安居乐业，老子依据于道提出的理想社会是"甘其食，美其服，安其居，乐其俗"；孔子是"志于道，据于德，依于仁，游于艺"，当弟子问孔子志向时，孔子回答："老者安之，朋友信之，少者怀之。"无为是老子政治的核心概念，也是区别老子与孔子政治思想的主要标志。老子的最大动机和目的就在于发挥无为思想，他全面而系统地论述了无为的政治主张，以致《老子》一书充满着无为的气味。孔子很少提及无为，也没有太多的论述，但孔子并不反对无为，甚至认同无为的理念，这是老子与孔子差异之处的同一性表现。"子曰：'无为而治者，其舜也与？夫何为哉？恭己正南面而已。'"意思是，孔子说，能够不必亲政而使天下太平的人，大概只有舜吧？他做了些什么呢？只是庄严端正地坐在朝廷的王位上罢了。圣人是老子的理想人格，也是区别老子与孔子伦理思想的重要标志。但是，老子与孔子都推崇圣人人格，《老子》一书直接论及圣人有26章31处，《论语》一书有六次提到圣人、圣者和圣的概念。老子与孔子都把圣人作为至高、至真、至善的道德修养标准，老子认为："是以圣人抱一为天下式。不自见故明，不自是故彰，不自伐故有功，不自矜故长。夫唯不争，故天下莫能与之争。"意思是，圣人守道，作为天下的范式。不自私表现，所以是非分明；不自以为是，所以声名昭彰；不自我夸耀，所以能建立功勋；不自高自大，所以能领导众人。正因为他不与人争，所以天下没人能和他竞争。孔子则认为，只有极少数人才能达到圣人的境界，只有尧、舜才能算是圣人，"何事于仁！必也圣乎，尧舜其犹病诸"。因为孔子把圣人看得太高大、太完美，所以他没有在现实生活中倡导圣人人格，退而求其次，极力倡导君子人格，"圣人吾不得而见之矣，得见君子者，斯可矣"。老子与孔子都不认为自己是圣人，老子多次论及圣人，却没有自比为圣人；孔子则明确表示自己不是圣人，"若圣与仁，则吾岂敢？抑为之不厌，诲人不倦，则可谓云尔已矣"。此外，老子与孔子奉习《周易》；《老子》和《论语》共同使用了一些词汇，这就是道、德、慈、智、忠、信、礼、孝、勇、俭、圣人，除个别外，大部分词汇的含义是相通的。中华文明在春秋时期已经相当成熟，老子与孔子生活在同样的文化思潮，继承同样的文化传统，汲取同样的文化养分，怎么可能没有同一性呢？！

互补协同。林语堂指出："道家及儒家是中国人灵魂的两面。"[1] 老子是大哲学家，是智慧大师，他超凡脱俗、大智若愚、微妙玄通，具有隐士风度；学老子，读《老子》，可以获取智慧灵感。孔子是大教育家，是道德大师，他入世进取，学而不厌、诲人不倦，具有阳刚之气；学孔子，读《论语》，可以提升道德境界。智慧、道德，多么美好的品质，谁人不希望兼修而得之呢？！道家的基本特征是返璞归真，认为人的自然本性是淳朴的，社会原始状态是和谐的，人的堕落和社会的动乱是因为社会进步及其文饰太多，所以只有返璞归真、见素抱朴，人性才能纯和，社会才会太平。儒家的基本特征是人文化成，认为"人之初，性本善；性相近，习相远"。所以要以人为中心、以伦常为基础，重修身、重教育、重后天的人格塑造。老子与孔子、道家与儒家互补协同，铸造了中华民族之魂，凝聚成国民品格，使得同一个中国人既表现出道家精神，

---

[1] 林语堂：《我这一生——林语堂口述自传》，万卷出版公司 2013 年版，第 172 页。

崇尚自然、知足常乐、追求个性自由，又表现出儒家精神，重家庭、重伦理、重信义。老子与孔子思想的互补协同，首先表现在阴阳互补。中国哲学的主流是阴阳哲学，诚如《易经》所言："一阴一阳之谓道。"老子也说："万物负阴而抱阳，冲气以为和。"然而，老子没有发展阳刚思想，而是崇尚阴柔，称颂水德，"上善若水。水善利万物而不争，处众人之所恶，故几于道"；赞美女性，"谷神不死，是谓玄牝，玄牝之门，是谓天地根。绵绵若存，用之不勤"。意思是，道是那样神妙而永恒，它就是玄妙莫测的母体。玄妙莫测的母体，它就是天地的本根。绵密不断而又川流不息，它的功用无穷无尽。孔子则不然，崇尚"天行健，君子以自强不息"，要求君子"可以托六尺之孤，可以寄百里之命，临大节而不可夺也"；寄情自然界是"岁寒，然后知松柏之后凋也"。老子尚阴，孔子重阳，一阴一阳，刚柔相济。同时表现在隐显互补。中国传统思想文化是儒显道隐、外儒内道，道中有儒、儒中有道。道家是隐的，讲逍遥，讲道法自然，主张从容地生活，保留可进可退的灵活；儒家是显的，讲参与，讲社会责任感，主张以天下为己任，治国平天下。道家崇尚自然无为，始终与社会现实保持着距离，在大部分历史时期都处于在野的地位；儒家则声名显赫，几乎都居于社会思想文化的正宗和主导地位，是政治、教育和道德领域的指导思想。范文澜认为，儒家是一个明流，看得清楚；道家是一个暗流，不能小看，它的影响是巨大的，一显一隐形成互补。[1] 此外表现在虚实互补。中国理性思辨和抽象思维最发达的是老子及道家思想。老子之道是超乎形象，具有无限生机的宇宙之源和价值本体，它把人的精神从世俗的日常生活解脱出来，甚至要超越社会道德，从形而上本体的高度看待自然、社会和个体生命。孔子则专注于"内圣外王"，着

---

[1] 范文澜：《中国通史简编》（修订本第一编），人民出版社1964年版，第273-274页。

力阐述政治主张和伦理思想，对终极价值采取存而不论的态度，即"敬鬼神而远之"，因而在抽象思辨方面十分贫乏。冯友兰把老子与孔子的思想概括为"极高明而道中庸"，认为极高明即玄虚精神，主要来自道家，道中庸即入世精神，主要来自儒家，两者的统一便是中国哲学精神。[1] 此外，道家重个体、儒家重群体，道家重自由、儒家重规范，道家重人性复归、儒家重人性进步，也都是互补协同关系，推动着中华文明的进步和人格的完善。

　　老子与孔子思想的同一互补，对于建构中华民族的人格模式起到了决定性的作用，尤其对传统知识分子即士大夫阶层，更是影响深沉，积淀为儒道互补的人格结构。传统知识分子用道家逍遥、以儒家进取，把道的玄妙空灵与仁的积极入世密切结合起来，既能适应顺境又能适应逆境，使生命富有弹性和保持张力。人生无常，世事难料。儒道互补的人格体现在人生的不同境遇，逆境时或处江湖之远，以老子为依归、淡泊名利、独善其身、洒脱自在，不改变天真淳朴之性；顺境时或居庙堂之高，则以孔子为向导、坚守良知、兼济天下、勤勉敬业，争做忠臣良将。人是身体与心灵的统一体，两者既可一致又可分离。儒道互补的人格调节着身体与心灵的平衡，那些受到传统文化严格训练、深受老子与孔子思想熏陶的士大夫，即使为官从政、春风得意，也可在心灵上保留一片绿洲，与那些恩恩怨怨、是是非非拉开距离，在做生活主人的同时做生活的旁观者，身不为形体所役，心不为外物所使，漫游在精神的自由王国。即使人生遭遇挫折、身在山林，也可做到心存魏阙，促进身心的和谐。无论从政、经商还是做学问，最后都会成为平民。无论成功还是不成功，最后都会走向平淡。儒道互补的人格有助于人们物我两忘，在平民中感悟生命真谛，在平淡中追求永恒无限。中国历史上

_____

[1]　冯友兰：《新原道》，生活·读书·新知三联书店2007年版，第3页。

儒道思想同一互补的典范是苏东坡，他的"定风波"一词真是写尽了传统优秀知识分子人格的悠悠情韵，在此录以共享："莫听穿林打叶声，何妨吟啸且徐行。竹杖芒鞋轻胜马，谁怕？一蓑烟雨任平生。料峭春风吹酒醒，微冷，山头斜照却相迎。回首向来萧瑟处，归去，也无风雨也无晴。"

本体哲学

道法自然、有无相生、玄览静观

老子之哲学：无用之大用

　　研究老子之哲学，首先遇到的问题是什么是哲学。有多少人回答这一问题，就有多少种答案，迄今为止，哲学尚无普遍接受的定义。通常认为，哲学起源于古希腊，是欧洲一门古老的学问。亚里士多德认为：求知是所有人的本性，"最初人们通过'好奇—惊赞'来做哲学"。[1] 黑格尔认为：哲学"以绝对为对象，它是一种特殊的思维方式"[2]。罗素认为："哲学乃是某种介乎神学与科学之间的东西，它和神学一样，包含着人类对于那些迄今仍为科学知识所不能肯定之事物的思考；它又像科学一样是诉之于人类的理性而不是诉之于权威的，不论是传统的权威还是启示的权威。"[3] 中国本土文化中有没有像古希腊那样的哲学，是个有争议的话题，这却不妨碍中国哲学家力图做出自己的回答。胡适先生认为：哲学是"凡研究人生切要的问题，从根本上着想，要寻求一个根本的解决"的学问。[4] 冯友兰认为："哲学就是对人生的有系统的反思"；"反思，因为它把人生作为思考的对象。有关人生的学说、有关宇宙的学说以及有关知识的学说，都是由这样的思考中产生的。"[5] 尽管对哲学定义存

〔1〕 亚里士多德著，苗力田译：《形而上学》，中国人民大学出版社 2003 年版，第 5 页。

〔2〕 ［德］黑格尔著，贺麟译：《小逻辑》，商务印书馆 2009 年版，第 10 页。

〔3〕 ［英］罗素著，何兆武、李约瑟译：《西方哲学史》（上卷），商务印书馆 2015 年版，第 7 页。

〔4〕 胡适：《中国哲学史大纲》，北京大学出版社 2013 年版，第 1 页。

〔5〕 冯友兰：《中国哲学简史》，生活·读书·新知三联书店 2013 年版，第 2 页。

有争议，但一般都认同哲学是一门学问，是人作为有限理智者在理性范围内所能提出和探究的终极问题，反映了穷根究底、追根寻源的人类精神。所谓终极问题，不仅包括对自然界的追问，即世界是由什么构成的，世界是由一种成分还是由多种成分构成的，世界是如何构成和如何运行的，等等；而且包括对人生的追问，即我们是谁，我们从哪里来，我们往哪里去，等等。概言之，哲学探究的是世界的本原、本质、共性或绝对等终极目标和形而上命题。人类之所以要探究终极问题，是因为不满足于现实世界而追求超越现实世界。超越现实世界的存在，如果不到宗教那里寻找，就只能在哲学中寻找，其他任何科学都不可能提供答案。

在先秦思想家中，只有老子自觉地追寻着人类的终极问题，并做出了自己比较系统的回答。在中国思想史上，老子是第一个构建形而上理论大厦的哲学家。那么，老子之哲学有哪些特征呢？古希腊人认为，哲学是爱智慧。智慧是老子哲学的最大特征，具体表现在相反相成的辩证思维，"天下皆知美之为美，斯恶已；皆知善之为善，斯不善已"。在老子看来，事物是矛盾对立的统一体，不仅要从正面去把握，而且要从反面去把握，从反面的关系中能够更深刻地把握事物的全部内容及其正面的积极意义。具体表现在以反求正的处世方法，"天长地久。天地所以能长且久者，以其不自生，故能长生。是以圣人后其身而身先，外其身而身存。非以其无私邪？故能成其私"。老子认为，要顺应事物矛盾转化规律，促进和等待事物从不利状态转变到有利状态，从而达到以反保正、以反彰正的目的，这是人生的智慧和大彻大悟。具体表现在正言若反的语言表述，"大方无隅，大器晚成，大音希声，大象无形"。《老子》一书常常颠覆合乎逻辑的表达方式，充满了正言若反的反逻辑方式，这既使书中所要表达的观点更鲜明，给人的印象更深刻，又让人们看到了事物肯定的背后往往有否定，而否定的背后，往往有肯定。当代德国哲学家赫伯特·曼纽什认为，《老子》是一部涉及范围更广泛的哲学怀疑论著作，其要旨是阐述人类理性的局限性，以及人类种种价值和道德的相对性。[1] 因而批判性是老子哲学的另一个重要特征。老子批判了天命观和人格神，"以道莅天下，其鬼不神。非其鬼不神，其神不伤人；非其神不伤人，圣人亦不伤人。夫两不相伤，故德交归焉"。意思是，用道治理天下，鬼怪起不了作用；不但鬼怪起不了作用，神祇也不侵犯人；不但神祇不侵犯人，圣人也不侵犯人。鬼怪和圣人都不会伤害人，所以功德都归于圣人。老子批判了虚伪矫饰的文明，"大道废，有仁义；慧智出，有大伪；六亲不和，有孝慈；国家昏乱，有忠臣"。老子批判了科技和制度文明，"天下多忌讳，而民弥贫；民多利器，国家滋昏；人多伎巧，奇物滋起；法令滋彰，盗贼多有"。老子批判了统治者的贪婪，"民之饥，以其上食税之多，是以饥。民之难治，以其上之有为，是以难治"。智慧和批判性是古今中外哲学的基本特征，所以，老子之哲学是真正的哲学。

哲学作为一门学科，是古希腊哲人建立的，其他民族的哲学思考未能实现这一飞跃。这就产生了中国本土文化有没有哲学的争议，以及能不能用西方哲学的框架来格式化老子哲学的问题。有没有哲学与有没有哲学科学是两个不同的问题，它们的联系是哲学科学的建立离不开哲学思想的产生，应是先有哲学思考后有哲学科学；差别在于哲学可以与哲学科学分离，有哲学可以没有哲学科学。黑格尔从科学体系的角度认为中国古代哲学严格地说还不算是哲学，他却不否认老子的思想是抽象思辨，具有哲学性。世界上任何民族都会有自己的哲学，都不会放弃对终极问题的追问。西学东渐以来，曾经有人认为中国没有哲学、逻辑学和科学思维，现在持这一观点的人数已经很少；在理论界和学术界，这一观点也失去了市场。但

---

〔1〕 见葛荣晋主编：《道家文化与现代文明》，中国人民大学出版社 1996 年版，第 296 页。

是，在全球化的大背景下，确有一个如何阐述讲好老子哲学的问题。我们既不能妄自菲薄，照搬照抄西方哲学框架来分析老子哲学，又不能封闭僵化，仅仅按照老子哲学的概念、思维方式和逻辑推理来进行阐述。由于西方哲学研究比较深入，框架体系比较成熟，客观上处于强势地位，学习借鉴西方哲学的分析框架，运用西方哲学的一些概念范畴来比附和阐述老子哲学，是有积极意义的。譬如，西方哲学有一个实体概念，认为变化着的事物有一种永恒不变的基础，这就是实体。有人用实体来比附老子之道。从道是万物本原分析，与实体有相似之处，而道却是真实的存在，内含于天地万物之中，这就不同于实体的思想。又如，霍金提出"宇宙自足"理论，认为宇宙是无中生有。有人拿这一认识比附老子之无。老子确实提出了"天下万物生于有，有生于无"的天才论断，而老子却没有用这一论断探讨宇宙学或自然哲学，而是回到了政治和人生领域。再如，海德格尔认为："从存在论的范畴的意义来了解，自然是可能处在世界之内的存在者的存在之极限状况"[1]，以图破除人与自然、主体与客体的对立。有人运用海德格尔的自然比附老子之自然。但老子之自然既是道之本然，也是人之本然，并不是外在于人的另一个存在。因此，运用西方哲学框架分析老子哲学，一定要符合老子思想的本来面目，既不要为了中国哲学声誉而拔高老子，又不要为了适应西方哲学而在无意中贬低老子。

老子哲学具有本体论意义。对于老子哲学是否具有本体论意义，学术界存在着不同看法，有的学者认为中国哲学探究本体论是从王弼开始的，老子哲学没有本体论。所谓本体，是指一切存在的根本凭借和内在依据，是多样性世界所赖以存在的共同基础，具有超越

---

〔1〕 [德] 马丁·海德格尔著，陈嘉映、王庆节合译：《存在与时间》，生活·读书·新知三联书店 2012 年版，第 66 页。

性、无限性和终极性；本体论就是关于一切存在最终本性的学说。根据这一定义分析，老子哲学就有着丰富的本体论思想。宇宙在时空上的无限性与宇宙内任一事物在时空上的有限性，决定了任何一个具体的事物都不能作为一切存在的本性和本原。老子创立了道这一最高哲学范畴，从道出发阐述了本体论思想。道是具有无限性意义的本体，自身却不具有任何形质的规定性。从感性上分析，道看不见、听不到、摸不着，"视之不见名曰夷，听之不闻名曰希，搏之不得名曰微"；从本质上分析，道浑然一体，无物无象、无形无状，"此三者不可致诘，故混而为一。其上不曒，其下不昧，绳绳不可名，复归于无物。是谓无状之状、无物之象。是谓惚恍。迎之不见其首，随之不见其后"。意思是，道的夷、希、微三者难以深究，它们原就是一体。上部不太明亮，下部也不太昏暗，难以名状，无边无际，回归于无物的境地。它是一种没有形状的形状，没有物体的形象，所以把它叫作惚恍。迎着它却看不见头，尾随它却又看不清背后。道是具有无限性意义的本体，自身却超越矛盾对抗关系，能够自足自满、循环运行，"有物混成，先天地生。寂兮寥兮，独立不改，周行而不殆，可以为天下母。吾不知其名，字之曰道，强为之名曰大。大曰逝，逝曰远，远曰反"。这段话表明，在未有天地之前，道已经存在，并处于混朴状态；道是不受其他任何东西干扰的客观实在；道始终处于运动状态。道是具有无限性意义的本体，自身却不可指称和无法命名，"道可道，非常道；名可名，非常名。无，名万物之始；有，名万物之母。故常无，欲以观其妙；常有，欲以观其徼。此两者同出而异名，同谓之玄。玄之又玄，众妙之门"。意思是，可以用言辞表达的道，就不是常道；可以用文字表述的名，就不是常名。无，是形成天地的本始；有，是创生万物的根源。所以常从无中，去观照道的奥妙；常从有中，去观照道的端倪。无和有这两者，同一来源而不同名称，都可说是很幽深的。幽深而又幽深，是一切奥妙的门径。

老子哲学阐述了宇宙观内容。老子之道既是本体论又是宇宙观。一定意义上可以说，老子之道的宇宙观内容多于本体论内容。在宇宙观中，老子之道具有本根的意蕴，从而内聚着创生万物的能力。张岱年曾经专门对本体与本根的关系进行研究，他认为先秦哲学中的基本概念"本"即本根，与西方哲学的本体既相似又有区别。西方哲学的本体，强调的是本体与现象的区别，以为现象是现而不实，本体是实而不现。先秦哲学的本根，强调的是本根与万物的关系是根本与不根本的关系，而不是实在与不实在的关系。如果说在本体论中，道作为一种逻辑设定而不具有实存性，道与万物的关系是共相与殊相的关系，而不体现为一种在时间上的先后关系，那么在宇宙观中，道就具有实存性，道与万物的关系是本原与派生物的关系，即"道生一，一生二，二生三，三生万物。万物负阴而抱阳，冲气以为和"。这段话表明道生万物是一个从无到有、由简而繁的过程，明确指出万物都包含着阴和阳的矛盾对立，阴阳之气交相作用而达于平衡统一，这就是万物存在的主要状态。在宇宙观中，道创生万物不仅表现为一个过程，由于道是万物的终极来源，在万物产生之前就已存在。"道冲而用之或不盈，渊兮似万物之宗。挫其锐，解其纷，和其光，同其尘。湛兮似或存。吾不知谁之子，象帝之先。"意思是，道体虽然空虚无形，它的作用却无穷无尽。深邃而博大啊，犹如万物的宗主。它不露锋芒，消解纷争，与日月齐光，与万物同尘。它是那样深不可测，仿佛是若存若亡。我不知它从何而来，似乎是天帝的祖先。在宇宙观中，道与万物的关系不是共相与殊相的关系，因而在万物消散之后，道依然存在而不会消失。老子思想源于上古时期，甚至保留有原始社会母系氏族制度的一些思想观念和风俗，所以老子经常用母体来比喻道，描写道孕育万物、生生不息的状态，"谷神不死，是谓玄牝，玄牝之门，是谓天地根。绵绵若存，用之不勤"。

老子哲学充满着辩证法思想。老子哲学最重要的价值是揭示了现实世界矛盾的普遍性及其辩证关系。先秦思想家们都关注政治得失和国家存亡，并力求解释"成败、存亡、祸福、古今之道"。老子不同于其他思想家的地方在于，他没有把政治的存亡得失看作一个具体问题和特殊案例，而是抽象升华，概括为事物存在的基本特点和形式，这就是既对立又统一的矛盾。《老子》一书比较系统地列举了事物的矛盾现象，即美丑、难易、长短、高下、前后、有无、损益、刚柔、强弱、祸福、荣辱、智愚、巧拙、大小、生死、胜败、攻守、进退、静躁、轻重，等等。老子认为，矛盾是普遍存在的；任何事物都是对立的统一，一方不存在，另一方也就不可能存在，"故有无相生，难易相成，长短相较，高下相倾，音声相和，前后相随"。老子不仅认为矛盾双方产生的同时同地性，而且认为矛盾一方的发展是以另一方的发展为前提的。在老子看来，无论自然现象还是社会现象，事物都在向着它的相反方面运动变化，"祸兮福之所倚，福兮祸之所伏。孰知其极？其无正也？正复为奇，善复为妖"。王弼注云："以正治国，则便复以奇用兵矣；立善以和万物，则便复有妖之患也。"在现实生活中，就是要运用矛盾关系及其转化规律，使对方不利，于自己有利，"将欲歙之，必固张之；将欲弱之，必固强之；将欲废之，必固兴之；将欲夺之，必固予之，是谓微明。柔弱胜刚强。鱼不可脱于渊，国之利器不可以示人"。意思是，要想让它收缩，必先使它扩张；要想让它削弱，必先使它加强；要想让它废弃，必先使它兴举；要想将它夺取，必先设法给予。从细微处发现变化，柔弱就能战胜刚强。游鱼不能脱离深渊，治国的法宝不能轻易出示于别人。老子把矛盾看作事物运动变化的动力和根本原因，"反者，道之动；弱者，道之用"。这就使老子的哲学具有了勃勃生机和旺盛的生命力。更为重要的是，矛盾的观点、辩证的思维，使得老子逻辑地推演出具有形而上意义的思想体系。一方面是因为承认事物矛盾的普遍性，则必然承认我们面对的宇宙世界的无限性；另一方面是因为承认矛盾对立的普遍性，则必然承认经验世界范围内任一事物的有限性，这一宇宙整体的无限性与任一具体事物的有限性矛盾，激发着老子去追寻世界存在与变化的终极根源。

老子哲学不乏认识论因素。在一般情况下，老子认为要以物观物，根据事物的本来面目去认识事物，而不能有任何附加，"以身观身，以家观家，以乡观乡，以国观国，以天下观天下"。老子明确说，我怎么知道天下的实情，就是凭借以物观物的方法，"吾何以知天下然哉？以此"。但由于道不可名、不可状，不可能通过感性认识去把握和理解，老子提出了以理性直觉为核心的认识论思想。老子的认识论基本否认了感性认识和感觉经验的作用，"不出户，知天下；不窥牖，见天道。其出弥远，其知弥少。是以圣人不行而知，不见而名，不为而成"。同时否认了知识在识道悟道过程中的作用，"为学日益，为道日损。损之又损，以至于无为，无为而无不为"。这段话表明为学与为道是不同的，为学是以求得对各种事物的知识为目的，要通过学习逐渐积累，才能不断丰富；而为道则要减少知识，抛弃成见，祛除心灵的遮蔽，以达到清静无为的体道之境。对于事物本质的认识，既不能靠感性经验，又不能靠知识积累，那靠什么去认识呢？老子认为，靠玄览去认识事物的本质，"涤除玄览，能无疵乎？"玄览指心灵深处，王弼注云："玄，物之极也。言能涤除邪饰，至于极览，能不以物介其明，疵其神乎？则终与玄同也。"意思是，清除内心污垢，使之清澈如镜，能做到没有瑕疵吗？涤除玄览的关键是虚和静，"致虚极，守静笃，万物并作，吾以观复"。在老子看来，只有袖手旁观、置身局外，冷眼相待、静坐思维，才能保持客观，取得正确认识。

据说，古代一位哲学家渡河，问船夫懂不懂哲学。船夫说我不懂。哲学家听后喟然长叹道，如果不懂哲学，生活的意义就失去了一半。突然间狂风大作，白浪滔天，船夫问哲学家会不会游泳。哲学家给予了否定的答复。船夫听后大呼，如果不会游泳，生命的意义就全部没有了。这一传说大概是讽刺哲学家，说明哲学并无实际用处。那么，哲学到底有没有用处呢？冯友兰认为："哲学的用途乃无用之大用。"哲学的无用，是指哲学不同于具体知识和科学技术，不像科学技术那样，与人们的实际需求有着密切联系，能够帮助人们解决衣食住行等现实问题。从某种意义上说，一切科学技术都是以不同方式、在不同层次为人们的实际需求服务的，因而哲学在现实世界中是没有实际用处的。哲学的大用，是指哲学在超越现实世界的存在中大有用处，对于主观世界而言，哲学既能改造客观世界，又能改造主观世界。对于客观世界而言，哲学可以帮助人们改变观念。任何观念的变化都会引起现实世界或快或慢的变化，改变观念就是改变世界！可以帮助人们提高心灵境界，体验高于道德的价值，乃至于帮助人们在精神方面解疑释惑。譬如社会上充满了"有德无福"或"缺德有福"的荒诞现象，这种德性与幸福的矛盾，在现实世界中是得不到合理解决的，却能在哲学中得到合理解释，在超越现实世界的存在中给出理性答案。人是肉体与心灵的统一体。肉体的满足，与衣食住行有关，与物质需求有关，只要是物质的东西，就是有限的，也是容易满足的。心灵的满足，则与哲学思想、文学艺术、历史传统有关，这是精神的需求，具有无限性，尤其是哲学思想，为人的精神世界提供了无限的可能性。因此，我们要研究哲学，更要学习哲学。在哲学思维中，面对人生无常、世事难料的经验世界，努力寻求心灵与肉体的和谐平衡，让人有悲欢离合的生命带着温情和暖意，不那么悲观和痛苦。

老子之道：惟恍惟惚

　　道是老子学说的核心概念，《老子》一书几乎每一章都是对道的阐述和论证。老子思想奠基于道，围绕着道构筑理论大厦，因而道是研读把握《老子》的关键环节。学习理解了道，也就认识把握了老子学说。同时，道又是老子思想最深奥的概念，幽冥难识、深不可测。明代心学大师王阳明弟子刘观时请教"道"的故事，生动而形象地诠释了老子之道玄妙莫测。刘观时"问于阳明子曰：'道有可见乎？'曰：'有，有而未尝有也。'曰：'然则无可见乎？'曰：'无，无而未尝无也。'曰：'然则何以为见乎？'曰：'见，见而未尝见也。'观时曰：'弟子之惑滋甚矣。夫子则明言以教我乎？'阳明子曰：'道不可言也，强为之言而益晦；道无可见也，妄为之见而益远。夫有而未尝有，是真有也；无而未尝无，是真无也；见而未尝见，是真见也'"。[1] 在王阳明看来，道似无非无、似有非有，道不可言说，越想说越说不清楚；道不可眼见，越想见越不可能见。这真是老子之道惟恍惟惚。

　　"道"字最早出现于西周早期的青铜器铭文中，本意是道路，为人行走。清段玉裁《说文解字注》释道"从辵首。道，人所行也"。在汉字系统中，道字从行从首，行是道路，首是方向，即按照一定方向在道路上行走迈进。先秦思想家们面对动乱不已的社会现实，

---

〔1〕　[明] 王阳明：《王阳明全集》(一)，线装书局 2013 年版，第 356 页。

苦苦寻觅匡正时弊的良方妙药，不约而同地把目光投注于道，不断地对道这一概念进行改造和抽象，使道逐步从道路的含义演化为事物的本原、规律、境界、方法和途径，成为一个重要的思想范畴。《周易·系辞上》说："一阴一阳之谓道"，意指事物的基本规律；《管子·任法篇》说："故法者，天下之至道也"，意指政治原则；《论语·述而篇》说："志于道，据于德，依于仁、游于艺"，意指道德准则。有的先秦思想家还把道与天联系起来，称之为"天之道"，意指日月星辰运行的法则；把道与人联系起来，称之为"人之道"，意指社会运行和人事活动的法则。在先秦思想家中，唯有老子从哲学角度对道加以认识和改造，把道抽象升华为形而上范畴，进而建立起完整而严密的理论体系，以阐述自然、人类社会和个体生命的终极意义。这是老子对中华民族理性思维的重大贡献，对人类思想史的发展也有着重要意义。德国哲学家黑格尔在《哲学史讲演录》中对老子的哲学做出了较高评价，认为中国哲学中另有一个特异的宗派"是以思辨作为它的特性……这派的主要概念是'道'，这就是理性。这派哲学及与哲学密切联系的生活方式的发挥者是老子"[1]。

在中国思想史上，老子之道难解难释，是人所共知的事实。历来有着"千人注老""千年注老"的说法，先秦时期就有韩非子《喻老》《解老》注本。元朝张与材在《道德玄经原旨·序》中说："《道德》八十一章，注者三千余家。"时至今日，老子热仍在不断升温，《老子》一书注之、疑之、释之、译之者难以尽数。尤其是马王堆帛书《老子》和郭店竹简《老子》的出土，更是把老子研究推向新的高潮。无论古今，都对老子之道存在着不同理解。即使在当代，有的学者认为道是世界构成之实体、创造宇宙之动力，是促使万物运

---

[1] [德]黑格尔著，贺麟、王太庆译：《哲学史讲演录》（第一卷），商务印书馆2011年版，第136—137页。

动的规律、人类行为之准则，是一切存在之根源、自然界最初之发动者，具有无限的潜在力和创造力。有的学者说道是混沌未分之原始态，是自然运动之原动力，是最原始之材料，是超感官之特征和事物发展之规律。有的学者则把道分为虚理之道、形上之道、同德之道、修德之道、生活之道和事物及心境人格状态之道六种情况。西方思想界也不例外，自黑格尔以来的两个多世纪里，用西方的哲学观念与方法解读老子之道更是众说纷纭，由此产生了老子之道是理性、超自然理性、现象与理性相融等不同的观点。尽管如此，认为老子学说是真正的哲学，老子之道具有形而上意义，却是一致的认识。

应当指出，道之惟恍惟惚，首先源于老子。在老子看来，道具有混沌性，无声无息、无形无状。《老子》第二十五章一开始就说："有物混成，先天地生。寂兮寥兮。"王弼注云："混然不可得而知，而万物由之以成，故曰'混成'也"；河上公注云："'寂'者，无声音，'寥'者，空无形。"第十四章指出，道是不可见、不可闻、不可得，即"视之不见名曰夷，听之不闻名曰希，搏之不得名曰微"。河上公注云："无色曰夷，无声曰希，无形曰微。"该章进一步指出："此三者不可致诘，故混而为一。"意思是，这三者难以深究，它们原就合为一体。在老子看来，道具有不可言说的特征。对于抽象思维而言，可以具体言说的事物，就不是永恒的存在，就不可能作为世界的本原。《老子》开篇就说："道可道，非常道；名可名，非常名。"王弼注云："可道之道，可名之名，指事造形，非其常也。故不可道，不可名也。"这段话的大意是，道如果能直接言说，就不是真正的道；道如果能够直接给予确定的名称，这个名称就不能真正表达道的内涵。老子在第二十五章中承认，自己用道这个名称是勉强的，有点无可奈何，"吾不知其名，字之曰道，强为之名曰大"。诚如法国直觉主义哲学家柏格森所言："形而上学就是一门不用符号

的科学。"[1] 在老子看来，道具有深刻的矛盾性，这大概是老子之道
不可言说、难以理解的根本原因。第四十一章借用前人的言语对道
的矛盾性作了全面阐述，强调"道隐无名"，"故建言有之：明道若
昧，进道若退，夷道若纇。上德若谷，大白若辱，广德若不足，建
德若偷，质真若渝。大方无隅，大器晚成，大音希声，大象无形。"
意思是，所以从前有人说过，光明的道像是昏暗的，前进的道像是
后退的，平坦的道像是曲折不平的，高尚的德性像是溪谷，极度的
白像是受了玷污，广大的德性像是有所不足，刚健的德性像是松弛
懈怠，本质纯真像是受到污染变质，最大的方形没有边角，最大的
器具总是最后完成，最大的乐音没有声响，最大的形象却不见踪迹。

　　老子之道虽然混沌、矛盾以及不可道、不可名，并没有妨碍老
子竭尽全力地对道进行诠释。确实，《老子》一书没有定义道是什
么，而每一章都是从不同角度论证和描述道是什么样子的，其中最
重要的方法是比喻。老子运用人们熟悉的事物和形象来描绘道、说
明道、解释道，从而让人们能够走近道、体悟道。在以喻证道过程
中，老子首先想到了水，这是老子对生命源泉的形象追索。老子认
为，道无水有，道不可感知，水却是能够感知的，"道冲而用之或
不盈，渊兮似万物之宗"。意思是，道体是虚空的，而它的作用像
水一样，不会穷竭，像水一样，深厚广大、无穷无尽，似乎是万物
的始祖。在老子看来，水是对道的品质最好观照，"上善若水。水
善利万物而不争，处众人之所恶，故几于道"。所谓"几于道"，即
接近于道。老子想到了女性，这是对生命原始力量的深情赞美。在
先秦思想家中，唯有老子赞美女性，推崇阴柔之美。女性喻道极为
恰当，一方面连着生命起源，另一方面连着天地万物的起源。老子
认为，道创生万物就像女性孕育生命，"谷神不死，是谓玄牝，玄

---

〔1〕　[法] 柏格森著，刘放桐译：《形而上学导言》，商务印书馆1963年版，第4页。

牝之门，是谓天地根。绵绵若存，用之不勤"。谷神象征着道。意思是，道是那样神妙而永恒，它就像深妙莫测的母体。深妙莫测的母体，它就是天地的本根。绵密不断啊川流不息，它的功用无穷无尽。在老子看来，道与天下万物的关系就如母与子的关系，只有认识了母亲，才能更好地认识孩子；只有认识了道，认识了万物的根源，才能更好地认识和把握万物的本性，即"天下有始，以为天下母。既得其母，以知其子；既知其子，复守其母，没身不殆"。不殆，意为没有危险。老子想到了婴儿，这是生命原初状态的本真体验。老子认为，婴儿是道具有强大生命力的最好形象，"含德之厚，比于赤子。蜂虿虺蛇不螫，猛兽不据，攫鸟不搏。骨弱筋柔而握固，未知牝牡之合而全作，精之至也。终日号而不嗄，和之至也"。当然，婴儿生命力的强大只能从哲学层面认识，而不能从物理、生物学的角度理解。在老子看来，婴儿不仅具有生命力，而且本真朴实，这是道的重要品性，因而悟道用道，就要返璞归真，复归于婴儿。"知其雄，守其雌，为天下谿。为天下谿，常德不离，复归于婴儿。"老子通过水、女性和婴儿的喻体，让人们能够具体而形象地感知道、理解道。那么，作为老子思想最重要的范畴，道到底是什么呢？

道是本体论。所谓本体论，是指探究天地万物产生、存在、发展变化的根本原因和最终本性的学说。本体论概念来源于西方哲学，有着广义与狭义之分。广义本体论是与认识论相联系的，即研究一切事物最终本性的为本体论，研究如何认识最终本性的为认识论；狭义本体论是与宇宙论相联系的，即研究宇宙本原的为本体论，研究宇宙起源、发展和结构的为宇宙论。老子之道属于狭义本体论范畴，既阐述了天下万事万物的本原问题，又阐述天下万事万物的起源发展问题。"大道泛兮，其可左右。万物恃之而生而不辞，功成不名有，衣养万物而不为主。常无欲，可名于小；万物归焉而不为主，可名为大。"这是一首对道的赞美诗，颂扬道创生养育万物的美德，以拟人化的手法歌颂道无私的品格，即道是万物产生的根源，但它却不将万物据为己有；它滋养了万物，却又不充当万物的主宰；它自身没有任何欲求，从而成就了道的伟大。在这段话中，老子明确指出，道不仅创生万物，而且内附于万物，以蓄养它们、培育它们。作为本体论，老子之道具有创生性，天下万事万物皆产生于道，生生不息、永不枯竭；老子之道具有普遍性，宇宙是一个有机整体，天地万物在本性上都是与道相贯通的，道是天地万物的本性，天地万物是道的具体展示；老子之道具有有序性，道是自然、社会和人生最基本的规律，遵循道的法则，天地万物就能自然地生长发展，人类社会就能和谐而协调地运行，否则，就会太阳从西边升起，人类社会陷于动乱和毁灭。老子之道的精髓是"自然"，这不是自然界的自然，而是自然界、人类社会和个体生命自然而然的本性。"故道大，天大，地大，王亦大。域中有四大，而王居其一焉。人法地，地法天，天法道，道法自然。"这段话强调天地万物的存在和运行不因外界意志和强力而改变，只依自然而然的本性而发展变化，人取法大地是生活劳作，繁衍生息；大地取法上天是寒来暑往，化育万物；上天取法大道是排列时序，四季运行；大道则取法自身是自然而然，无为自化。从根本上说，悟道体道用道修道，就是要适应自然，遵守天地万物的本性，顺势而为，水到渠成。切不可自作聪明，违反规律，忤逆潮流。

道是政治学。所谓政治学，以人类的政治行为和政治现象为研究对象，是研究社会中各种政治关系及其发展规律的科学。《老子》虽然被认为是哲学书籍，自汉朝以来，人们却更愿意把它看成是政治书籍，即"君人南面之术"。清人袁昶指出，"老子之道，常居阴而治阳，处静而观动，养晦而治明，体柔以御刚，与庄列之澡练神明飘摇出世者，指绝殊异。故曰人君南面之术也"。[1] 事实上，老子有着强烈的人文关怀和现实关注；老子之道的出发点和落脚点，都不是为本体论服务的，而是为政治学服务的。老子高度抽象和思辨的道，无非是为政治统治提供理论基础，使道家的政治学说具有思想上的彻底性和逻辑上的严密性。在老子看来，道是宇宙万物运行的自然法则，也是建立理想社会秩序的依据。"道常无名，朴虽小，天下莫能臣也。侯王若能守之，万物将自宾。"朴为未加工的木材。意思是，道永远是无名而处于朴质状态的。虽然幽微不可见，天下却没有人能臣服它。侯王如果能守住它，万物将会自然地归入和服从。作为政治学，老子之道的精髓是"无为"。陈鼓应认为："老子著书立说最大的动机和目的就在于发挥'无为'的思想。"[2] 老子坚决反对统治者的有为，"民之饥，以其上食税之多，是以饥。民之难治，以其上之有为，是以难治"。针对当时统治者的横征暴敛，老子的无为思想有着积极意义，能够给老百姓带来一个相对宽松、较为自由的生存环境。更重要的是，对于拥有政治权力和掌握着政治资源的统治者来说，无为比有为更难做到。无为表面是限制权力，实质是要求行使权力符合规律，反对滥用权力，使权力自觉接受监督和约束。这不仅需要统治者的明智和节制，而且需要统治者战胜自我的勇气和意志。所以，老子认为，真正的强者是能够战胜自我的人，"知人者智，自知者明。胜人者有力，自胜者强"。王弼注云："胜人者，有力而已矣，未若自胜者，无物以损其力。用其智于人，未若用其智于己也；用其力于人，未若用其力于己也。明用于己，则物无避焉；力用于己，则物无改焉。"

道是人生哲学。所谓人生哲学，是人生观的理论形式，是关于

---

〔1〕 ［清］魏源：《魏源全集》，《老子本义·跋》，岳麓书社 2004 年版，第 738 页。

〔2〕 陈鼓应注译：《老子今注今译》（修订版），商务印书馆 2003 年版，第 52 页。

人生终极性追问的原理和智慧，主要探讨人生的目的、价值和意义。老子之道的本质是形而上的，却有着积极的形而下意义。形而上的道要影响现实、指导现实，落实到自然界，作用于人生，这便是德。在老子看来，道与德既有区别又有联系，区别在于道是无，意指纯粹的自然状态，而德是有，意指加入人为因素却能够复归自然的状态；联系在于道是德之体，德是道之用，两者合一以育万物。混一的道，在创造天地万物的活动中，内化于万物，而成为万物各自的属性，从而产生了德。"道生之，德畜之，物形之，势成之。是以万物莫不尊道而贵德。道之尊，德之贵，夫莫之命而常自然。故道生之，德畜之；长之育之，亭之毒之，养之覆。生而不有，为而不恃，长而不宰，是谓玄德。"意思是，道化生它，德蓄养它，物赋予它形体，器使它完成自己。所以万物没有不尊崇道而珍视德的。没有人给道加封什么头衔，道的珍贵在于它的自然。道化生它们，蓄养它们，使它们成长，使它们发育，使它们成熟，使它们得到培养和保护。道化生万物却不加占有，有所作为却不自恃有功，长养万物却不加主宰，这就叫作深奥的德。作为人生哲学，老子之道的精髓是"寡欲"，"此三者，以为文不足，故令有所属，见素抱朴，少私寡欲"。此三者指圣智、仁义、巧利。意思是，圣智、仁义、巧利为巧饰之物，不足以治理天下，因此要让民心有所归属，就须外表单纯而内心淳朴，少有私心而减少欲望。欲望是哲学研究的重大人生问题，人生是心灵与肉体的统一体，不可能没有欲望，老子也不否定人的欲望。问题在于，人的欲望必须控制在合理的范围之内，要有底线和边界，这就是老子要求的寡欲。否则，人生就会被欲望所迷惑和奴役，把人生看成是欲望不满足而痛苦和满足之后无意义的恶性循环，轻则个人承受无穷无尽的心灵痛苦，重则伤害他人、家庭和社会。如何做到寡欲呢？老子告诉我们，就是要像圣人那样自我节制，"是以圣人去甚，去奢，去泰"。河上公注云："甚，谓贪淫声色；奢，谓服饰饮食；泰，谓宫室台榭。去此三者，处中和，行无为，则天下自化。"

　　研读老子之道，一番恍惚之后，想到了读书的问题。当今社会，教育已经大众化，读书是个普遍现象，不言而喻、不证自明，似乎不应成为问题。但是，为什么要读书呢？书籍不过是把语言变成文字而已，我们与其说是读书，不如说是学习语言。那么，为什么要学习语言呢？因为语言背后蕴藏着思想、哲理、观点和方法。读书说到底是读思想、悟哲理和学方法。那么，为什么要领悟思想呢？因为精神性毕竟是人的本质规定，而思想则是精神皇冠上的明珠，可以帮助我们读懂世界、明白事理，智慧地生活。然而，书籍所表达的思想观点，有的容易理解和体悟，有的则不容易。像老子之道有着难以表达的玄妙深奥，语言说不清楚，文字写不明白。遇到难以读懂的书籍和思想，不能只用眼睛看书，而要用心灵读书。眼睛所及是有限的，心灵感悟却是无限的。只有心灵，才能真正读懂书籍和思想，进而享受思想的乐趣和茅塞顿开的欢欣。由此可见，读书不是目的，领悟书籍蕴含的思想才是目的；读书不能只用眼睛，更要用心灵去体悟，用全部的人生去深思。研读老子之道，不能停留在恍兮惚兮，而要"衣带渐宽终不悔，为伊消得人憔悴"，渐入"众里寻他千百度，蓦然回首，那人却在灯火阑珊处"的佳境。

老子之道：天道

　　德国思想家雅斯贝尔斯在《大哲学家》一书中将老子列为"原创性形而上学家"。为什么称老子为形而上学家呢？这需要弄清楚哲学与形而上学两个概念及其相互关系。"哲学"一词源于古希腊，意为"热爱智慧、追求真理"，19 世纪由日本学者翻译传入中国；"哲"在汉字中有"善于思辨、学问精深"的含义，因而哲学一词既符合古希腊的原意，又有中国文化基础，从而被广泛接受和运用。但是，中国哲学传统与西方哲学传统有着明显差异，中国哲学侧重于探究"人与人"的关系，以"有知探索未知"方式归纳提炼政治道理和伦理准则；西方哲学侧重于探究"人与物"的关系，以"有知验证未知"方式提炼升华为科学道理和自然法则。对于哲学的定义，古今中外一直存有争议。英国哲学家罗素从哲学、科学与神学的相互关系中定义哲学，还是非常睿智的。他说："一切确切的知识——我是这样主张的——都属于科学；一切涉及超乎确切知识之外的教条都属于神学。但介乎神学与科学之间还有一片受到双方攻击的无人之域，这片无人之域就是哲学。"[1]

　　尽管人们对于哲学的内涵与外延有着不同认识，却普遍认为哲学是研究整个世界一切事物、现象的共同本质和普遍规律；哲学研究的基本范围还是由古希腊学者奠定的，主要是形而上学、知识论

---

〔1〕　［英］罗素：《西方哲学史》，商务印书馆 2015 年版，第 7 页。

和伦理学。由此可见，哲学与形而上学的关系是主从关系，形而上学属于哲学范畴，是哲学的重要组成部分。所谓形而上学，是指哲学中探究宇宙万物根本原理的那一部分内容。在西方，形而上学又形成了本体论、宇宙论和生命科学。本体论，研究宇宙万物之上、一切现象之外的终极实在；宇宙论，研究宇宙的生成、变化和时空结构；生命科学，研究生命的起源、进化和本质及其与宇宙、终极实在的关系。老子是中国哲学的鼻祖，在先秦思想家中，是唯一一个比较自觉地探索研究宇宙万物的本原和起源问题的人。老子提炼升华道这一概念，把道作为宇宙的根源和终极真理，建立起以道为最高范畴的哲学体系，较好地解释了宇宙万物的共同本质和基本规律。因此，雅斯贝尔斯把老子列为"原创性形而上学家"，是实至名归、名实相符。研读老子之道，必须先从哲学尤其是形而上学的角度切入，才能更好地体悟和把握道的真谛。老子之道首先是天道，阐述了人与自然的关系。

恩格斯指出："全部哲学，特别是近代哲学的重大的基本问题，就是思维和存在的关系问题。"[1] 思维与存在的关系，也就是物质与精神的关系。恩格斯这一论断为区分唯物主义与唯心主义的哲学思想提供了标准和尺度。马克思主义哲学认为，凡是承认物质是第一性，精神是第二性；物质是不依赖意识的客观实在，是世界的本质，就是唯物主义。否则，属于唯心主义范围。那么，老子之道是唯物主义，还是唯心主义呢？学术界明显存在着不同看法，有的学者认为老子之道是唯物主义。在这些学者看来，老子之道是自然界无限多样性的统一体，是试图从无限的、无形的物质中寻找天地万物的本原。有的学者认为老子之道是唯心主义。在这些学者看来，老子之道先天地而生，视之不见、听之不闻、搏之不得，只能理解为是

---

[1] 《马克思恩格斯文集》（第四卷），人民出版社 2009 年版，第 277 页。

一种超感性、非实有的精神性存在。有的学者认为老子之道既不是唯物主义也不是唯心主义。在这些学者看来，老子之道不是物质，因为不可道、不可名，也不是精神，因为其中"有物""有象""有精"。目前，这些不同看法，还很难统一认识。无论哪一种看法，都有其合理因素和正确论述，都能够从老子关于道的论述中找到依据。《老子》一书多次论道，老子之道具有多含义、多表征、多特点，原本就无法用一个简单的定义来归纳概括其本质属性。就理论体系建构而言，任何一门学说都需要有自己的基本概念作为思想的起点和论证的中心。换言之，任何一门学说都需要有自己的预设，即如德国学者布斯曼所言，是"关于表达或话语的含义的一种不言自明的设定"[1]。老子之道或许就是一个哲学预设和假定性存在，无法求证求实，却可以作为老子哲学的逻辑前提，进而构筑思想大厦，以解释自然界和人类社会纷繁复杂的各种情况。

无论是唯物主义还是唯心主义，老子之道对于中国思想史的发展具有里程碑意义，却是毫无疑问的。首先，老子之道否定了天命和神的存在。任何民族的文化都是从宗教开始，都有天命和鬼神的观念。在中国古代思想史上有一条不成文的规则，就是统治者都是以天命神授来诠释皇朝、皇权的合法性；思想家都把天命作为解释一切社会、政治和历史现象的重要依据。春秋时期虽然是天命鬼神逐步衰落的时期，但当时的思想家大都保留着天命鬼神的观念，即使像孔子这样比较理性的思想家，仍然强调要"畏天命"；仍然认为"祭神，如神在"。唯有老子彻底抛弃了天命鬼神观念，老子之道是"象帝之先"，老子之道是"道法自然"。同时，老子之道奠定了中国古代一元本体论哲学的理论基础。先秦思想家在论及世界本原时，大都还是多元本体论者，他们认为世界的本质和起源是多元的，而

---

〔1〕 [德] 布斯曼：《语言与语言学词典》，外语教学与研究出版社 2000 年版，第 379 页。

不是一元的，"八卦"说、"五行"说以及"阴阳"说就是多元本体论的理论形式。唯有老子创造出以"道"为天地万物本原和起源的本体论哲学，取代以往的多元本体论。此外，老子之道决定了中国古代两种互相对立的哲学路线的发展方向。老子之后，一些哲学家把道解释为无或无有，建构起精神本体论的哲学路线，宋明理学就是精神本体论的代表；另一些哲学家则把道解释为精气、元气，建构起物质本体论的哲学路线，稷下道家的精气说和黄老学者的元气说就是物质本体论的代表。当然，老子之道的贡献不仅在于思想发展史中的地位和作用，更在于其深刻的思想内涵和耀眼的智慧结晶。

老子之道是本体论。老子是中国以抽象思维方式探究回答世界本原问题的第一人。作为世界本原，老子之道超越了天地万物的现象和表征，具有永恒性和普适性。所谓永恒性，是从时间维度思考的，只要人类社会存在，道都是对世界本原和起源的一种解释；普适性则是从空间维度思考的，只要是人类能够感觉感知的事物，大至宇宙深空，小至基本粒子，道都能够给予说明和论证。老子之道不可能被感觉感知，只能通过理性直觉来把握。这是因为道无形无物，第十四章用了经验世界的许多概念来描绘道，然后又否定这些概念的适当性。道的无形表现在"视之不见名曰夷，听之不闻名曰希，搏之不得名曰微。此三者不可致诘，故混而为一"。有人注解"致诘，犹言思议"。道的无物表现在"其上不皦，其下不昧，绳绳不可名，复归于无物。是谓无状之状、无物之象。是谓惚恍。迎之不见其首，随之不见其后"。意思是，道的上面不显得光亮，下面也不显得阴暗。道绵绵不绝而不可名状，一切的运动都会回到不见物体的状态。这是没有形状的形状，不见物体的形象，称之为惚恍。迎着它，看不见它的前头；随着它，却看不见它的后面。这是因为道不可名状，《老子》开篇就指出："道可道，非常道；名可名，非常名。"这是本体论的表述，思想非常深刻，意指那些可说可名的东西都不是永恒的，因而也不可能成为世界的本原。管子也说："物固有形，形固有名。"名随形而定，既然道为无形，那就不可名了。有趣的是，老子还是命名了自己理解的世界本原叫作道。老子似乎感到了自我矛盾，他在第二十五章无奈地说："吾不知其名，字之曰道。"这是因为道并非绝对和静止的虚无。老子之道是实存而不是实有，实存就是空无所有。第二十一章指出："道之为物，惟恍惟惚。惚兮恍兮，其中有象；恍兮惚兮，其中有物。窈兮冥兮，其中有精；其精甚真，其中有信。"意思是，道是恍恍惚惚的。那样的惚惚恍恍，其中却有迹象，那样的恍恍惚惚，其中却有实物；那样的深远暗昧，其中却有物质；那样的暗昧深远，其中却是可信验的。有的学者根据这段话，将老子之道理解为似无实有、似有实无，这是不符合原意的。比较合理的解释，老子之道应是似无非无、似有非有。

　老子之道是宇宙论。哲学不仅要探究世界的本原，而且要探究宇宙万物的起源和发展变化。作为宇宙论，老子之道是超越宇宙万物的具体存在而又内在于万物的形而上本体，具有无穷的创造力，蕴含着无限的可能性，"道冲而用之或不盈"。冲为盅，比喻道的空虚。意思是，道有着无穷无尽的空间，因而能够无穷无尽地使用。宇宙万物的蓬勃生长，都是道的创造力的具体表现。从万物生生不息、欣欣向荣的过程中，可以体悟到道的勃勃生机和无穷活力。老子之道与宇宙万物的关系，在时序上是先后关系。道不受时间和空间的限制，不会因宇宙万物的生灭变化而有所影响，"有物混成，先天地生"。第四章也表达了类似的思想，"吾不知谁之子，象帝之先"。王安石注云："'象'者，有形之始也；'帝'者，生物之祖也。故《系辞》曰：'见乃谓之象'，'帝出乎震'。其道乃在天地之先。"[1] 在本质上是母与子关系。道创生宇宙万物类似于母亲孕育生

---

〔1〕　王安石著，容肇祖辑：《王安石老子注辑本》，中华书局 1979 年版，第 9 页。

命。老子经常用母亲来比喻道，既形象又传神。第二十五章强调道如同母亲，循环运行创生万物，"寂兮寥兮，独立不改，周行而不殆，可以为天下母"。王弼注云："寂寥，无形体也。"第五十二章更是明确用母与子的关系比喻道与万物的关系，"天下有始，以为天下母。既得其母，以知其子；既知其子，复守其母，没身不殆"。意思是，天下万物有其本始，这个本始是天下万物之母。得到了母亲，就知道孩子；知道了孩子又能守住母亲，那就终身无忧了。在演化上是有与无的关系。道创生宇宙万物是个运动变化过程，而有与无就是道的运动方式，就是道由形而上转入形而下、无形质落向有形质的活动过程。《老子》开篇就说："无，名万物之始；有，名万物之母。故常无，欲以观其妙；常有，欲以观其徼。此两者同出而异名，同谓之玄。玄之又玄，众妙之门。"意思是，无，是形成天地的本始；有，是创生万物的根源。所以常从无中，去观照道的奥妙；常从有中，去观照道的端倪。无与有同一来源而不同名称，都可说是很幽深的。幽深而又幽深，是一切奥妙的门径。在老子看来，正是有与无的运动，从而使"道生一，一生二，二生三，三生万物"。

老子之道是辩证法。这是老子哲学最显著的特点，也是老子给中外思想史留下的最鲜明印记。老子是辩证法大师，《老子》有着无比丰富而深刻的辩证法思想。老子之道根本的生命力在于"反者道之动"，道运动的根源在于对立面的存在，在于矛盾。老子认为，相反相成是道运动的基本内容。天地万物都有它的对立面，由于有对立面，才能形成天地万物。第二章首先指出，人类社会关于美丑、善恶的价值是在对立面统一中形成的，"天下皆知美之为美，斯恶已；皆知善之为善，斯不善已"。进而指出天地万物也是相反相成的，"故有无相生，难易相成，长短相较，高下相倾，音声相和，前后相随"。老子认为，物极必反是道运动的内在规律。任何事物都包含着否定性因素，事物的发展总是由肯定向否定方向运行；当否定性成为主导性因素，事物也就走向了自己反面。这就好比月盈则缺、花盛则衰。第五十八章指出："祸兮福之所倚，福兮祸之所伏。孰知其极？其无正也？正复为奇，善复为妖。"奇为邪，妖为不善。意思是，祸啊，是福所依凭的东西；福啊，是祸所隐藏的地方。谁知道它们变化的究竟？是没有个定准吗？正又变为邪，吉又变为凶。老子认为，正像若反是道运动的重要标志。任何事物的本质与现象既可能是统一的，也可能是矛盾的，第二十二章从六个方面阐明事物正像若反的道理，提醒人们要从反面关系中观看正面，这比只看到正面更有积极意义，"曲则全，枉则直，洼则盈，敝则新，少则得，多则惑。是以圣人抱一为天下式"。第四十五章提醒人们重视相反对立面的作用，说明反面作用比正面作用更大，"大成若缺，其用不弊。大盈若冲，其用不穷。大直若屈，大巧若拙，大辩若讷"。意思是，最完满的东西好像有欠缺一样，但它的作用是不会衰竭的；最充盈的东西好像是空虚一样，但它的作用是不会穷尽的。最正直的好像是歪曲一样，最灵巧的东西好像是笨拙一样，最卓越的辩才好像是口讷一样。老子认为，循环运行是道运动的必然现象。任何事物运动都会复归，回到原初状态和原出发点。《老子》充满了返本思想，认为道与历史的运行，都是依照循环的方式。第二十五章指出："大曰逝，逝曰远，远曰反。"王弼注云："逝，行也。"张岱年认为："大即道，是所以逝之理，由大而有逝，由逝而愈远，宇宙乃是逝逝不已的无穷的历程。"[1]第十六章明确指出复归返本是永恒规律，"夫物芸芸，各复归其根。归根曰静，是谓复命。复命曰常，知常曰明。不知常，妄作，凶"。意思是，万物纷纷纭纭，各自返回到它的本根。返回本根叫作静，静叫作回归本原。回归本原是永恒的

---

[1] 张岱年：《中国哲学大纲》，中国社会科学出版社1982年版，第94页。

规律。认识永恒的规律，叫作明智；不认识永恒的规律，轻举妄动就会出乱子。

老子之道是认识论。所谓认识论，是指研究人类认识的本质及其发展过程的哲学理论。老子没有更多地探究人的认识问题；《老子》一书涉及认识论的篇章也不多，这并不表明老子哲学中没有认识论因素。从老子谈论常道与非常道、常名与非常名分析，老子在一定程度上意识到了思维与存在的差异性，认为道是不能言说的，能够言说的就不是常道。这实质是说明人的认识不可能与客体完全同一，人们不能完全认识道，只能不断地趋近于道。在老子看来，道不能靠感性经验和理性思维去认识，而要靠理性直觉去体悟。老子认识论的最大特点是强调人的抽象思维和直觉思维，更加重视主体自我的心灵作用。由于重视心灵的体悟，老子特别强调理性直观自省，第四十七章指出："不出户，知天下；不窥牖，见天道。其出弥远，其知弥少。是以圣人不行而知，不见而名，不为而成。"意思是，不出门外，能够推知天下的事理；不望窗外，能够了解自然的法则。越向外奔逐，对道的认识就越少。所以圣人不出行却能感知，不察看却能明晓，无为而能成功。由于重视心灵的体悟，老子对学习知识和学道悟道作了区分，第四十八章说："为学日益，为道日损。损之又损，以至于无为，无为而无不为。"为学指的是一般的求知活动，而知识要通过学习逐渐积累，才能不断增加和丰富，所以是"日益"。为道指的是认识道、体悟道，这是一种反求诸己的精神修炼，与为学相反，要减少知识，抛弃成见，祛除心灵的遮蔽，以达到清静无为的悟道之境。由于重视心灵的体悟，老子要求达到空明清静的最佳心态，第十六章阐述了老子认识世界的方法，"致虚极，守静笃，万物并作，吾以观复"。冯友兰认为，老子所讲的认识方法，主要是"观"，"'观'要照事物的本来面貌，不要受情感欲望的影响，所以说'致虚极，守静笃'，这就是说，必须保持内心的安静，才能认识事物的真相"[1]。

近读英国神学教授麦格拉斯的《天堂简史：天堂概念与西方文化之探究》，受益颇多，这对为什么要研究哲学、研究老子之道也很有启示。人是心灵与肉体共存的统一体，肉体的有限性与心灵的无限性形成了巨大的矛盾，人们对肉体必将消失所引发心灵上的焦虑和恐惧，是人类必须解决的重大精神问题。从根本上说，解决人的心灵与肉体的矛盾主要有两个途径。一个途径是宗教，天堂是宗教解决人的心灵与肉体矛盾的一种方法。麦格拉斯认为，天堂这一概念源自于人类的想象，既是人类对历史发端的一种迷蒙的记忆，又是对遥远盼望的一个许诺。人类想象出来的天堂可以激发人的兴趣，抚慰那些在忧愁和痛苦重压下的心灵，满足人们超越今生的渴望。另一个途径是哲学，主要靠智慧和理性思辨来解决人的心灵与肉体的矛盾。哲学通过对世界本原的追问和人生终极目标的探寻，试图为解决人的心灵与肉体的矛盾提供答案。面对春秋乱世和人们心灵的困惑，老子提供了道的概念和药方。这个道从"自然"出发，在天地万物与人类社会之间架设了"无为"的桥梁，希望人们不要失掉自我，消弭争斗，回归淳朴状态，从容平静地生活。从这个意义分析，宗教和哲学就在我们身边，就是我们的人生。不管我们个人离人生的终点还有多远，只要一想到有天堂在等着我们，有终极目标在激励我们，我们就会感到极大的安慰，就会使自己的心灵永远安宁平静。与宗教的遥远虚幻相比，哲学解决人的心灵与肉体的矛盾更具理性和实践性，这就是研究哲学和老子之道的价值所在。

---

[1]　冯友兰：《三松堂全集》（第七卷），河南人民出版社 2000 年版，第 266 页。

老子之道：治道

　　南怀瑾在讲解《老子》之前，作过一个意味深长的比喻："儒家像粮食店，绝不能打。否则，打倒了儒家，我们就没有饭吃——没有精神食粮；佛家是百货店，像大都市的百货公司，各式各样的日用品具备，随时可以去逛逛，有钱就选购一些回来，没有钱则观光一番，无人阻拦，但里面所有，都是人生必需的东西，也是不可缺少的；道家则是药店，如果不生病，一生也可以不必去理会它，要是一生病，就非自动找上门去不可。"[1] 人吃五谷杂粮，哪有不得病的道理，在社会生活中，药店是绝对不可缺少的。当然，南怀瑾所说的"生病"，主要不是指人的身体生病，而是指人的心灵生病；主要不是指个体生病，而是指社会生病，指统治者治理国家出了问题，造成了社会动乱。因此，老子开的药店是政治药店；老子之道的本质是治道。所谓治道，就是政治，就是阐述人与人、人与社会之间的关系。老子的政治思考既有天道的理论构想，又有治道的实践模式。《老子》是一本政治书籍，里面包含着统治术。无怪乎，品读《老子》，就会感到有一种指点帝王、激扬文字的气势。

　　作为治道，老子之道的提出有着深刻的时代背景。老子所处的春秋战国，"礼崩乐坏、瓦釜雷鸣"，是一个大动乱、大分化、大变革的年代，是由奴隶制向封建社会转型的时期。春秋战国始于公元

---

[1]　南怀瑾著述：《南怀瑾选集》（第二卷），复旦大学出版社 2013 年版，第 6 页。

前770年，当时周王室开始衰微，诸侯争霸，群雄并起，春秋有五霸，即齐桓公、宋襄公、晋文公、秦穆公和楚庄王；战国有七雄，即齐国、楚国、燕国、韩国、赵国、魏国和秦国。公元前221年，秦始皇扫灭诸侯群雄，用郡县制代替分封制，建立统一的中央集权国家。在长达550年的春秋战国时期，统治者朝不保夕，即如司马迁在《史记·太史公自序》中所言："弑君三十六，亡国五十二，诸侯奔走，不得保其社稷者甚众。"兼并不断、战乱不止，周王朝解体之初，有140多个诸侯，逐步并为五霸七雄；据有关史料统计，只有127年没有战争，且是"春秋无义战"。民不聊生，老百姓处于水深火热的痛苦之中。面对如此乱局，人民渴望过上安定的生活，社会渴望把诸侯混战转化为全国的大一统来结束战争灾难，先秦思想家们渴望拿出自己匡时救弊的学说主张，为当时的政治服务，以拯救乱世，维护统治与服从的社会秩序。儒家提出了仁的学说，主张"君君、臣臣、父父、子子"的等级秩序；墨家倡导"兼爱"，主张节用和尚贤；法家坚持法术势相结合，主张"不别亲疏，不殊贵贱，一断于法"；道家提出了道的范畴，主张道法自然和无为而治。所以，司马迁在《史记·孟子荀卿列传》中评论："各著书言治乱之事以干世主。"意指诸子百家的兴起不外一个"干"字，都期望影响政治和统治者，为结束春秋战国乱世贡献思想和智慧。

　　与先秦其他思想家相比，老子之道具有更强烈的批判性。老子经常站在老百姓和弱势群体的立场，揭露社会制度的弊端，抨击统治阶级的腐朽。面对统治者的剥削和厚敛重税，老子批判："民之饥，以其上食税之多，是以饥。民之难治，以其上之有为，是以难治。民之轻死，以其求生之厚，是以轻死。夫唯无以生为者，是贤于贵生。"意思是，人民所以饥饿，就是由于统治者吞吃税赋太多，因此陷于饥饿。人民所以难治，就是由于统治者强作妄为，因此难以管治。人民所以轻死，就是由于统治者奉养奢厚，因此轻于犯死。只有清静恬淡的人，胜于奉养奢厚的人。面对统治者的严刑峻法，第七十四章开篇就对滥刑杀人提出抗议："民不畏死，奈何以死惧之！"语出反诘，振聋发聩。接着指出："若使民常畏死，而为奇者吾得执而杀之，孰敢？"王弼注云："诡异乱群，谓之奇也。"最后指出："常有司杀者杀，夫代司杀者杀，是谓代大匠斫。夫代大匠斫者，希有不伤其手矣。"司杀者、大匠，意指天道，即警告统治者不要代替天道去杀人，不要越权杀人，这就如同代替木匠去砍木头一样。那些代替木匠砍木头的人，很少有不砍伤自己手的。面对统治者的不公和贫富差距，第七十七章将自然规律与社会运行规则进行对比说明，开篇就强调天道的公平，"天之道，其犹张弓与！高者抑之，下者举之；有余者损之，不足者补之"。然后激烈批判人道的不公平，"天之道，损有余而补不足。人之道则不然，损不足以奉有余"。老子批判社会现实最精彩的部分是强烈地反对战争，这在先秦思想家是不多见的。老子反对战争实质是尊重生命，防止滥杀民众，充满着人性光辉和人道主义温情。第三十章开篇就指出统治者不能靠军力和战争逞强天下，"以道佐人主者，不以兵强天下，其事好还"。意思是，用道辅助君主的人，不靠军事逞强于天下。用兵这件事会遭到报应。接着指出战争的残酷，"师之所处，荆棘生焉。大军之后，必有凶年"。进而指出明智的统治者是如何用兵的，"善有果而已，不敢以取强。果而勿矜，果而勿伐，果而勿骄，果而不得已，果而勿强"。意思是，善用兵者达到目的就行，不敢用兵力来逞强。战胜了不要自满，战胜了不要自夸，战胜了不要骄傲，战胜了也是出于不得已，战胜了千万不能逞强。

老子在批判春秋乱世和统治无道的过程中，建构起道家的政治学说，后人一般称之为"君人南面之术"。这是有道理的，因为老子之治道主要说给统治者听的，是对统治者提出要求，概言之就是统治术。但是，老子之治道是政治原理而不是具体的官僚技术；老子之治道的理论基础是天道，天道是形而上的，阐述道与天地万物的关系，形而下入政治共同体后，就是治道，重点是君王与百姓的关系。天道效法自然，治道效法天道，就是奉行无为之治，"道常无为而无不为，侯王若能守之，万物将自化"。无为是对统治者的基本要求，是治道的根本原则。围绕无为，老子提出了系统完整的政治构想。

"小国寡民"，是老子之道对统治者治国图景的理想要求。任何思想家都要设计理想的政治图景和治理目的，这既为统治者提供奋斗目标，又为统治者注入行动动力。第八十章集中描述了老子的政治理想图景，这就是"小国寡民"。在这样的社会生活中，先进的器械以及交通工具，甚至连文字都可以弃而不用，更没有战争和杀戮，"使有什伯之器而不用，使民重死而不远徙。虽有舟舆，无所乘之；虽有甲兵，无所陈之；使人复结绳而用之"。什伯之器，意指十倍百倍于人力的器械。在这样的社会生活中，自给自足，人民过着淳朴自然的古代村社生活，"邻国相望，鸡犬之声相闻，民至老死不相往来"。在这样的社会生活中，人民安居乐业，生活幸福，即"甘其食，美其服，安其居，乐其俗"。如果说，小国寡民带有桃花源的虚幻和小农经济的浓厚色彩，那么，这四句话、十二字则是老子理想社会的价值所在，具有时空超越性。古今中外，只要是正常的统治者，都会追求"四句话、十二字"的政治图景。对于小国寡民社会，老子还强调绝圣弃智和绝仁弃义。我们知道，老子思维注重正言若反。一般人观察分析事物，往往注意正面形象而忽视反面作用，而老子用心和关注更多的是事物的反面作用和负面影响。老子认为，智慧和仁义都有着反面作用，即"大道废，有仁义；慧智出，有大伪；六亲不和，有孝慈；国家昏乱，有忠臣"。在智慧方面，老子并不是指知识，而是指心智，指虚伪狡诈。老子既看到了智慧与大伪的区别，又看到两者之间的联系。智慧的出现和不断发展，一方面增加人们认识和改造世界的能力，另一方面随之也出现了阴谋诡计和狡诈虚伪，这正是智慧的反面作用，是智慧给人类社会带来的负面影响。第六十五章明确反对以智治国，一开篇就赞颂古代优秀治国者，"古之善为道者，非以明民，将以愚之"。河上公注云："明，知巧诈也"；愚为"使朴质不诈伪也"。接着猛烈抨击以智治国的祸害，"民之难治，以其智多。故以智治国，国之贼；不以智治国，国之福"。最后指出，"知此两者，亦稽式。常知稽式，是谓玄德。玄德深矣，远矣，与物反矣，然后乃至大顺"。稽为法则。意思是，认识以智治国和不以智治国的差别，这就是治国的法则。常守住这个法则，就是玄德。玄德深啊远啊，与万物复归于大道，然后就达到太平之治。在仁义方面，老子不仅看到了大道之废与仁义兴起之间的联系，提倡仁义往往是因为社会上存在着大量的不仁不义行为，两者总是相反相成、互相依存的，而且看到了仁义的负面作用。仁义既可用来提高人们的道德水平，维持社会秩序，也可以成为野心家和阴谋家文饰自己、沽名钓誉的手段以及攻击他人的武器。第三十八章明确指出："故失道而后德，失德而后仁，失仁而后义，失义而后礼。夫礼者，忠信之薄而乱之首"。因此，老子憧憬的小国寡民社会是"绝圣弃智，民利百倍；绝仁弃义，民复孝慈；绝巧弃利，盗贼无有。此三者，以为文不足，故令有所属，见素抱朴，少私寡欲。绝学无忧"。意思是，抛弃聪明与智巧，民众才能获利百倍；抛弃仁与义的法则，民众才能回归孝慈；抛弃机巧与货利的诱惑，盗贼才能消失。以上三种巧饰之物，不足以治理天下，因此要让民心有所归属，必须外表单纯而内心淳朴，少有私心，降低欲望。摒弃所谓的学问，就能无忧无虑。

"不知有之"，是老子之道对统治者治国水平的理想要求。《老子》一书包含帝王之学，主要是教导帝王治国安邦。按照自然无为原则，老子将统治者的治国水平分为四个等次，核心是要诚实、诚信地对待民众百姓。第十七章指出："太上，不知有之。其次，亲而誉之。其次，畏之。其次，侮之。信不足，焉有不信焉。"意思是，最好的国君，百姓都不知道他的存在。次一等的国君，有百姓亲近他赞扬他。再次一等的国君，百姓都畏惧他。最下等的国君，百姓敢于蔑视侮辱他。所以，缺乏诚信的统治者，也就得不到百姓的信任。王弼对"太上"注云："太上，谓大人也。大人在上，故曰太上。大人在上，居无为之事，行不言之教，万物作焉而不为始，故下知有之而已，言从上也。"林语堂对最下等的国君做出解释："最末等的国君，以权术愚弄人民，以诡诈欺骗人民，法令不行，人民轻侮他。这是什么缘故呢？因为这种国君本身诚信不足，人民当然不相信他。"[1] 对于"太上，不知有之"，有的版本作"下知有之"，意义大体相同，即指老百姓仅仅知道国君的存在。由此可知，在老子看来，统治者治国的最高境界是"不知有之"或"下知有之"。那么，统治者如何做到"不知有之"呢？这涉及君王与臣属的关系。君王治理天下一般是通过臣属的行为间接实现的。君王要达到"不知有之"的目的，首先要效法天道的"不自生"，真正做到"无私"，即"天长地久。天地所以能长且久者，以其不自生，故能长生。是以圣人后其身而身先，外其身而身存。非以其无私邪？故能成其私"。这是君王驾驭臣属的前提和赢得臣属信任的基础。关键是秉要执本，清虚以自守，卑弱以自持。具体来说，君无为而臣有为，庄子在《天道篇》做了全面阐述，即上有为与下无为，不是君臣的正常关系，"上无为也，下亦无为也，是下与上同德；下与上同德，则不臣。下有为也，上亦有为也，是上与下同道；上与下同道，则不主。上必无为而用天下，下必有为为天下用，此不易之道也"。君要愚而臣要智，"我愚人之心也哉！沌沌兮！俗人昭昭，我独昏昏；俗人察察，我独闷闷。淡兮其若海，飂兮若无止。众人皆有以，而我独顽

---

〔1〕 林语堂：《老子的智慧》，陕西师范大学出版社 2006 年版，第 86 页。

似鄙。我独异于人，而贵食母"，如果从君王与臣属的关系理解，意思是，君王真是愚人的心胸啊，终日混混沌沌。臣属都自我炫耀，君王却糊里糊涂。臣属都工于算计，君王独茫然无知。心是那样辽阔，就像大海无边无缘；思绪像疾风劲吹，飘扬万里没有尽头。臣属都各有所用，君王独显得鄙劣无能。君王是这样的与臣属不同，君王寻求道的滋养。君要静而臣要动，"致虚极，守静笃，万物并作，吾以观复"。老子认为，君王治理国家要做到虚静，在处理事情时，自己不动声色，让臣属纷纷议论；自己不直接动手，让臣属去动手处置。即使君王要有所作为，也要尽量减少动作，"治大国若烹小鲜"。意思是，治理国家就像煎小鱼，不能老是翻动，否则，小鱼就煎烂了。法家汲取了老子这一思想，认为君王不动声色，可以使群臣不知道君王喜好，从而更有利于驾驭臣属。老子的政治学说容易被误解为阴谋权术，这大概是重要原因，却不符合老子治道无为的本意。

"圣人之治"，是老子之道对统治者治国品格的理想要求。圣人是老子为世俗统治者树立的执政和治国安邦榜样，也是实现老子政治理想的组织保证。任何事都是人做的，没有人什么事也做不成；没有合适的人什么事也做不好，这是最基本的道理。就政治而言，好的政治需要好的统治者。在老子看来，他的小国寡民图景和无为而治原则，只有具备圣人品格的统治者才能担当和组织实施。这是因为圣人能够忍辱负重，"是以圣人云：'受国之垢，是谓社稷主；受国不祥，是为天下王。'正言若反"。社稷是古代帝王祭祀的土神和谷神，后指称国家。意思是，所以圣人说，能够承受一国的耻辱，就可以成为国家的君王；能够承受一国的灾祸，就可以成为天下的君王。这正话听起来好像是反话。这是因为圣人能够守道不争。世人都喜欢追逐事物的显相和正面现象，喜欢求全求盈求多，这就容易引起纷争。第二十二章运用辩证思维，开篇就强调不争的意义，

"曲则全，枉则直，洼则盈，敝则新，少则得，多则惑"。曲、枉、洼、敝、少等概念都具有不争的内涵。接着以圣人为例阐述不争之道理，"是以圣人抱一为天下式。不自见故明，不自是故彰，不自伐故有功，不自矜故长"。意思是，因此圣人守道，作为天下事理的范式，不自我表扬，所以是非分明；不自以为是，所以声名昭彰；不自我夸耀，所以能建立功勋；不自高自大，所以能领导众人。最后指明不争的效果，"夫唯不争，故天下莫能与之争。古之所谓曲则全者，岂虚言哉！诚全而归之"。这是因为圣人能够尊重百姓，第四十九章阐明圣人之治，能够摒弃主观意志和欲望，不以自我成见作为判断是非好恶的标准，宽容待人、和光同尘，以百姓意愿为意愿，"圣人无常心，以百姓心为心。善者，吾善之；不善者，吾亦善之，德善。信者，吾信之；不信者，吾亦信之，德信"。同时指出圣人之治是浑厚真朴，"圣人在天下，歙歙焉，为天下浑其心。百姓皆注其耳目，圣人皆孩之"。意思是，圣人治理天下，显得安详和合，让天下人的心归于浑朴。百姓都运用自己的聪明，耳目各有所关注，圣人却孩童般地看待他们。这是因为圣人能够无为而无不为，第五十七章指出无为不是无所作为，而是统治者减少强制性的作为，充分尊重老百姓的权利和能力，达到治理好老百姓的目的，"故圣人云，我无为而民自化，我好静而民自正，我无事而民自富，我无欲而民自朴"。统治者的无为、好静、无事、无欲，归根结底是无为，无为而治的目的是有作为，即让老百姓自化、自正、自富和自朴。这是多么美好的治理图景以及统治者与老百姓的良好关系。

庄子在《至乐篇》中讲了一个故事，对于我们研读老子之治道很有启示意义。"昔者海鸟止于鲁郊，鲁侯御而觞之于庙，奏九韶以为乐，具太牢以为膳。鸟乃眩视忧悲，不敢食一脔，不敢饮一杯，三日而死。"大意是，从前有一只海鸟飞落在鲁国的城郊，鲁侯把它迎进太庙，用酒宴招待，演奏九韶之乐，设太牢之宴为膳食。而鸟却头晕目眩忧心悲苦，不敢吃一块肉，不敢饮一杯酒，三天就死了。孔子评价说："此以己养养鸟也，非以鸟养养鸟也。"这说明养鸟有两种方式，一种是顺应鸟的本性养鸟，即"鸟养养鸟"；另一种是强加人的意志养鸟，即"己养养鸟"，不同的方式导致鸟或活或死的不同结局。可悲的是，鲁侯的动机是好的，内心是善良的，他希望把海鸟养活养好，结果却带来了三天后死亡的悲剧。以此类比统治者，也可以有两种政治方式，一种是顺应民意，按照事物本身发展规律实施统治，另一种是拂逆民意，按照统治者个人好恶和主观意志管理社会。政治与养鸟有着相通的道理，但是结局却不可同日而语，"己养养鸟"的错误方式充其量只能祸害一只或几只鸟的生死，而错误政治方式却会祸害整个社会，甚至殃及千百万人的生命。对于政治家而言，选择什么样的政治方式至关重要。老子倡导无为而治和圣人之治，正是"鸟养养鸟"的政治方式，充满了智慧光芒和深奥哲理，至今仍然有着重要的借鉴意义和积极的现实意义。

老子之道：人道

　　希腊德尔斐神庙的门楣上刻着一句名言，叫作"认识你自己"。古希腊哲学家苏格拉底将这一名言作为哲学的基本原则，与青年尤苏戴莫斯就道德与非道德话题进行了机智的谈话。尤苏戴莫斯把欺骗、虚伪、奴役、偷窃等列入非道德范畴，苏格拉底则用相反的事例加以诱导："作战时，潜入敌方军营，偷窃其作战地图，是非道德行为吗？为防绝望中的朋友自杀，把他藏在枕头下的刀偷走，难道不应该吗？生病时儿子不肯吃药，父亲欺骗他，把药当作饭给他吃，很快就治好了病，这种行为是非道德的吗？"[1]苏格拉底认为，趋善避恶是人的本性，关键取决于他的知识。每个人在他有知识的事情上是善的，没有知识的事情上则是恶的。道德也是如此，即不知道道德，就不能做到道德；知道了道德，才能做到道德。当尤苏戴莫斯接受这些看法时，苏格拉底进而指出，对于人而言，什么样的知识最为重要呢？这就是"认识你自己"。在苏格拉底看来，善是万物的内在原因和目的，具体到人身上则表现为德性，是指人的本性。"认识你自己"，就是认识德性，认识人的本性。伟大智者的心灵总是相通的。作为"轴心时代"同等重要的思想家，老子与苏格拉底远隔千山万水，却是"心有灵犀一点通"，提出了同样的哲学命题，这就是"知人者智，自知者明"。有趣的是，老子和苏格拉底虽然用

---

〔1〕　陈志坚编著：《哲学简史》（欧洲卷），线装书局 2006 年版，第 36 页。

了道和善两个不同概念论述世界的本原，但对于道和善在人身上的具体表现，却不约而同地使用了德这一概念。

作为哲学原则和命题，"认识你自己"反映了古希腊思想家对人自身的思考和关注，在人类思想史的发展中具有深远影响。首先标志着哲学的主题实现了由神到人的转变。在古代社会，人对自我的认识总是从神话开始的，像斯芬克斯之谜和那喀索斯传说，都表明人对自我的认识还受到神的摆布和奴役。而"认识你自己"，则说明人开始认识到自身是社会活动的主体，意味着人对自己认识的一次飞跃。同时标志着哲学研究实现了由客体向主体的转变。哲学源于人们对身边事物以及日月星辰等外界事物的惊异和思考，这就产生了形而上学。当苏格拉底把"认识你自己"纳入哲学范畴时，说明人开始对自身发生了兴趣和思考，意味着人的思维发展进入了新的阶段。更重要的是，在苏格拉底之后，"认识你自己"成为贯穿西方哲学发展的主题。在近代哲学中，理性主义占据着主导地位。笛卡尔通过"我思故我在"，打破了经院哲学的禁锢，确认人的主体地位；黑格尔的《精神现象学》把精神哲学发展分为"主观精神""客观精神"和"绝对精神"三个阶段，认为在绝对精神中，自己与对象、主体与客体是同一的，进而说明人是一切事物的内在本质。在现代哲学中，由于经济社会和科学技术的发展，在扩大人的生存空间的同时，也发生了人的自我异化，人们开始怀疑和批判理性主义原则。存在主义哲学家海德格尔指出，在日常生活中，人自己不能独立自主地存在，总是处在他人的号令之下，受他人的摆布。这时，人便不再是本真的自我，人失去了独立的个性和自由。因此，"认识你自己"仍然是当今哲学的基本问题。寻求新的人类精神家园，认识真实的自我，始终在激发着哲学家们的探索欲望，从不同角度去思考人的内在本质。从这个意义上说，苏格拉底"认识你自己"的任务还没有完成，老子"自知者明"的命题还需要继续探索。

中国哲学与西方哲学不同，一向不为知识而求知识，而是为人生而求做人，道德色彩比较浓厚，伦理思想比较丰富。先秦思想家们虽然都以拯救乱世、匡正时弊为宗旨，但其出发点和落脚点仍在于人生。他们都在思考生命的意义和价值等终极问题，都在着力建立与其基本理论相符合的理想人格理论。冯友兰指出："由于哲学的主题是'内圣外王'之道，所以学哲学不单是要获得这种知识，而且是要养成这种人格。"[1] 先秦思想家都有自己的理想人格，但其哲学底蕴和思想内涵却有着很大差异。孔子贵仁，"仁者爱人"，依据于仁建立了君子的理想人格。君子主要是一个伦理范畴，寄托着孔子太多的人生理想，核心是智、仁、勇的统一，目的是品德和功业，即不仅要品德高尚，而且要建功立业，不仅要自己的道德高尚，而且要推己及人、惠及百姓。《论语》中记载了一段孔子与其弟子子路的对话，较好地反映了孔子关于君子品格的思想。"子路问君子。子曰：'修己以敬'，曰：'如斯而已乎？'曰：'修己以安人。'曰：'如斯而已乎？'曰：'修己以安百姓。修己以安百姓，尧舜其犹病诸！'"墨家贵贤，倡导"兼相爱，交相利"，在此基础上建立了贤人的理想人格。先秦时期，贤人是辅佐君主统一天下的有才能和有德行的人。墨家最推崇贤人，认为贤人是政治的根本，"国有贤良之士众，则国家之治厚；贤良之士寡，则国家之治薄"。法家贵法，力主法治，其理想人格是尊主卑臣，"信赏必罚，以辅礼制"；"不别亲疏，不殊贵贱，一断于法，则亲亲尊尊之恩绝矣"。老子贵柔，主张无为，建构起圣人的理想人格。围绕圣人，提出了柔、愚、啬、朴、慈、俭、静、弱等人格规范，形成了理想人格的思想体系。

老子的理想人格，迥异于孔子、墨家、法家的理想人格，最大的差异是理论基础不同。老子思想的最高范畴是道，道与其说是一

---

[1] 冯友兰：《三松堂全集》（第六卷），河南人民出版社 2000 年版，第 12 页。

个伦理范畴，倒不如说是一个哲学范畴。老子依据于道建构的理想
人格，具有本体论意义，因而思想更深刻，逻辑更彻底。其他先秦
思想家的理想人格只有伦理学意义。研究先秦思想家的理论人格，
不能不涉及道德范畴，先秦思想家一般是在伦理学意义上使用道德
范畴的，而且道与德是合并使用的。在老子哲学中，道与德是分开
使用的，道更多地表达本体论的内容，德更多地表达价值论的内容。
《老子》一书分为上、下篇，上篇一章至三十七章为"道经"，主要
阐述道的本旨；下篇三十八章至八十一章为"德经"，主要说明道
的作用，全书浑然一体，贯穿着尊道贵德的思想。所谓德，王弼注
云："德者，得也，常得而无丧，利而无害，故以德为名焉。何以得
德？由乎道也。"道与德的关系是道为体、德为用，德是道与天地
万物的联系和转化机制，道通过德落实于天地万物，内化到每一个
个体的事物中，成为每一个个体事物的本质和特性。"道生之，德畜
之，物形之，势成之。是以万物莫不尊道而贵德。道之尊，德之贵，
夫莫之命而常自然。"意思是，道化生万物，德蓄养万物，物赋予形
体，势促使完成。所以万物没有不尊崇道而珍视德的。没有给道和
德加封，道和德的尊贵在于自然。对于人生而言，德既是道的实现，
也是道的主体化。道实际上是生命的源泉和根本，是一种潜能或潜
在性存在，德则是主体实现的原则，是一个价值范畴，由修德而复
道，这说明道也是一个价值本体。

老子之道形而下到人生层面，其所显现的特性而为人类所体验、
所效法者都属于德的活动范围，这就是人道。人道思考的是人与自
身的关系，研究人的德性问题。老子之人道既是道德哲学，又是德
性之学。在人道那里，德虽然源自于道，但不再是本体论范畴，而
是一个主体的实现原则，变成了人生修养或修身的问题。修身的本
质是处理人与道的关系。修身的水平不同，导致了人与道的不同关
系。有的人修身好，与道就接近，甚至能够合一。有的人修身不够，

则与道不合一，甚至远离。老子把他们区分上德与下德、有德与无德之人。《老子》下篇开篇就说："上德不德，是以有德；下德不失德，是以无德。上德无为而无以为，下德为之而有以为。上仁为之而无以为，上义为之而有以为，上礼为之而莫之应，则攘臂而扔之。"老子所谓的上德，是无为之德，不自知有德，不自居有德，却成就德的最高境界；下德是有为之德，以德自居，孜孜以求，最后终归于无德。老子之人道推崇的是上德，上德之人就是圣人，就是有道之士，就是具有高尚道德修养的人。人是精神与身体、心灵与肉体的统一体。精神的无限性与肉体的有限性始终存在着矛盾。如何通过修身，克服精神与肉体的矛盾，达到上德境界，老子之人道提供了思路和方法。

复归婴儿，保持精神上的纯真，这是老子之人道的内修本领。婴儿是生命的象征，无知无欲、自然天真、纯洁朴实，但是，婴儿有着无限发展的潜力和可能。老子从婴儿身上看到了人生心灵修养的本质和途径，运用婴儿的比喻，具体阐述了主体内在的道德和性情修养。老子认为，上德之人必然如婴儿般的纯洁天真，"含德之厚，比于赤子"。在老子看来，婴儿的心灵与肉体是统一的，具有旺盛的生命力。这种生命力不仅表现在人生都是从婴儿开始的，逐步走向少年、青年、中年和老年；更表现在婴儿尚处在本能状态，没有是非心，没有苦乐感，无所畏惧，十分强壮，"蜂虿虺蛇不螫，猛兽不据，攫鸟不搏。骨弱筋柔而握固，未知牝牡之合而全作，精之至也。终日号而不嗄，和之至也"。意思是，蜂蝎毒蛇不会螫他，鸷鸟猛兽不会搏击他。筋骨柔弱，拳头却握得紧紧的。还不知男女之事，男性性征却很有力量，这是精气充足的缘故。整日号哭，喉咙却不会沙哑，这是元气淳和的缘故。当然，婴儿强壮不是身体的强壮，而是精神的强壮。婴儿在天真无邪中充满着生机和活力，整个身体都处在积极的正面状态。在老子看来，人生离开婴儿之后，心

灵与肉体逐步分化，就难以在精神上保持婴儿状态和心灵上保持本
真品质。随着年龄的增长，人生逐步远离婴儿状态，不可避免地产
生欲望和知性。有了欲望，必然出现各种技巧，以满足欲望；有了
知性，必然需要认识客观事物，以求获得知识。人的欲望和知性过
分膨胀，就会失掉人的本真，导致人的异化，即人创造的物质和精
神产品不为人所驾驭，反过来奴役和支配人的身心和言行。老子认
为，保持本真就是明白道理，贪图欲望就会加速衰老和死亡，"知和
曰常，知常曰明，益生曰祥，心使气曰强。物壮则老，谓之不道，
不道早已"。意思是，认识元气淳和的道理叫作常，认识常叫作明。
贪生纵欲就会有灾殃，心机主使和气就是逞强。过分的强壮就趋于
衰老，这叫作不合于道。不合于道，很快就会死亡。在老子看来，
人的一生如要保持心灵与肉体的统一，实现人与道的合一，就要不
断地修身，具体路径是复归于婴儿。修身不是为学而是为道，为学
是增进知识，主要通过求知活动逐渐积累和不断增多。老子并不反
对知识，而是反对功利性的求知活动。为道是提升道德品质，主要
通过内省，减少心计、抛弃成见。为学属于知识论，为道属于修身
范畴，两者有着不同功能，不能互相代替。"为学日益，为道日损。
损之又损，以至于无为。"复归于婴儿，并不是人的肉体回归到婴儿
时期。时间的单向性决定了人离开婴儿之后，只能走向老年和死亡，
不可能回到生机勃勃的婴儿状态。肉体不能回归，心灵却能回归，
精神却能永远保持婴儿般的淳朴和本真。老子正是从心灵和精神角
度，阐述人生复归于婴儿的道理，"知其雄，守其雌，为天下谿。为
天下谿，常德不离，复归于婴儿。知其白，守其黑，为天下式。为
天下式，常德不忒，复归于无极。知其荣，守其辱，为天下谷。为
天下谷，常德乃足，复归于朴"。"复归"都是一个意思，指人的德
性复归，如婴儿般地纯真，摒弃一切杂念，遵从道的运行和规律。

　　向水学习，坚守行为上的柔弱，这是老子之人道的处世方法。

如果说复归婴儿是人生修养对内的心灵指导，那么，向水学习则是
人生修养对外的行为指导。人的对内修养是主体内在的道德与性情
修养，对外修养则是应对社会和人际关系的方法总和，二者圆融自
洽地形成了老子之人道的全部实践内容。《吕氏春秋》云："老聃贵
柔"，这在一种程度上较为正确地反映了老子思想的特性。老子是从
形而上的角度认识柔弱的，柔弱是道的重要组成部分，与反一起促
成了道的运动。"反者，道之动；弱者，道之用。天下万物生于有，
有生于无。"老子认为，天地万物中最能体现柔弱品格的就是水，世
上没有比水更柔弱的事物了，"天下莫柔弱于水，而攻坚强者莫之能
胜，以其无以易之"。然而，老子感叹："天下莫不知，莫能行。"意
思是，天下都知道水的好处和柔弱的作用，却没有人能实行。老子
之人道希望人们向水学习，以柔弱的态度和方法为人处世。在老子
看来，水的柔弱表现在不争。我们知道，无论动物还是植物，一切
生命形式都离不开水。但是，水流向低处，安居低洼，不争高于天
下，不争宠于自然。老子对水这一看似简单而平常的自然现象，做
出了全新的人文解释，这是一种与世无争的高贵品质，不仅反映了
精神上的谦卑，而且体现了为人处世的低调态度。老子不禁赞叹，
水就是道啊！"上善若水。水善利万物而不争，处众人之所恶，故
几于道。"河上公注云："上善之人，如水之性"；王弼注云："道无
水有，故曰'几'也。"老子认为，不争就是水滋养万物而不居功自
傲，不占有和主宰它们，这是最高的道德，"道生之，德畜之；长之
育之，亭之毒之，养之覆之。生而不有，为而不恃，长而不宰，是
谓玄德"。在老子看来，水的柔弱表现在处下。处下实际上也是不争
的一种表现，更是谦卑精神的具体展示。谦卑处下的本质是包容宽
容，胸怀博大，能够随物赋形。水没有固定的形状，也不刻意塑造
某种形状，而是自然给予什么形状，水就成为什么形状。谦卑处下
能够随遇而安，水遇到高山，就绕道而行；遇到低洼，就安居积蓄，

不计较、不逞强，不自傲、不邀宠。更重要的是，无论在高处还是在低洼，水都不择细流，不计清浊，不避污泥脏水，有容乃大、无私奉献。老子赞美水的谦卑处下，"江海所以能为百谷王者，以其善下之，故能为百谷王"。在老子看来，水的柔弱还表现在以柔克刚。水看似柔弱却有着异乎寻常的力量。水滴石穿，既可以润物无声、滋润心灵，又可以毁灭利剑、穿透顽石。老子从中会意到了一种人文力量，那就是顽强的韧性和坚定的意志；辩证地看到了柔弱与刚强的关系，那就是柔弱胜刚强。"天下之至柔，驰骋天下之至坚，无有入无间，吾是以知无为之有益。"意思是，天下最柔弱的水，纵横出入于天下最坚硬的东西，无形的力量穿透没有间隙的东西。我因此知道无为是有益的。不过，老子紧接着就感叹："不言之教，无为之益，天下希及之。"这说明人生向水学习，修身养性，并不是一件容易的事情。

圣人标准，超越自我完善人生，这是老子之人道的理想目标。无论内修心灵，还是外修立身，都需要有一个目标指引，这不仅可以明确修身的努力方向，而且可以为修身提供前进的动力。老子之人道设定的修身目标就是圣人，圣人是老子理想人格的具体化形象。有趣的是，老子作为"周守藏室之史"，应该熟悉先秦及以前的历史和历史人物，而翻遍《老子》全书，却没有提到一个历史上的人物，更没有拿任何一个历史人物来比附圣人。好在《老子》一书多处议论圣人，使得圣人形象呼之欲出，臻于完美。在老子看来，圣人是与道合一的人。圣人是道的完美化身，不仅在本体论上得到道的全部内容，而且通过致虚静的内省方法，在认识论的意义上也把握了蕴含在他们自身中的道的全部内容。老子之人道，某种意义上可说是圣人之道。这是因为普通人常常为贪欲所诱惑，失去了道的本性，唯有圣人，才能尊天道、法自然和明人事。《老子》一书经常将天之道与圣人之道对应起来加以阐述，譬如，第八十一章说："天之道，利而不害。圣人之道，为而不争。"又如，第七十三章说："天之道，不争而善胜"；第六十六章则说：圣人"以其不争，故天下莫能与之争"。再如，第七十三章说：天之道"不言而善应，不召而自来"；第二章则说："是以圣人处无为之事，行不言之教。"在老子看来，圣人在政治上是自然无为，"为者败之，执者失之。是以圣人无为，故无败；无执，故无失。民之从事，常于几成而败之。慎终如始，则无败事。是以圣人欲不欲，不贵难得之货。学不学，复众人之所过。以辅万物之自然而不敢为"。意思是，有所作为就会失败，有所把持就会失去。所以圣人无所作为就不会有失败，无所把持就不会失去。人们做事，常常在快要成功的时候失败了。慎重对待事情的终结，就像对待开始一样，就不会有失败之事。所以圣人以不欲为欲，不看重难得的奇物；以不学为学，抛弃众人的过失而复归于根本，辅助万物自然成长而不敢作为。在老子看来，圣人在立身上是无知无欲。老子认为，贪婪、骄奢淫逸、纵情声色犬马，必然导致人的心灵与肉体的矛盾，使得精神发狂，"五色令人目盲，五音令人耳聋，五味令人口爽，驰骋畋猎令人心发狂，难得之货令人行妨"。畋猎指打猎，难得之货为稀世珍品。圣人守住内心的平静，不贪图物质享乐和感官享受，"是以圣人为腹不为目，故去彼取此"。王弼注云："为腹者以物养己，为目者以物役己，故圣人不为目也。"在老子看来，圣人在处世上是乐于助人，"圣人不积，既以为人，己愈有；既以与人，己愈多"。意思是，圣人不私自积藏财货，他尽量帮助别人，自己反而更充足；他尽量给予别人，自己反而更丰富。

研读老子之人道，不禁想到隐士问题。中国的隐士文化相当丰富，最著名的代表人物是晋朝的陶渊明，留下了《归去来兮辞》的隐士宣言和千古名篇。人们一般认为，老子哲学为隐士文化提供了理论依据；老子自己西出函谷关，不知所终，也是做了隐士。《辞海》对隐士的解释是"隐居不仕的人"，意指能做官而不做官的人，或做过官主动退下来不做官的人。这是从精神与身体结合上谈论隐士问题，即精神归隐的同时，身体也要回归到田园林泉。老子之人道给我们的启示是，在归隐问题上，精神与身体可以分离，两者并不必然产生矛盾。事实也是如此，千百年来有的人身在田园林泉，精神却在向往功名利禄；有的人身在官场，精神上却可以达到归隐境界。在一定的条件下，精神上的自然无为却可以促进官场上的更有作为。南怀瑾认为："在中国历史文化上，有一个不易的法则，每当时代变乱到极点，无可救药时，出来'拨乱反正'的人物，都是道家人物。"[1] 即使在和平时期，如果官员能够在精神上保持婴儿般的本真，坚守水一般的柔弱，那么，官场上就会多一些团结和谐，少一些尔虞我诈；多一些沟通协调，少一些争名夺权、争强好胜，这就能促进官员更好地造福百姓、服务社会。所以，真正的隐士是精神的归隐，既积极入世又与世无争，保持心灵的自由，寻求诗意地栖居，即所谓的"小隐隐于野、中隐隐于市、大隐隐于朝"。

---

〔1〕 南怀瑾著述：《南怀瑾选集》（第二卷），复旦大学出版社 2013 年版，第 9 页。

老子之无：天籁之音

　　无，是老子哲学的一个重要范畴。据有关研究，《老子》八十一章，约有四十章提到"无"。当然，在《老子》一书中，大多数"无"并非是一个概念，而是一个副词或动词。只有少数几个"无"，可以称之为理论概念和思想范畴。正是思想范畴的"无"，为老子学说增添了思辨色彩，在中华民族的思想苍穹里，犹如天籁之音，对以后的道家、黄老之学、魏晋玄学、外来佛学和宋明理学产生了深远的影响。

　　在研读老子之无的时候，先讲讲伯牙与钟子期的故事，或许有助于我们更好地理解和体悟老子之无。《吕氏春秋·本味》记载："伯牙鼓琴，钟子期听之，方鼓琴而志在高山，钟子期曰：'善哉乎鼓琴！巍巍乎若泰山。'少选之间，而志在流水，钟子期又曰：'善哉乎鼓琴！汤汤乎若流水。'钟子期死，伯牙破琴绝弦，终身不复鼓琴，以为世无足复鼓琴者。"这是人们熟悉的高山流水、知音难逢的故事，而人们很少知道伯牙学琴的前传——"以无为师"的故事。《琴操》记载，伯牙跟著名艺术家成连学琴三年，虽然学到了技艺，却没有学到琴的真谛和精髓"移人情"，即将天地自然的情怀转移为琴音。于是，成连编了一个故事，便带着伯牙到东海找所谓自己的老师方子春学琴，以帮助伯牙提升境界。伯牙到了东海某个孤岛，并未见到方子春，而成连却"刺船而去，旬日不返"。伯牙独居荒岛，困窘寂寞，只见无边的海水、汹涌的波涛、深深的山林和悲鸣的惊鸟。有一天，伯牙忽然顿悟："先生亦以无师矣，盖将移我情乎。"终于，伯牙以无为师，学会了将天地自然的情怀移至于琴的本领，弹出了不朽名曲《水仙操》。伯牙"以无为师"的故事很好地解读了无的玄妙幽冥。对于顿悟之前的伯牙，无是绝对的虚无、静止的空无，没有任何内容，没有任何联系，也没有任何意义，只有孤单、恐惧和落寞。对于顿悟之后的伯牙，无是那么空旷传神，含义丰富、意义深远，既是老师，可以教给你许多道理和知识，尤其是书本上没有的道理和知识；又是琴声、曲调，可以演奏美妙动听的音乐；更是天地自然与琴联系的中介，可以把海水、波涛、山林、飞鸟转移为琴音，创造出新的曲谱和音调。老子之无正是从哲理上阐述了伯牙顿悟后的无的意义和价值。

学术界对老子之无的内涵和意义，历来有着不同看法。首先是本体论与宇宙论的差异。本体论侧重思考天下万物的本原问题，宇宙论侧重思考天下万物的起源问题。《老子》第四十章，通行本为"天下万物生于有，有生于无"；郭店竹简本则少一个"有"字，为"天下万物生于有，生于无"。如果按照通行本，则为本体论，即无在有之前，无是世界的本原；按照竹简本，则为宇宙论，即万物起源于"有"与"无"。有的学者据竹简本认为："所谓的'无'就不在'有'之先，而是与'有'共同作为万物存在的起源。"因而是虚无与实有的差异。任继愈曾把老子之无看作是绝对静止的虚无，他认为没有"有"，则"无"不能产生，天下万物生于"有"，"有"生于"无"的观点是唯心主义的，因为科学实践证明无中不能生有。另一种观点则认为，老子之无不是绝对的无，而是名无实有，有的学者说"无是最原始、最微妙的物质"，进而认为老子并非贵无，而是崇有，是一种唯物主义；有的学者说"无并不是虚无或纯无，而是无名之物"，"无"不仅是一种形式的"有"，还是"有"的自动要素。老子之无的笔墨官司说明，老子思想至今仍然在影响着人们的思维方式，老子哲学仍然充满着勃勃生机和活力。

那么，怎样理解老子之无呢？在老子哲学中，作为形而上的无，是唯一能与道并列同质的范畴。差别在于"正言若反"，道是肯定意义上的形而上学，无是否定意义上的形而上学，两者从不同角度探寻世界的本原和人生的终极价值。哲学观照世界，需要在认识上把形形色色的个体事物纳入到普遍化的观念系统之中，以便认识和把握世界，考察不同事物之间的联系和区别。老子之无就是这样一个普遍化的观念系统，意味着从消亡的含义中又引申出了潜在的意蕴。它否定一切具体的、有限的、经验的规定性，因而具有普遍性、包容性和超越性，能够把天下万事万物囊入其中。同时，由于无没有任何具体的规定性，所以能够打破"有"的坚硬外壳对事物发展的束缚，化解实存、生育万物，由此而成为世界的本原和起源。老子之无远离感性知觉的范围，其玄妙底蕴只能通过理性直观来把握。它不是现实的"有"的缺失，也不是空间意义上的"无"，而是表达一种与经验世界完全不同的异质存在。无不是事实判断的"无"，而是存在论意义上的"无"，是价值判断中意义的虚无。老子之无有着一种深刻的生命意义，昭示着把人们从痛苦中拯救出的自我解放道路。它虽然对本体世界与现实世界进行了区隔，说明人不可能在现实世界中找到可靠的行动指引，只能通过反省自己的生存环境，改变以往的生存方式，才能走出现实世界的困境。但是，无并非是故弄玄虚，而是沟通联系主体自我与客体世界的桥梁和纽带，使主体自我进入一种宽阔、开放的精神空间，去思考自然、社会和人生的终极目标。因此，老子之无是主体自我与客体世界亲密无间的接触，是一尘不染的主体自我与客体世界冥合而洞察到的宇宙真谛。这一范畴既延续了通过否定方式肯定终极存在的态度，又以生命体验的沉默自我给客体世界赋予空灵蕴藉的意味，从而奠定了中国哲学悠久绵长的诗性传统。

无是道，这是老子之无最基本的内容。道是老子哲学的最高范畴。在老子那里，道是天下万物的根本凭借和最终依据，天下万物需要道的依托而道却不需要依托于天下万物，因而道是超越一切具体有形的存在，是具有高度抽象意义的存在本体。同时，在老子那里，作为思想范畴，唯有无能够与道等量齐观，无与道是相通的。第二十五章是对道的阐述，强调了道体本无，"有物混成，先天地生。寂兮寥兮，独立不改，周行而不殆，可以为天下母。吾不知其名，字之曰道，强为之名曰大。大曰逝，逝曰远，远曰反"。意思是，有物浑然一体，先于天地生成。无声而又无形，独立长存从不改变，循环运行永不停，可以说是天地之本根。我不知它的本名，给它取号叫"道"，勉强取名叫"大"。大到无边又无所不至，无所不至而运行遥远，运行遥远又回归本原。有时，老子把无与道看作同一的概念，无就是道，道就是无，表达着相同的内容。在本体论方面，第四章说道是世界的本原、万物的主宰、天帝的祖先，"道冲而用之或不盈，渊兮似万物之宗。挫其锐，解其纷，和其光，同其尘。湛兮似或存。吾不知谁之子，象帝之先"。第一章认为，无也是世界的本原，"无，名万物之始；有，名万物之母"。王弼注云："凡有，皆始于无。故'未形''无名'之时，则为万物之始，及其'有形''有名'之时，则长之育之，亭之毒之，为其母也。言道以无形无名始成万物，以始以成而不知其所以，玄之又玄也。"在宇宙论方面，第四十二章说道是天下万物的起源，"道生一，一生二，二生三，三生万物。万物负阴而抱阳，冲气以为和"。第四十章认为，无也是天下万物的起源，"天下万物生于有，有生于无"。有时，老子在描述道，实际上也是在描述无。第二十一章先是阐述道是无形的，人不能感性知觉，"道之为物，惟恍惟惚"。次是阐述道并非绝对静止的虚无，"惚兮恍兮，其中有象；恍兮惚兮，其中有物。窈兮冥兮，其中有精；其精甚真，其中有信"。意思是，道虽然迷离恍惚，其中却有形象；虽然缥缈迷离，其中却有实物；虽然幽深昏暗，其中却有精气。这精气清晰可知，真实而可信。后是阐述道具有认识和把握世界的功能，"自古及今，其名不去，以阅众甫。吾何以知众甫之状哉？以此"。王弼注云："众甫，物之始也。"意思是，从古到今，道的名字永远不能消去，人们依靠它来认识万物的本原。我怎能知晓万物本原的状态？就是依据于道。这一章描述了道的特征，也是无的特征。无也恍惚，人的感官不能察觉；无，不能理解为绝对的虚无，其中有象、有物、有精；无也是认识和把握世界最高的抽象性范畴。有时，老子用无来阐述道，这说明道还是比无更重要的哲学范畴。第十四章一开始就用看不见、听不到、摸不着等无的意象来描写道的状态，"视之不见名曰夷，听之不闻名曰希，搏之不得名曰微。此三者不可致诘，故混而为一"。致诘意为思考、追问。接着说明道之为物似无而实在，"其上不皦，其下不昧，绳绳不可名，复归于无物。是谓无状之状、无物之象。是谓惚恍。迎之不见其首，随之不见其后"。意思是，道的上面不显得光亮，下面也不显得阴暗，它绵绵不绝而不可名状，一切的运动都会回到不见物体的状态。这是没有形状的形状，不见物体的形象，它就叫惚恍。迎着它，看不见它的前头；随着它，看不见它的后面。最后强调要把握道的规律，"执古之道，以御今之有。能知古始，是谓道纪"。意思是，秉承这亘古已有的道，就可以驾驭现存的万物。能够知晓宇宙的本始，这就叫道的规律。

　　无是矛盾，这是老子之无最鲜明的特征。在中国思想史上，老子最杰出的贡献是辩证法。自古以来，对于老子其人和《老子》其书一直争议不断，而老子思想中具有深刻的辩证法内容，则为大家所公认。老子辩证法思想中的主要内容是矛盾学说，他从自然界和社会现象的观察中发现了对立统一规律，第一次系统地论述事物对立面相反相成的道理。其中，无是老子矛盾学说的重要组成部分。

通过无这一范畴，老子揭示了事物对立面之间相互联系、相互依存、相互作用和相互补充的矛盾关系。第二章比较完美地论述了对立统一规律，"天下皆知美之为美，斯恶已；皆知善之为善，斯不善已。故有无相生，难易相成，长短相较，高下相倾，音声相和，前后相随"。由于个人认知不具有完全的有效性，这段话则以"天下皆知"，作为分辨美丑善恶的标准；用"难易相成"，使认识与实践相统一，把实践纳入人的主观能动性中加以思考；用"长短相较"等不同侧面，对"有无相生"命题中一方的存在以对立的另一方的存在为条件的内涵进行了补充，从而使有与无的关系成为解释事物运动变化的根本原理。通过无这一范畴，老子演示了矛盾运动变化而衍生万物的过程。第一章认为道在无与有的相互作用中创生宇宙和天地万物，是天下万事万物的根源和始基；无与有是认识把握道的两个重要环节，认识道就是一个从无到有的过程。"道可道，非常道；名可名，非常名。无，名万物之始；有，名万物之母。故常无，欲以观其妙；常有，欲以观其徼。此两者同出而异名，同谓之玄。玄之又玄，众妙之门。"意思是，可以用言辞表达的道，就不是常道；可以用文字表述的名，就不是常名。无，是形成天地的本原；有，是创生万物的根源。所以常从无中去观照道的奥妙；常从有中去观照道的端倪。无和有同一来源而不同名称，都可说是很幽深。幽深又幽深，是一切奥妙的门径。通过无这一范畴，老子阐述矛盾双方在事物发展中的不同地位和作用。第十一章较好地诠释了无与有的不同功能，"三十辐共一毂，当其无，有车之用。埏埴以为器，当其无，有器之用。凿户牖以为室，当其无，有室之用。故有之以为利，无之以为用"。辐为车轮上的辐条，毂为车轮中间的圆木；埏为揉，埴为黏土；凿为开凿窑洞，户牖为门和窗。意思是，三十根辐条共同支撑着车毂，有了车毂中空的地方，才有了车的功用。揉搓黏土制成器具，有了器皿中空的地方，才有器的功用。开门窗、凿窑洞为居室，有了门窗四壁中空的地方，才有了居室的功用。因此，有给人提供便利，无才是物体功用之所在。车轮、陶器和居室的事例都说明无比有更具本原性，是无使有的实在之物具有利的功能。由于无具有空间的含义，老子认为，天地因为有空间，道才能发挥出这一无限的创生可能。第五章指出："天地之间，其犹橐籥乎？虚而不屈，动而愈出。"橐籥意指风箱。老子以风箱比喻天地，说明正是天地在阴阳矛盾中不断运动，从而创生了天下万事万物。所谓"虚而不屈"，意思是虚空但不会穷竭，是指道的无限性；"动而愈出"，意思是运动起来而生生不息，形象地表现了由道的运动而产生万物的过程。

无是人生，这是老子之无最重要的价值。后人普遍认为，老子思想最为宝贵的内容是抽象思维和哲理思辨，而老子本人可能不会这么认为，老子写作的目的不是为了探索自然，也不是为知识而知识，而是为了给社会和人生指点迷津。即使提出道这一高度抽象的思想范畴，出发点和落脚点也不是为了探索天道，而是为了寻求人道。因此，老子之无与其说是哲学范畴，倒不如说是政治伦理范畴，实质是要求人们"去甚，去奢，去泰"。河上公注云："甚，谓贪淫声色；奢，谓服饰饮食；泰，谓宫室台榭。去此三者，处中和，行无为，则天下自化。"老子之无，对于立身而言，要求个人不能有欲。春秋末期是个动乱不已的社会。老子认为，动乱的根源在于个人尤其是统治者有私心和私欲，其中名和利是人之大欲。第四十四章指出了贪名求利的弊害，"名与身孰亲？身与货孰多？得与亡孰病？甚爱必大费，多藏必厚亡。故知足不辱，知止不殆，可以长久"。意思是，名声和生命哪一个更重要？生命和财货哪一个更贵重？得到名利和丧失生命，哪一个更有害？过分爱惜必有重大损耗，大量藏货必有更多的损失。知道满足就不会遭受耻辱，知道适可而止就不会遇到危险，这样可以长久安定。第九章则告诫人们要戒骄、戒盈、戒满、戒锋芒毕露，强调"功成身退"的品格，"持而盈之，不如其已。揣而梲之，不可长保。金玉满堂，莫之能守。富贵而骄，自遗其咎。功遂身退，天之道"。老子之无，对于处世而言，要求个人不能有智。《老子》一书使用的智，一般不属于知识论，不是指智慧、知识，而是指修身论，意指虚伪奸诈、投机取巧、阴谋诡计。从修身的角度看待智，老子多次强调"绝圣弃智"，明确"以智治国，国之贼；不以智治国，国之福"。第二十章形象描述了老子与世人对待智的不同态度和行为，总的说来是"我独异于人，而贵食母"。意思是，我是这样的与众不同，看重寻求道的滋养。具体表现在众人享受，我独淡泊，"众人熙熙，如享太牢，如春登台。我独泊兮其未兆，如婴儿之未孩。儽儽兮若无所归"。意思是，众人都兴高采烈，就像参加盛大宴席，又如春日登台眺望，心旷神怡。我却独个儿淡泊宁静，没有形迹，好像不知嬉笑的婴儿；落落不群，好像无家可归。表现在众人聪明，我独愚笨，"众人皆有余，而我独若遗。我愚人之心也哉！沌沌兮！俗人昭昭，我独昏昏；俗人察察，我独闷闷"。王弼注云：昭昭"耀其光也"；"察察，精于算计"。意思是，众人都有多余，唯独我好像不足的样子。我真是"愚人"的心肠啊！混混沌沌啊！世人都光耀自炫，唯独我暗暗昧昧的样子。世人都精明灵巧，唯独我无所识别的样子。表现在众人实用，我独无能，"众人皆有以，而我独顽似鄙"。意思是，众人都各有所用，我独显得鄙劣无能。老子之无，对于从政而言，要求个人不能有为。老子从道法自然出发，认为统治者管理国家要遵循客观规律，自然而为，不要凭借个人意志，强行妄为；要让老百姓休养生息，不要过多干预和过分剥削压迫，这就是无为。在老子看来，无为是治理国家最重要的原则。第五十七章先是指出有为的政治导致社会混乱，"天下多忌讳，而民弥贫；民多利器，国家滋昏；人多伎巧，奇物滋起；法令滋彰，盗贼多有"。然后以圣人的口吻，指出无为才是治本之策，"故圣人云，我无为而民自化，我好静而民自正，我无事而民自富，我无欲而民自朴"。

苏东坡诗云："人生到处知何似，应似飞鸿踏雪泥。泥上偶然留指爪，鸿飞那复计东西。"这首诗似有似无、似真似幻，弥漫着空灵之美，似乎生动形象地诠释了老子之无。老子之无的空灵之美不是实体，而是实在，不是虚无一物，而是将无穷之意隐置其间。老子之无犹如写意山水，在层峦叠嶂中现出一种透明的含蓄，虽然不可言传，却可意会；虽然不能感性知觉，却能用心体悟。老子之无用以修养，可以沟通入仕与归隐的联系，在达则兼济天下与穷则独善其身之间保持必要张力，无论居庙堂之高，还是处江湖之远，心在天游、物我两忘，都能做到"不以物喜，不以己悲"。老子之无用以学业，可以架设实有与虚无的桥梁，在有字之书与无字之书之间保持内在平衡，读有字之书是为了传承，充分汲取前人的积累和成果；读无字之书是为了创造，超越前人，看得更远、思虑更深，取得新的思想成果，推动文明进步。老子之无用以实践，可以建构主体与客体的纽带，在主观自我与客观世界之间保持心灵自由，不拘泥于个体的想象，不留恋于以往的知识和经验的积累，瓦解由于主体与客体的疏离对立而造成的心灵失衡，使主观自我对客观世界的认识从必然王国进入自由王国，真正感悟到了宇宙万物真相的智慧明觉，并且在实践中圆满自觉地融入生命活动。

老子之自然：自然而然

　　自然是老子哲学的一个重要概念。《诗经》《左传》《论语》等先秦典籍都没有使用过这一概念，老子是第一个使用自然概念并引入哲学范畴的思想家。所谓自然，由自与然两个字组成，"自"常用作反身代词，指称"自身"；《说文解字》甚至将其原义追寻到"鼻子"的鼻字，以至有的外国研究者认为，中国人往往用手指着鼻子来指称自己，而不是像西方人那样指着心口。"然"，《玉篇》注释为"许也，如是也"；《唐韵》注为"如也"，即表示如此的状态。自与然合成一词，应为"自然而然""自如其然"的意思。从古文字分析，自然是自己如此、从来如此、通常如此、势必如此和自己成就自己。在老子哲学中，自然是与人为相对立的概念，是一种不同于人为而又高于人为的状态，是事物按照自身的本质规定和运行规则而自生、自长、自成、自衰、自灭的过程。老子之自然，不是指自然界，却表达了对自然界秩序的向往；不单单指人类社会，却表达了对人与自然、人与人生之间和谐关系的憧憬。在老子的理想世界中，道与万物各自然，圣人与百姓各自然，道顺任万物的自然本性而不强制主宰，圣人顺遂百姓的自然本性而不扰乱破坏，从而构筑起自然界、人类社会和个体生命的和谐秩序。

　　虽然自然一词在老子哲学中有着重要地位和作用，但在《老子》一书中仅出现过 5 次。因此，我们既要重视对自然概念的研究，又不要拔高自然概念在老子哲学中的位置，而要采取客观理性的态度，给予恰如其分的评价。

第十七章：悠兮其贵言。功成事遂，百姓皆谓我自然。

第二十三章：希言自然。故飘风不终朝，骤雨不终日。

第二十五章：故道大，天大，地大，王亦大。域中有四大，而王居其一焉。人法地，地法天，天法道，道法自然。

第五十一章：道之尊，德之贵，夫莫之命而常自然。

第六十四章：是以圣人欲不欲，不贵难得之货。学不学，复众人之所过。以辅万物之自然而不敢为。

对于老子之自然，学术界存在着不同理解。有的把自然理解为自然界或大自然，认为老子哲学首先是关于自然界和宇宙秩序的思想体系。老子哲学确实追问了自然界的终极根源，但重点仍然是人世间和个体生命。《老子》一书提到的自然中，只有一处可以理解为自然界的自然，其余四处皆包含着明显的人文因素。况且，《老子》一书大部分是政治和人生经验的概括提升，只有少部分源于自然经验。有的把自然诠释为人文自然，认为这是从本质上揭示和强调老子之自然的基本精神，可以避免各种误解，同时为老子哲学在现代社会的应用和发展开辟一条可能的途径。老子哲学的出发点和归宿都是人世间和政治领域，这是毫无疑问的。但是，老子思想的本质仍然是形而上学，最大特征是抽象思辨。在老子思想中，自然一词主要还是从形而上的角度去概述和规定的，不宜限制在人文领域。有的把自然与道并列，认为老子哲学的最高概念是自然和道，彼此可以互相替代；甚至认为自然是高于道的概念，道来源于自然。老子哲学确实很重视自然这一概念，也是老子最早把自然概念引入了哲学范畴，但道是老子哲学的最高范畴和逻辑基础，却是思想史和学术界公认的观点。《老子》一书道出现了74次，而自然只提到过五次，这也从一个侧面说明自然不能与道并列，更不能高于道。还是张岱年说得好："在古代汉语中，尤其是在先秦的典籍中，自然就是自然而然的意思。"[1]

尽管老子之自然不是指自然界，也不是指自然现象，但自然界作为老子生活世界的重要组成部分，给予老子学术研究和思想创新以源源不竭的灵感，自然界和自然现象成为老子构建道家思想体系的主要来源和重要基础。《老子》一书大量使用了天、地、万物等自然现象的名词，这些自然现象一般用作比喻，来阐述深奥的思想。有时，老子用自然现象来比喻道，以便人们识道悟道体道，"上善若水。水善利万物而不争，处众人之所恶，故几于道"，这是以水喻道。有时，老子用自然现象来比喻得道之人，"古之善为士者，微妙玄通，深不可识。夫唯不可识，故强为之容：豫兮，若冬涉川；犹兮，若畏四邻；俨兮，其若客；涣兮，若冰之将释；敦兮，其若朴；旷兮，其若谷；混兮，其若浊"。意思是，古时善于行道之士，精妙通达，深刻而难以认识。正因为难以认识，所以勉强来形容他：小心审慎啊，像冬天涉足江河；警觉戒惕啊，像提防四周的围攻；拘谨严肃啊，像做宾客；融和可亲啊，像冰柱消融；淳厚朴质啊，像未经雕琢的木材；宽广开阔啊，像深山的幽谷；浑朴纯厚啊，像浊水一样。有时，老子用自然现象说明道理，譬如，以风雨为喻，告诫为政者不要过度干扰社会生活，"飘风不终朝，骤雨不终日。孰为此者？天地。天地尚不能久，而况于人乎？"又如，以鱼为喻，说明为政者须稳重低调，不可大权旁落，"鱼不可脱于渊，国之利器不可以示人"。再如，以天地为喻，呼吁为政者要顺应自然管理国家，"天地不仁，以万物为刍狗；圣人不仁，以百姓为刍狗"。有时，老子细察自然现象，从中提炼升华为重要的思想观点。"柔弱胜刚强"，就是老子从水和草木等自然现象中归纳概括的一个论断，"天下莫柔弱于水，而攻坚强者莫之能胜"；"草木之生也柔脆，其死

---

[1] 张岱年：《中国古典哲学概念范畴要论》，中国社会科学出版社 1989 年，第 81 页。

也枯槁。故坚强者死之徒，柔弱者生之徒"。老子之自然不是自然界和自然现象，自然界和自然现象却成了老子形成自然概念的源头活水。是啊！如果没有人为因素和人的作用，那么，自然界和自然现象才是真正的"自然而然"和"自如其然"。

道法自然。这是老子关于自然及其与道关系最重要的论断，也是争议最多的一个观点。"故道大，天大，地大，王亦大。域中有四大，而王居其一焉。人法地，地法天，天法道，道法自然。"有的版本将"王亦大"改作"人亦大"；王弼注云："天地之性，人为贵，而王是人之主也"，两者并无本质差别。对于这段话，主要争议在后四句，特别是"道法自然"。有的是逐层递进的理解，即在人—地—天—道—自然的系列中，地、天、道、自然依次作为法的宾语，这一理解容易产生道与自然并列或自然高于道的误读。有的以人为全文的主语，句读为"人法地地，法天天，法道道，法自然"。唐朝李约解释："其义云'法地地'，如地之无私载。'法天天'，如天之无私载。'法道道'，如道之无私生而已矣。"这一句读只是句义重复，前后没有递进关系；只是强调了"无私"二字，并没有增加更多的内容和信息量，所以很少有人赞同。比较正确的解读应为递进式的理解，对于"道法自然"，不要把自然当作宾语，而是当作状语和形容词。冯友兰明确指出："'自然'只是形容道生万物的无目的、无意识的程序。'自然'是一个形容词，并不是另外一种东西。"[1] 至于道与自然的关系，道统摄和内含着自然；自然是道的本性和本质规定，而不是道之外的东西。河上公、王弼都作如是解读，河上公注云："道性自然，无所法也"；王弼则作了长段注释："法，谓法则也。人不违地，乃得全安，法地也。地不违天，乃得全载，法天也。天不违道，乃得全覆，法道也。道不违自然，乃得其性，道自然也。法自然者，在方而法方，在圆而法圆，于

---

[1] 冯友兰：《三松堂全集》（第七卷），河南人民出版社 2000 年版，第 254 页。

自然无所违也。自然者，无称之言，穷极之辞也。"因此，道法自然，意味着道的初始混沌状态是自然的，"有物混成，先天地生。寂兮寥兮，独立不改，周行而不殆，可以为天下母。吾不知其名，字之曰道，强为之名曰大。大曰逝，逝曰远，远曰反"。意思是，有物浑然一体，先于天地生成。无声而又无形，独立长存从不改变，循环运行永不停息，可以说是天地之本根。我不知它的本名，给它取名叫道，勉强取名叫大。大到无边又无所不至，无所不至而运行遥远，运行遥远又回归本原。道法自然，意味着道创生万物的过程是自然的，"道生之，德畜之，物形之，势成之。是以万物莫不尊道而贵德。道之尊，德之贵，夫莫之命而常自然。故道生之，德畜之；长之育之，亭之毒之，养之覆。生而不有，为而不恃，长而不宰，是谓玄德"。这段话的含义丰富，一方面指明道是万物存在的根源和依据，具有化生、养育万物的功能，却又不占有万物，不主宰万物，不自恃有功，这便是道的德性和功能，也是道德的高贵之处。另一方面是强调道的自然本性，道在创生、养育万物过程中，完全是因任自然，无为而为，放任万物自生自为。道法自然，意味着道的矛盾运动和循环运行是自然的。老子提出了"常"的概念，与自然概念有相似之处，可谓相得益彰，"夫物芸芸，各复归其根。归根曰静，是谓复命。复命曰常，知常曰明。不知常，妄作，凶"。意思是，万物尽管纷繁众多，最终都要回归其本根。回归本根就称为清静，清静中孕育着新的生命。孕育新生命是正常的自然法则，懂得这一法则便心灵澄明。不懂得自然的法则，胡作非为必然遭遇凶险。张岱年指出："中国哲人都认为变化是一根本的事实，然不止如此，更都认为变化是有条理的。变化不是紊乱的，而有其不易之则。变化的不易之则，即所谓常。常即变中之不变之义，而变自身也是一常。常的观念，初发自老子。"[1]

---

[1]　张岱年：《中国哲学大纲》，中国社会科学出版社 1982 年版，第 98 页。

自然无为。自然与无为既是两个概念，又是联系最为密切的概念。自然是自然而然，顺应自然而然之为，实质上就是无为，自然与无为就是这样紧密联系在一起。车载甚至认为："《老子》书提出'自然'一辞，在各方面加以运用，从来没有把它看着是客观存在的自然界，而是运用自然一语，说明莫知其然而然的不加人为任其自然的状态，仅为《老子》全书中心思想'无为'一语的写状而已。"[1] 无论自然还是无为，都是道的本质规定，共同彰显着道的深奥与玄妙。如果说道法自然的自然更多地具有形而上意义，主要是针对天地的运行状态而言的，那么，自然无为的自然则具有明显的政治意义，主要是对人的活动而言的。"是以圣人欲不欲，不贵难得之货。学不学，复众人之所过。以辅万物之自然而不敢为。"意思是，所以圣人以不欲为欲，不看重难得的奇物；以不学为学，抛弃众人的过失而复归于根本，辅助万物自然成长而不敢作为。在老子看来，自然是万物生存的最终状态，自然地生存最符合万物的本性；无为不是无所作为，而是"道常无为而无不为"。因此，对于自然而言，无为自身有着两方面含义，既是否定又是肯定。从否定方面分析，无为是对自我意欲的限制和约束，对强为妄为和干扰自然之行为的排斥，"企者不立，跨者不行，自见者不明，自是者不彰，自伐者无功，自矜者不长。其在道也，曰余食赘行。物或恶之，故有道者不处"。意思是，踮起脚跟站不稳，超常迈步走不成，表现自我的不高明，自以为是的丧失名声，大吹大擂的难有功勋，抬高自我的服不了众人。按照道的观点，他们就像残羹和赘瘤，人人都深感厌烦恶心，所以有道的人不做这种事情。在这段话中，企、跨、自见、自是、自伐、自矜，都不是自然的行为，因而是需要否定的。从肯定方面分析，无为要顺其自然而为，助其自然而成，就像道那

---

〔1〕 车载：《论老子》（第二版），上海人民出版社 1962 年版，第 3 页。

样，它是万物产生的根源，却不将万物据为己有；它滋养了万物，却没有任何欲求，也不充当万物的主宰，"大道氾兮，其可左右。万物恃之而生而不辞，功成不名有，衣养万物而不为主"。同时，对于自然而言，无为还有外部关系，是对有为的批判。先秦时期的科学技术和社会生产力落后，所谓有为，主要不是对自然界的干扰，而是对社会生活和政治领域的干扰，即干扰、破坏甚至戕害人之生存的自然状态。老子坚决反对有为和人为地干扰自然，"希言自然。故飘风不终朝，骤雨不终日"。希言自然，从字面理解，是让人少说话，以符合自然的法则，而老子的本意却是要求统治者应当少发号施令。自然界虽然也有飘风、骤雨这样的自然现象，但时间极短、难以持久，大多数时间还是处于平静状态。因而统治者也不要总是在那里发号施令，应当让社会保持平静的状态，让老百姓顺其自然地生活。

圣人与自然。圣人既是老子的理想人格，又是老子认为在现实社会中唯一能够认识道和运用道的人；自然既是老子理想的生存状态和社会环境，又是老子推崇和倡导的价值取向，圣人与自然有着内在的联系。在老子看来，自然是表征宇宙万物的本性和本然状态的范畴，只有圣人能够依据人与物自身的性质和规律，不给予外在的无端干预和任意宰割，从而促进人与物独立自主、率性而为，自己成就自己。在《老子》一书中，圣人与自然的关系，最经典的表述在第五十七章。先是提出治国理政的基本原则，强调无为而治，"以正治国，以奇用兵，以无事取天下"。次是对统治者过多干涉和无端宰割的反自然行为进行批评，"天下多忌讳，而民弥贫；民多利器，国家滋昏；人多伎巧，奇物滋起；法令滋彰，盗贼多有"。由此可知，老子倡导无为，并非无的放矢，而是针对春秋末期社会动乱、统治者权力横暴提出的抗议。后是以圣人的口吻提出要顺应人的生命本真状态和合理的生存状态，让老百姓自生、自长、自化、自成。"故圣人云，我无为而民自化，我好静而民自正，我无事而民自富，我无欲而民自朴。"这段话中的自化、自正、自富、自朴，都是自然而然的不同表达。意思是，所以圣人认为，我无为，人民就自我化育；我好静，人民就自然走上轨道；我不搅扰，人民就自然富足；我没有贪欲，人民就自然朴实。圣人与自然的关系，最为明白的表述在第六十四章，前后两段似不相连。前一段指明凡事从小而大、由近至远，因而要注重小事，尤其是祸乱更要防患于未然，"其安易持，其未兆易谋，其脆易泮，其微易散。为之于未有，治之于未乱。合抱之木，生于毫末；九层之台，起于累土；千里之行，始于足下"。后一段则强调自然无为，反对有所作为，"为者败之，执者失之。是以圣人无为，故无败；无执，故无失。民之从事，常于几成而败之。慎终如始，则无败事。是以圣人欲不欲，不贵难得之货。学不学，复众人之所过。以辅万物之自然而不敢为"。在这一段话中，老子直接把圣人与自然、无为联系在一起，认为圣人的无为是方法而不是目的，圣人最终的目的是成就自然的状态，达成自然的目的。圣人与自然的关系，最有意思的表述在第十七章。先是将古往今来的治国状况分为四种情况，指出应当诚实、诚信地对待老百姓，"太上，不知有之。其次，亲而誉之。其次，畏之。其次，侮之。信不足，焉有不信焉"。意思是，最好的国君，百姓都不知道他的存在。次一等的国君，有百姓亲近他、赞扬他。再次一等的国君，百姓都畏惧他。最下等的国君，百姓敢于蔑视、侮辱他。所以缺乏诚信的统治者，也就得不到百姓的信任。后是指出好的统治者轻易不发号施令，在无为而治的状态下，让社会得到治理，让百姓感到自然而然，即"悠兮其贵言。功成事遂，百姓皆谓我自然"。对于太上，王弼注云："太上，谓大人也。大人在上，故曰太上。大人在上，居无为之事，行不言之教，万物作焉而不为始，故下知有之而已，言从上也。"联想到第二章，"是以圣人处无为之事，行不言之

教，万物作焉而不辞，生而不有，为而不恃，功成而弗居"，可知太
上就是指圣人。老子把圣人与自然、无为紧紧联系起来，进一步说
明圣人是无为的，更是自然的。

李白诗云"清水出芙蓉，天然去雕饰"，形象而深刻地描述了
老子之自然的美丽和飘逸。老子之自然不仅要美在文学艺术领域，
更要美在人生领域，这也是研读老子之自然的意义所在。任何人的
人生不管有多么不同，概括起来无非是做人与做事两个方面。在做
人方面，老子之自然要求我们的心灵不要陷于名利泥潭而不能自
拔，也不要被私欲蒙蔽而不能清醒，而要始终保持婴儿般纯真和朴
实，即"复归于婴儿""复归于朴"。同时要求我们按照自己的个性
去生活，只要不妨碍公共生活和公共空间，就可以不受自我或他人
过多约束，你是性格开朗的，那就放声歌唱；你是性格内敛的，那
就沉思默想。千万不要为周围环境和人言所累，勉强追求改变自己
的个性。个性是天成的，想改亦难，否则就会给人造成不自然的感
觉。在做事方面，老子之自然要求我们遵守职业道德，因为做事总
是和职业相联系，而职业道德体现了职业的本性和规律。你是教
师，就要燃烧自己，照亮别人；你是医生，就要医者仁心，悬壶济
世。同时要求我们在办理每件事的过程中，都要顺应事情的内在本
质，自然而然地办好事情、成就事业。做人是做事的基础，做事是
做人的延伸。做人自然，才能自然做事。让我们首先做一个自然而
然的人，在自然中享受生命、成就事功。

老子之道：文本解读

　　道是中国思想文化的一个重要概念，千百年来，几乎每一个思想家都使用过道的概念。道的原意为道路，后引申为事物的本质、规律、原则和方法。先秦思想家已广泛使用道的概念，但大多没有作为自己学说的基本概念和逻辑前提。有的单独使用道的概念，《易传》说："一阴一阳之谓道"；孔子曰："朝闻道，夕死可矣。"有的和理的概念联系起来思考，《管子·君臣上》认为："是故别交正分之谓理，顺理而不失之谓道。"联系上下文，意思是，区分上下关系，规范君臣职责，称之为理；顺理而行，没有错误，称之为道。《韩非子·解老》比较全面地阐述了道与理的关系，"道者，万物之所然也，万理之所稽也。理者，成物之文也；道者，万物之所以成也。故曰：'道，理之者也。'物有理，不可以相薄，故理为物之制。万物各异理，而道尽稽万物之理，故不得不化"。意思是，道是万物生成的根本动力，是万理构成形式的总汇。理是构成万物的外在形式，道是生成万物的根本原因。所以说，道是根本性的东西。万物各有其理，彼此不会相侵，所以理成为万物的制约力量。万物之理各不相同，而道完全集中了万物之理，所以道不能不随着具体事物发生变化。韩非子明确将道与理合一使用，意指事物的规律，"夫缘道理以从事者，无不能成。无不能成者，大能成天子之势尊，而小易得卿相将军之赏禄"。有的和德的概念联系起来思考，这就是道德，意指人们共同生活及其行为的准则和规范。在先秦思想家那里，理和德都是由道衍生的；道是天下万物之源，理可以指天下万物的规律，德则主要指人与人相互关系的规律。从这个意义上说，德是理的一部分。但是，在老子那里，没有理的概念，只有德的概念，德类似于其他思想家提出的理与德两个概念的集合，"是以万物莫不尊道而贵德"。

在先秦思想家中，唯有老子，把道作为自己哲学的最高范畴、基础概念和逻辑前提；唯有老子，从抽象思维和理性思辨的高度去认识道，提炼道，升华道，使道成为形而上本体；唯有老子，在道的基础上展开天道、治道、人道的论证，构筑起宏伟理论大厦。老子提出道的范畴，否定了天和神的意志，奠定了一元本体论的哲学基础，给中华文明抹上了思辨色彩，这不仅是对中国哲学史的重大贡献，而且是对人类思想史的重要贡献。然而，人们对道的理解是仁者见仁、智者见智，众说纷纭、莫衷一是。即使同一个哲学家，在不同时期也会有不同的看法。试以当代中国哲学研究权威为例说明问题，任继愈先是认为老子之道是原初物质，随后修改为绝对精神，最后提出老子自己没有讲清楚道是物质还是精神。冯友兰 20 世纪 30 年代认为老子之道为物之所以创生的总原理，似乎属于客观唯心主义范围；60 年代认为老子之道"与阿那克西曼德所说的'无限'是一类的，都是未分化的物质"，[1] 似乎属于唯物主义范围；80 年代则认为老子之道没有说明相当于客观世界中的什么东西，似乎是一种主观虚构，因而是一种主观唯心主义。张岱年早年认为老子之道是"理"，似乎是唯心主义；中年认为是"混然一气"，似乎是唯物主义；晚年又回归早年的观点。

老子之道恍兮惚兮，似乎离我们很远，似乎又在身边无时无刻地感觉到存在。好在老子留下了韵散交错的五千余言哲学诗。在

---

[1] 冯友兰：《三松堂全集》（第七卷）河南人民出版社 2000 年版，第 254 页。

《老子》一书，道字先后出现了74次。研读和认识老子之道，最好的办法是读原著、悟原义，加强文本解读。老子之道是一个浑无际涯、贯穿于形而上和形而下、涵盖自然界和人类社会的范畴，既不能简单地归入某个研究领域，又和任何一个研究领域都有联系，在不同的语境下，有着不同的意义和内容。首先要从形而上的角度解读老子之道，这是老子思想的结晶。

本体论意义的道。本体论概念由17世纪的德国学者郭克兰纽首先使用，是研究一切存在本质的学问。老子认为，道是一切存在的根源和依据，是天地万物的本原，天地万物都由道化生，"道冲而用之或不盈，渊兮似万物之宗。挫其锐，解其纷，和其光，同其尘。湛兮似或存。吾不知谁之子，象帝之先"。意思是，道体是虚空的，然而它的作用却不穷竭，渊深啊，它好像是万物的宗主。它不露锋芒，消解纷争，与日月齐光，与万物同尘。幽隐啊，似无而又实存，我不知道它是从哪里产生的，好像是天帝的祖先。作为本体论的道，一是不可道不可名。第一章就强调："道可道，非常道；名可名，非常名。"第一个道和第三个道是本体论的道，第二个道是言说的意思。因为可道、可名的存在，人类可以通过感性、知性和理性加以认识描述；不可道、不可名的存在，则超越了人类的有限生命和感知能力。第三十二章也表达了道不可名的观点，"道常无名，朴虽小，天下莫能臣也"。这个道属本体论。意思是，道永远是无名而处于朴质状态的。虽然幽微不可见，天下却没有人能让它臣服。二是不得不名，勉强命名。第二十五章先是描述道的特征为混沌、永恒、运动和创生万物，即"有物混成，先天地生。寂兮寥兮，独立不改，周行而不殆，可以为天下母"。接着指出："吾不知其名，字之曰道，强为之名曰大。大曰逝，逝曰远，远曰反。"意思是，我不知道它的名字，勉强命名为道，再勉强给起个名字叫作大。它广大无边而周流不息，周流不息而伸展遥远，伸展遥远而又返回本原。最后指出道之大，其范围是无所不包，天地、宇宙和人类社会都囊括其中；道的本性就是自然，"故道大，天大，地大，王亦大。域中有四大，而王居其一焉。人法地，地法天，天法道，道法自然"。该章所论之道均属本体论范畴。三是无形无状。第十四章先是指出道无形状，强调道不可名，"视之不见名曰夷，听之不闻名曰希，搏之不得名曰微。此三者不可致诘，故混而为一。其上不皦，其下不昧，绳绳不可名，复归于无物。是谓无状之状、无物之象。是谓惚恍。迎之不见其首，随之不见其后"。王弼注云："无形无名者，万物之宗也。"后是强调识道悟道的重要性，"执古之道，以御今之有。能知古始，是谓道纪"。这两个道都属于本体论。意思是，秉承这亘古已有的道，就可以驾驭现存的事物；能够知晓宇宙的规律，这可说是道的规律。第三十五章表达了类似意思，"道之出口，淡乎其无味，视之不足见，听之不足闻，用之不足既"。这个道为本体论。不足既，意指不可穷尽。四是似无非无，似有非有。因为道属形而上本体，是实存而非实有，所以不能说似无实有，似有实无。第二十一章先是指明道与德的关系，阐述两者是主从关系而不是平行关系，"孔德之容，惟道是从"。接着描述道的无与有状态，"道之为物，惟恍惟惚。惚兮恍兮，其中有象；恍兮惚兮，其中有物。窈兮冥兮，其中有精；其精甚真，其中有信"。后是阐述道的功能和作用，"自古及今，其名不去，以阅众甫。吾何以知众甫之状哉？以此"。王弼注云："众甫，物之始也。"意思是，从古到今，道的功用不变，依靠它来认识万物的本始。我怎能知晓万物本始的状态？就是依据于道。该章所论之道均为本体之道。

宇宙论意义的道。宇宙论概念是由 17 世纪德国学者沃尔夫首先使用，在他看来，相对于神学和心理学而言，宇宙论是研究作为一个整体的宇宙起源和结构问题。宇宙论与本体论既有联系又有区别。联系在于，宇宙论与本体论属于同一序列范畴，有时可以互相使用；广义的本体论则包含着宇宙论的内容。区别在于，作为同一序列的概念，宇宙论探究这个世界什么是真实的，而本体论则探究对天地万物都有效的关系和原则。老子认为，道不仅是天地万物的根源，而且是宇宙生成变化的始源。道是宇宙运行的最初发动者，具有无穷的潜在力和创造力，"道生一，一生二，二生三，三生万物。万物负阴而抱阳，冲气以为和"。作为宇宙论的道，首先，道既创生万物又蓄养万物，既超越万物又内存于万物。第五十一章阐述了天地万物的成长过程。先是指出万物由道而生，阐述道与德的作用，"道生之，德畜之，物形之，势成之。是以万物莫不尊道而贵德"。接着指明道与德尊贵的原因，"道之尊，德之贵，夫莫之命而常自然"。意思是，道所以受尊崇，德所以被珍视，就在于它们不干涉万物的成长活动，而是顺应万物的自我化育、自我完成。最后指出道创生万物既没有意识性又没有目的性，"故道生之，德畜之；长之育之，亭之毒之，养之覆之。生而不有，为而不恃，长而不宰，是谓玄德"。该章所论之道均属宇宙论范畴；第三个道则超出了宇宙论范围，指出了道的德性特点，这就是化生万物而不占有万物，不主宰万物，不自恃有功。第三十四章也肯定了道的德性，"大道泛兮，其可左右。万物恃之而生而不辞，功成不名有，衣养万物而不为主"。意思是，大道像江河泛滥，汹涌澎湃无边无际。万物依它而生，它从不推辞；大功告成，却不求取美名；护养着万物，却不充当它们的主人。同时，道创生万物运动的源泉是"反"和"弱"。第四十章指出："反者，道之动；弱者，道之用。天下万物生于有，有生于无。"这两个道均为宇宙论。天地万物是由道创生的，有和无似可理解为道，意指道是在有与无的矛盾运动中创生万物。在老子那里，反是一个重要概念，钱锺书释"反有两义，一者正反之反，违反也；二者往反之反，回反也"[1]。反的实质是对立面的矛盾运动。弱则是指矛盾对立面中比较弱小的一方，老子认

---

[1] 钱锺书：《管锥编》（二），生活·读书·新知三联书店 2001 年版，第 691 页。

为，柔弱更有生命力，"天下莫柔弱于水，而攻坚强者莫之能胜，以其无以易之。弱之胜强，柔之胜刚"。

辩证法意义的道。辩证法一词起源于古希腊，意为辩论中揭露对方言谈中的矛盾并克服这些矛盾的方法。德国古典哲学从唯心主义角度把辩证法提升到世界观和方法论范畴；马克思主义则从唯物主义角度提炼升华辩证法。现在一般认为，辩证法是关于事物普遍联系和矛盾运动、发展、变化规律的学说。老子之道充满了辩证智慧，"天下皆知美之为美，斯恶已；皆知善之为善，斯不善已。故有无相生，难易相成，长短相较，高下相倾，音声相和，前后相随"。作为辩证法的道，《老子》一书直接论述道的辩证法内容似乎不多，即使论述，主要是通过无与有两个概念加以阐明。在老子哲学中，无与有是两个重要概念，无不是绝对静止的空无，有不是指具体事物，而是与无相联系的有。无与有似对立而又互相联系，是道由形而上本体转化为天下万事万物的关键环节。第一章从无与有的对立面统一中论述了道的运动，"道可道，非常道；名可名，非常名。无，名万物之始；有，名万物之母。故常无，欲以观其妙；常有，欲以观其徼。此两者同出而异名，同谓之玄。玄之又玄，众妙之门"。这里的无与有结合起来，就是道的别名。第四十章则从无与有的先后关系阐述道的运动，强调形而上意义的无，与有不是并列关系，"反者，道之动；弱者，道之用。天下万物生于有，有生于无"。冯友兰认为："道是无名，是'无'，是万物之所从生者。所以在是'有'之前必须是'无'，由'无'生'有'。这里所说的属于本体论。"[1] 第十一章没有直接提及道的名称，却从有与无的不同功用，阐述辩证法内容。先是举车轮、陶器、居室三个例子说明有与无的不同功用，"三十辐共一毂，当其无，有车之用。埏埴以为器，

---

[1] 冯友兰：《三松堂全集》（第六卷），河南人民出版社 2000 年版，第 87 页。

当其无，有器之用。凿户牖以为室，当其无，有室之用"。后得出结论，"故有之以为利，无之以为用"。由此可见，在不同层面，无与有的关系是不同的，在形而上层面，是先无后有，创生万物；在形而下方面，是先有后无，才能共同发挥作用。尽管《老子》一书直接从本体之道出发，论述辩证法的内容不多，但间接论述却比比皆是，第二十四章按照道的观点，从正反两个方面阐述人生哲学："企者不立，跨者不行，自见者不明，自是者不彰，自伐者无功，自矜者不长。其在道也，曰余食赘行。物或恶之，故有道者不处。"这两个道可理解为德。意思是，踮起脚跟站不稳，超常迈步走不成，表现自我的不高明，自以为是的丧失名声，大吹大擂的难有功勋，抬高自我的服不了众人。从道的观点看来，他们就像残羹和赘瘤，人人都深感厌烦恶心，所以有道的人不做这种事情。

认识论意义的道。认识论是哲学的组成部分，系指研究知识的本质、原则与知识的来源，以及存在与思维、主观与客观的关系问题。认识论有不同学派，理性主义认为知识起源于理性，而理性是先天的心灵能力；经验主义认为知识来源于经验，而经验是后天的积累；批判主义则认为知识的起源既与理性有关，也与经验有关；辩证唯物主义认识论认为，物质世界是认识的对象和源泉，认识是主体对客体的反映，是客观物质世界的主观印象。《老子》一书似乎没有主动、自觉地阐述和论证认识问题，这并不表明老子哲学没有认识论的内容。总体而言，老子的认识论比较重视内心自省和理性直觉，主张保持内心的清静和澄明，不够重视实践的作用和经验的积累，"故常无，欲以观其妙；常有，欲以观其徼"。王安石注云："道之本出于无，故常无，所以自观其妙。道之用常归于有，故常有，得以自观其徼。"[1]这说明对于认识论而言，内心的清空比内心

---

〔1〕 王安石著，容肇祖辑：《王安石老子注辑本》，中华书局1979年，第2页。

的经验更具根本意义。第十六章先是论述识道悟道的关键是内心的虚空和澄明，而且要虚、静到极致，"致虚极，守静笃，万物并作，吾以观复"。接着阐述道的本体特征和政治人生意义，"夫物芸芸，各复归其根。归根曰静，是谓复命。复命曰常，知常曰明。不知常，妄作，凶"。意思是，万物尽管纷繁众多，最终都回归其本根。回归本根就叫作静，静叫作回归本原，回归本原是正常的自然法则。懂得自然法则便是心灵澄明；不懂得自然法则，胡作非为必然遭遇凶险。最后直接提出道的概念，强调要遵道而行，"知常容，容乃公，公乃王，王乃天，天乃道，道乃久。没身不殆"。王弼注云：公为"荡然公平"；天乃道，意指"与天合德，体道大通，则乃至于极虚无也"。这两个道应为天道、治道、人道的集合体。第四十七章先是强调内在直观自省，"不出户，知天下；不窥牖，见天道"。这个道是形而上之道。意思是，不出门外，能够推知天下的事理；不望窗外，能够了解自然的法则。接着指明具体感知和经验积累不利于识道悟道，"其出弥远，其知弥少"。在老子看来，过分重视感性知识和实践经验，必然导致心灵焦躁不安，精神纷杂散乱，因而就不可能有清醒的认识，就不可能认识和把握道的奥妙。最后指出圣人不行、不见、不为而能认识道，"是以圣人不行而知，不见而名，不为而成"。

汤用彤认为，中国哲学至魏晋方将两汉以生成论与构成论为主流的宇宙论转到本体论方向，这就是王弼提出的"以无为本"的本体论。王弼的研究源于注释《老子》。从这个意义上说，在中国哲学史上，本体的研究不是始于王弼，而是始于老子，老子之道就是形而上本体。本体论研究比宇宙论研究更具基础意义，因为本体的研究是追问天地万物及社会人生的终极存在和意义，这既是形而上的存在本体，又是形而上的价值本体，具有无限性、永恒性、超越性。本体是建构哲学体系和人生信仰的基础。任何哲学体系都需要本体，这就是思想的出发点、归宿点和一以贯之的逻辑中心。本体是哲学的灵魂，建构在本体基础上的形而上思维，就能超越经验事实和实践理性，心灵澄明地仰视天地宇宙，高屋建瓴地俯察社会人生。与其他生物相比，人类的高贵之处在于能够思想。面对思维与存在、精神与物质、有限与无限的矛盾，思想既是幸福的又是痛苦的。有了思想，就会产生对于死亡的恐惧和人为什么活着的终极追问，从而寻求合理的解释和指明未来出路的精神力量，以缓解痛苦，激发人生热情。这种精神力量就是信仰。信仰，对于个人来说，是人生方向和价值追求；对于集体而言，则是共同理想和奋斗的思想基础。而信仰的根基就是形而上的价值本体；没有价值本体，就没有坚定的信仰。有了信仰，人生就有意义，生活就充满阳光，社会就如春风化雨、润泽无声。没有本体建构的哲学，就像一座没有神像的寺庙，没有本体支撑的信仰，就像一座建立在沙滩上的高楼。因此，人们需要学习和研究本体论，学习和研读老子之道。

老子之道：概念辨析

老子之道既有形而上的思辨模式，又有形而下的实践模式。思辨模式由本体论、宇宙论、辩证法和认识论组成；实践模式则与人的主体活动密切相关，是形而上之道在形而下范围内的展开及其在社会实践和人生活动中运用的范式。老子之道的思辨与实践关系好比原始森林中的高大树木，形而上之道是高大树木借以出生和生成的种子，高大树木的全部基因和信息都蕴含在种子之中。

陈鼓应认为："老子哲学，形而上学的色彩固然浓厚，但他所关心的仍是人生和政治问题"；[1] 甚至认为《老子》一书直接论述道的各章，"多就人生方面而立说的"。这是很有道理的见解。后人解读老子尽管众说纷纭，但还是形而上的少，形而下的多，主流是政治哲学和处世之道，以至唐玄宗评论：《老子》"其要在乎理身、理国。理国则绝矜尚华薄，以无为不言为教。理身则少私寡欲，以虚心实腹为务"[2]。因此，文本解读不仅要研究形而上之道，更要研究形而下之道。老子之道形而下范围展开后，浸润于政治、作用于人生，有着无比丰富的内涵。从概念辨析，是社会人生取之不竭、用之不尽的智慧宝库。

政治学意义的道。政治是以政治权力为核心展开的各种社会

---

〔1〕 陈鼓应注译：《老子今注今译》（修订版），商务印书馆 2003 年版，第 48 页。

〔2〕 周绍良主编：《全唐文新编》第 1 部第 1 册，吉林文史出版社 2000 年版，第 519 页。

活动和社会关系的总和；政治学就是关于政治的研究和思想。先秦思想家已经使用政治这一概念，《尚书》提出"道洽政治、泽润生民"的观点。但是，中国古代政治与西方政治、现代政治有着很大差异，大多把政与治分开使用，政主要指国家的权力、制度、秩序和法令；治主要指管理和教化人民。老子思想充满了哲学意蕴，其实质却是一套政治主张和学说，是教导统治者如何维护和巩固权位的。《老子》一书没有使用政治概念，却使用过治的概念，"是以圣人之治，虚其心，实其腹；弱其志，强其骨。常使民无知无欲"。第六十五章则从道的角度谈了类似的看法，"古之善为道者，非以明民，将以愚之"。作为政治学意义的道，最基本的规范是"天道无亲，常与善人"。这并不是说有一个人格化的天道去帮助善人，而是指善人之所以得道多助，乃是他自然而为的结果。具体来说，首先是无为，这是老子政治学说的核心概念。第三十七章指出："道常无为而无不为，侯王若能守之，万物将自化。"这个道既有本体意义，更有政治意义。王弼注云：无为"顺自然也"；无不为是"万物无不由为，以治以成也"。第二十三章强调为政自然无为，社会就能平平安安，先是提出"希言自然"，表面理解是让人少说话，实质是要求统治者少发号施令。接着指出，统治者用狂暴的政治手段压迫人民就不会长久，"故飘风不终朝，骤雨不终日。孰为此者？天地。天地尚不能久，而况于人乎？"进而强调统治者要遵道而行、合德而动，"故从事于道者，道者同于道，德者同于德，失者同于失。同于道者，道亦乐得之；同于德者，德亦乐得之；同于失者，失亦乐得之"。意思是，所以从事于道的人，就合于道；从事于德的人，就合于德，表现失道失德的人，就会丧失所有。同于德的行为，道会得到他；行为失德的人，道也会抛弃他。最后指明诚信治国的重要性，"信不足，焉有不信焉"。该章所论五个道均属政治范围，强调无为的意义。第六十章先是以烹调为喻，阐述治国应以清静为主，更要谨慎从事，"治大国若烹小鲜"这一警句对于中国传统政治产生了重要而深远影响。接着说明以道治天下的好处，排除鬼神的作用，"以道莅天下，其鬼不神。非其鬼不神，其神不伤人；非其神不伤人，圣人亦不伤人。夫两不相伤，故德交归焉"。这个道是政治之道。意思是，用道治理天下，鬼怪起不了作用；不但鬼怪起不了作用，神祇也不侵犯人；不但神祇不侵犯人，圣人也不侵犯人。鬼神和有道的人都不侵犯人，所以自然的德性就都归到他们的身上。同时是公正。第七十七章把天之道与人之道进行对比，强调人要顺应天道。先是以张弓为喻，指出天之道的特点，"天之道，其犹张弓与！高者抑之，下者举之；有余者损之，不足者补之"。这个道为本体之道。进而得出天道公平公正、人道弱肉强食的结论，"天之道，损有余而补不足。人之道则不然，损不足以奉有余"。第一个道为本体之道，第二个道为人间的做法。最后指出能够顺应天道，唯有圣人和有道的统治者，"孰能有余以奉天下？唯有道者。是以圣人为而不恃，功成而不处，其不欲见贤"。这个道为政治含义，意指理想的统治者。意思是，谁能拿出有余的东西来供奉天下不足的人呢？只有有道之人。所以圣人有所作为却不自恃己能，有所成就却不自居有功，他是不想表现自己的贤能。

老子主张无为，是与反对有为密切联系的。面对"礼崩乐坏"的春秋乱世，孔子等思想家主张统治者积极有为，恢复周礼，宣传仁义学说，老子则反对统治者的有为和仁义主张。第十八章明确指出："大道废，有仁义；慧智出，有大伪；六亲不和，有孝慈；国家昏乱，有忠臣。"这里的大道为政治含义，意指自然无为。第三十八章表达了相同的看法，先是表明对上德与下德的不同态度，即崇尚上德，反对下德。因为上德是最高的德，体现了天道自然无为的精神；下德是有为之德，具体表现为仁、义、礼，"上德不德，是以有德；下德不失德，是以无德。上德无为而无以为，下德为之而有以为。上仁为之而无以为，上义为之而有以为，上礼为之而莫之应，则攘臂而扔之"。意思是，上德不自居有德，所以有德；下德故意求德，所以没有达到德的境界。上德自然无为而又无心作为，下德求而得之，为而成之。上仁有所施为而出于无心，上义有所施为而出于有意，上礼有所施为而得不到回应，于是奋臂出袖，加以牵引，强迫人就范。进而明确批判了仁、义、礼，尤其是礼的负面作用，"故失道而后德，失德而后仁，失仁而后义，失义而后礼。夫礼者，忠信之薄而乱之首"。这个道为政治之道，意指无为而治。最后指出人们应该远离礼义、亲近道德，"前识者，道之华而愚之始。是以大丈夫处其厚，不居其薄；处其实，不居其华。故去彼取此"。这个道同于前一个道。意思是，礼义之类的观念是道的皮毛，是愚昧的开始。因此，大丈夫立身处世，应当自处于厚实的道与德的境地，远离浅薄与虚华。所以，舍弃浅薄与虚华就是敦厚与朴实。

战争论意义的道。德国军事学家克劳塞维茨认为，战争是"政治交往的继续，是政治交往通过另一种手段的实现"[1]。按照这一观点，战争意义的道也是政治意义的道。战争几乎与人类文明相伴同行，历史上有资料记载的战争就达一万四千多次。战争是任何思想家都回避不了的话题。在先秦思想家中，老子对待战争的态度可谓独树一帜，在他的小国寡民中，是没有战争的地位的，即"虽有甲兵，无所陈之"。作为战争论意义的道，一是反对战争并不反对一切战争。第三十章先是表明反对战争的态度，"以道佐人主者，不以兵强天下，其事好还。师之所处，荆棘生焉。大军之后，必有凶年"。这个道属于政治范围，意指无为。"其事好还"的告诫，令人警醒，振聋发聩，林希逸注云："我以害人，人亦将以害我，故曰其事好

---

〔1〕 ［德］克劳塞维茨著，李传训编译：《战争论》，北京出版社 2012 年版，第 6 页。

还。"[1] 进而指出有时战争不可避免，应有正确的态度和边界，"善有果而已，不敢以取强。果而勿矜，果而勿伐，果而勿骄，果而不得已，果而勿强"。意思是，善于用兵者达到目的就行，不敢用兵力来逞强。战胜了不要自满，战胜了不要自夸，战胜了不要骄傲，战胜了也是出于不得已，战胜了千万不能逞强。最后指出不要逞强的意义，"物壮则老，是谓不道，不道早已"。这两个道都是政治性的，意指道德。意思是，凡是气势壮盛的就会趋于衰败，因为它不合于道。不合于道，就会加速死亡。二是恬淡为上，尽量少伤害人。第三十一章先是重申反对战争的基本观点，"夫佳兵者，不祥之器。物或恶之，故有道者不处"。这个道具有政治含义，意指道德。接着提出不得已而用兵时的价值要求，"君子居则贵左，用兵则贵右。兵者，不祥之器，非君子之器。不得已而用之，恬淡为上，胜而不美。而美之者，是乐杀人。夫乐杀人者，则不可以得志于天下矣"。意思是，君子平时以左方为贵，用兵时以右方为贵。战争是不祥的东西，不是君子使用的东西。万不得已而使用它，最好要淡然处之。胜利了也不要得意扬扬，如果得意扬扬，就是表明喜欢杀人。喜欢杀人的，就不能在天下得到成功。后是强调即使战胜了，也要以悲哀泣之、以丧礼处之，表现出鲜明的人道主义倾向，"吉事尚左，凶事尚右。偏将军居左，上将军居右，言以丧礼处之。杀人之众，以哀悲泣之。战胜，以丧礼处之"。意思是，吉庆的事情以左方为上，凶丧的事情以右方为上。偏将军在左边，上将军在右边，这是说出兵打仗用丧礼的仪式来处理。杀人众多，带着哀痛的心情去对待，打了胜战要用丧礼的仪式去处理。三是战争与政治密切相关。第四十六章指出："天下有道，却走马以粪；天下无道，戎马生于郊。"这两个道均属于政治，有道意指无为，无道意指有为。意思是，国家政

---

[1] [宋] 林希逸：《老子鬳斋口义》，华东师范大学出版社 2012 年版，第 33 页。

治清明，无为而治，把运载的战马还给农夫来耕种；国家政治昏暗，统治者过分有为，便大兴戎马于郊野而发动征战。进而告诫统治者要知足，既要对胜利知足又要对人生知足，"祸莫大于不知足，咎莫大于欲得，故知足之足，常足矣"。

人生观意义的道。人生观是人对人生价值、意义和立身处世方法的看法。有什么样的人生观，就有什么样的立身态度和处世方式，对于人的一生影响至关重要。老子认为，道是万物的主宰、人间的法宝，人生就是要遵道而行，"道者万物之奥，善人之宝，不善人之所保"，意思是，道是万物的庇护所，是善人的珍宝，是不善的人所赖以自保的东西。老子又说："古之所以贵此道者何？不曰以求得，有罪以免邪？故为天下贵。"意思是，古人之所以重视道，是因为有求则必有所得，有罪也可以免除灾祸吗？所以道为天下人所贵重。作为人生观意义的道，一是圆融通达。第十五章展示了有道之人的风貌和心境，即慎重、警戒、威仪、融和、敦朴、旷达、虚怀、深远，"古之善为士者，微妙玄通，深不可识。夫唯不可识，故强为之容：豫兮，若冬涉川；犹兮，若畏四邻；俨兮，其若客；涣兮，若冰之将释；敦兮，其若朴；旷兮，其若谷；混兮，其若浊。孰能浊以静之徐清？孰能安以久动之徐生？保此道者不欲盈，夫唯不盈，故能蔽不新成"。这个道是人生之道，蒋锡昌注释："此章言有道之人君，亦应无形无名，无为无执，此乃以道用之于治身治国也。"[1]二是谦卑不争。第九章从反面警告人们要戒骄、戒盈、戒满、戒锋芒毕露，然后提出"功遂身退"的正面品德，"持而盈之，不如其已。揣而锐之，不可长保。金玉满堂，莫之能守。富贵而骄，自遗其咎。功遂身退，天之道"。这是以"天之道"喻人之道。第三十二章说："譬道之在天下，犹川谷之于江海。"这个道为人生之道，王

[1] 蒋锡昌：《老子校诂》，成都古籍书店1988年版，第99页。

弼注云："川谷之与江海，非江海召之，不召不求而自归者也。行道于天下者，不令而自均，不求而自得，故曰：'犹川之与江海'也。"第五十五章提出："知和曰常，知常曰明，益生曰祥，心使气曰强。物壮则老，谓之不道，不道早已。"和，意指心灵和谐；益生，指纵欲贪生。这两个道更多地属于人生范围，强调不要逞强，实质也是不争。第八十一章从道的高度指明不争的意义，"天之道，利而不害。圣人之道，为而不争"。三是节约俭朴。老子十分重视节俭对于人生的重要意义，要求"圣人去甚、去奢、去泰"。有时直接用"俭"来表达，第六十七章指出："我有三宝，持而保之：一曰慈，二曰俭，三曰不敢为天下先。慈，故能勇；俭，故能广；不敢为天下先，故能成器长。"有时用"啬"来表达节俭的内容。老子的节俭不仅是物质的节约，而且是精神的清爽。第五十九章明确提出"治人事天莫若啬"。《韩非子·解老》注云："少费谓之啬"；又云："啬之者，爱其精神，啬其智识也。"接着指出啬的意义和作用，"夫唯啬，是谓早服。早服谓之重积德，重积德则无不克，无不克则莫知其极，莫知其极，可以有国。有国之母，可以长久。是谓深根固柢，长生久视之道"。这个道似乎不是老子哲学的专有名词，而是意指道理、方法。意思是，正因为俭啬，所以能够早早地服从自然道理；早早服从自然道理就叫作增加积德；增加积德就能攻无不克；攻无不克就深不可测，没有人能知道它的终极；没有人能知道它的终极，就可以保有国家；保有国家的根本，就可以长治久安。这也就是根深蒂固、长生不老的道理。

　　人生观不仅要对人生的价值目标进行追问，而且要指明实现价值目标的路径方法。一方面，老子对为学与为道进行区分，第四十八章指出："为学日益，为道日损。损之又损，以至于无为，无为而无不为。"这个道为人生之道，意指修身养性，目的是识道悟道。冯友兰认为："'为学'就是求对于外物的知识。知识要积累，越多越好，所以要'日益'。'为道'是求对于道的体会。道是不可说、不可名的，所以对于道的体会要减少知识，'见素抱朴，少私寡欲'，所以要'日损'。"[1]第五十三章指出统治者如果不修身养性，就会走上邪路，变成强盗，"使我介然有知，行于大道，唯施是畏。大道甚夷，而民好径。朝甚除，田甚芜，仓甚虚。服文彩，带利剑，厌饮食，财货有余，是谓盗夸。非道也哉！"道为正途，施为邪路，径为小路。这三个道均属于人生范畴。前两个道为正途，喻指正确的人生观，第三个道为人生之道。意思是，假如我稍微有些认识，在大道上行走，担心唯恐走入了邪路。大道很平坦，但是统治者却爱走小路。朝政腐败极了，弄得农田非常荒芜，仓库十分空虚，还穿着锦绣的衣服，佩带锋利的宝剑，饱足精美的饮食，搜刮过多的财货。这就叫作强盗头子，多么的无道呀！另一方面，老子对不同的人对待道的不同态度进行区分，第四十一章先是提出"上士闻道，勤而行之；中士闻道，若存若亡；下士闻道，大笑之，不笑不足以为道"。这四个道属人生范围，意指道德。进而形容道德深藏不露的特征，甚至表现出相反的特征，"故建言有之：明道若昧，进道若退，夷道若颣。上德若谷，大白若辱，广德若不足，建德若偷，质真若渝。大方无隅，大器晚成，大音希声，大象无形"。这三个道属人生范围，意指道德。意思是，所以从前有人说过：光明的道像是昏暗的，前进的道像是后退的，平坦的道像是曲折不平的，高尚的德性像是溪谷，极度的白像是受了玷污，广大的德性像是有所不足，刚健的德性像是松弛懈怠，本质纯真像是受污染变质，最大的方形没有边角，最大的器具无所合成，最大的乐音没有声响，最大的形象却不见踪迹。最后指出形而上本体之道，认为只有道，善于辅助万物使它完成，"道隐无名，夫唯道善贷且成"。

---

[1] 冯友兰：《三松堂全集》（第八卷），河南人民出版社 2000 年版，第 294 页。

　　在对老子之道的文本解读和概念辨析过程中，脑海里不时涌现出经典一词。在古代，经与典是两个字，经是"恒久之至道，不刊之鸿教"，意为永恒的真理；典从字形分析，上是"册"，下是"大"，意为大本大册之书。经与典合在一起，就是关于永恒道理的书籍，就是关于真、善、美的学问。阿根廷著名作家博尔赫斯认为："经典是一个民族或几个民族长期以来决定阅读的书籍，是世世代代的人出于不同的理由，以先期的热情和神秘的忠诚阅读的书。"[1]《老子》一书就是经典。阅读《老子》，学习感悟其中的精神、思想、学识和智慧，特别是自然无为的理念，可以帮助我们更好地认识天道，运用治道，实践人道，进而不断塑造良好的人格，追求卓越、实现超越。阅读《老子》，要坚持读原著，而不要简单地读那些注释解读的书，因为任何一本讨论另一本的书，其精神意蕴和深刻内涵永远比不上被讨论的书。《老子》玄妙深奥，又是古文，难读难懂，这就需要不畏艰难，反复阅读，才能理解和把握老子思想的真谛。更重要的是，对于《老子》，年轻时阅读和年纪大时阅读是不一样的，年轻时可能只是字面的理解，而年纪大时的理解，则带着岁月的风霜和人生的历练。"好书不厌百回读，个中滋味只自知。"我们要坚持阅读《老子》，在阅读过程中感受思想的震撼，享受智慧的乐趣，品味人生的意义。

---

〔1〕［阿根廷］博尔赫斯著，王永年等译：《博尔赫斯散文》，浙江文艺出版社 2001 年版，第 77 页。

政治哲学

无为而治、南面之术、小国寡民

老子之政治：君人南面之术

老子在哲学方面的成就，在先秦思想家中是最高的，在中国思想史上也是一个无法逾越的高峰；《老子》一书蕴集着深刻的哲学思想，德国思想家雅斯贝尔斯认为："它那些佯谬的语句所具有的说服力，它的谨严认真态度以及它那似乎不见底的思想深度，使其成为了一部不可多得的哲学著作。"[1] 然而，吊诡的是，老子著书立说的初衷和目的不在于探索宇宙奥妙，而在于拯救时世，为政治和统治者服务。老子思想的本质是政治哲学，其哲学思想主要是为阐述政治主张作铺垫的，出发点和归宿都是为了教导统治者如何治理国家，即"君人南面之术"。所谓南面之术，系指古代房屋建筑都是坐北朝南，以利于冬天避风、夏天消暑，尊长一般坐在正中，面向南方，位卑年幼者坐在两侧，面向北方。对于这一传统习惯，汉朝董仲舒等封建思想家为了帮助君王巩固统治地位，将其曲解为"当阳者，君父是也。故人主南面，以阳为位也。阳贵而阴贱，天之制也"。[2] 因而研究君王如何驾驭臣属、统治百姓的理论，就叫作君王南面之术。

研究老子之政治，有必要对政治这一概念进行梳理。政治包含

---

〔1〕 ［德］夏瑞春编，陈爱政等译：《德国思想家论中国》，江苏人民出版社1995年版，第217页。

〔2〕 董仲舒：《春秋繁露》，中华书局1975年版，第413年。

着两层含义，政是方向、主体和领导，治是手段、方法和管理。一般认为，政治是上层建筑领域中各种权力主体维护自身利益的特定行为以及由此构成的特定关系，是人类历史发展到一定时期产生的重要社会现象。政治与国家密切相关，一定意义上说，政治就是国家，国家就是政治。恩格斯指出："国家是社会在一定发展阶段上的产物；国家是承认：这个社会陷入了不可解决的自我矛盾，分裂为不可调和的对立面而又无力摆脱这些对立面。而为了使这些对立面，这些经济利益互相冲突的阶级，不致在无谓的斗争中把自己和社会消灭，就需要有一种表面上凌驾于社会之上的力量，这种力量应当缓和冲突，把冲突保持在'秩序'的范围以内；这种从社会中产生但又自居于社会之上并且日益同社会相异化的力量，就是国家。"[1]西方政治产生于古希腊的城邦，一开始是指城邦中的公民参与统治、管理等公共生活行为的总和。古希腊人认为，人是具有德性的，人生活的意义在于实践自己的德性；人是天生的政治动物，因而人也是天生的有德性动物。现代政治是从近现代国家发展起来的，源于市民社会的兴起，强调公民权利、民主政治和权力制衡。中国对政治的理解，与西方有着很大差异。中国古代虽然出现了政治一词，《尚书·毕命》有"道洽政治，泽润生民"之论，但古代思想家并不重视政治一词，亦没有展开论述，更没有形成一门学科。中国古代思想家虽然关注社会治乱和政治问题，但一般都把政治看成是符合礼仪的道德行为，以及统治者如何管理和教化人民的行为。直至近代，孙中山对政治做出阐述，才和西方政治观念有了相近相似之处。孙中山指出："政治两字的意思，浅而言之，政就是众人的事，治就是管理，管理众人的事便是政治。"[2]通过政治概念的梳理和比较，

---

[1] 《马克思恩格斯选集》（第四卷），人民出版社 1995 年版，第 170 页。
[2] 《孙中山选集》（下），人民出版社 2011 年版，第 719 页。

我们就能理解老子之政治为什么是君人南面之术的缘由。

老子思想名哲学而实政治，这与老子所生活的时代背景有着密切联系。春秋战国时期，正值社会由奴隶制向封建制转型之际，是一个大变革、大动乱的年代。这是一个战乱的年代，诸侯兼并、弱肉强食，"师之所处，荆棘生焉。大军之后，必有凶年"。王弼注云："言师，凶害之物也。无有所济，必有所伤。贼害人民，残荒田亩。故曰'荆棘生也'。"这是一个暴政的年代，统治者横征暴敛，老百姓民不聊生，"民之饥，以其上食税之多，是以饥。民之难治，以其上之有为，是以难治。民之轻死，以其求生之厚，是以轻死"。这是一个不公的年代，富者越富，贫者越贫，贫富差距悬殊，社会矛盾尖锐，"天之道，损有余而补不足。人之道则不然，损不足以奉有余"。意思是，天道运行的法则，是减损有余来补给不足；人间的规矩却不是这样，是减损不足来供奉有余。这是一个礼崩乐坏的年代，整个社会经济、政治、文化制度遭到空前破坏，人们的价值观念、心理状态和行为模式发生剧烈变化，"大道废，有仁义；慧智出，有大伪；六亲不和，有孝慈；国家昏乱，有忠臣"。面对动乱变革局面，如何进行统治管理，如何建立新的社会秩序，如何找回生命的安顿之地，成为先秦诸子百家迫切需要回答的问题。因此，关心政治，是时代对诸子百家提出的任务；服务政治，是诸子百家对时代需求的回应。这是先秦时期政治思想和伦理道德发达而抽象思辨和科学技术薄弱的根本原因。司马迁认为，当时诸子百家"各著书言治乱之事以干世主"。汉初学者司马谈在《论六家要旨》中对诸子百家进行分析后指出："天下一致而百虑，同归而殊途。夫阴阳、儒、墨、名、法、道德，此务为治也，直所从言之异路，有省不省耳。"[1] "以干世主""务为治也"，换言之，就是为统治者献计献策，

---

[1] [汉]司马迁：《史记》卷 130，中华书局 1959 年版，第 3288—3289 页。

是先秦思想家的共同特征。老子虽然淡泊超脱，也不能例外。胡适就说："在中国的一方面，最初的哲学思想，全是当时社会政治的现状所唤起的反动……当时的有心人，目睹这种现状，要想寻一个补救的方法，于是有老子的政治思想。老子观察政治社会的状态，从根本上着想，要求一个根本的解决，遂为中国哲学的始祖。"[1] 比较而言，在先秦思想家中，老子之政治思想是最为深邃的，这是因为老子把其政治思想奠基于道，为其政治思想找到了形而上本体；同时，从反向思维出发，以反求正，得出无为而治的主张。更重要的是，老子为君王统治着想，提出了一套完整的南面之术，从而形成了"内用黄老、外示儒术"政治传统。

道论是老子之政治的理论基础。老子创立的学派之所以称为道家，就在于他提出了一个以道为最高范畴的思想体系。道不仅是支配宇宙和自然界运动变化的规律，而且也是人类社会必须遵循的法则。道的本质规定决定了老子之政治的价值取向和行为模式。在老子看来，道最重要的本质规定是自然，"故道大，天大，地大，王亦大。域中有四大，而王居其一焉。人法地，地法天，天法道，道法自然"。这段话明确了宇宙间有四大要素，即道、天、地、人，四大要素之间是递进的从属关系，进而确定了人从属于天地、从属于大道的地位。自然是道性与道境的最高体现，道法自然也就是人法自然。自然不是指自然界，而是自然而然、自如其然的意思，由此必然导出无为的主张。老子之政治以自然为价值取向，构筑无为的行为模式，认为政治要顺应自然，无为而治，不要扰民，不要过多干预，"是以圣人欲不欲，不贵难得之货。学不学，复众人之所过。以辅万物之自然而不敢为"。意思是，所以圣人以不欲为欲，不看重难得的奇物；以不学为学，抛弃众人的过失而复归于根本，辅助万物

---

[1] 胡适：《中国哲学史大纲》，北京大学出版社 2013 年版，第 47 页。

自然成长而不敢作为。在老子看来，道的本质规定是柔弱，"反者，道之动；弱者，道之用"。老子经常以水喻道，认为水最接近于道，"上善若水。水善利万物而不争，处众人之所恶，故几于道"。而水的主要品质是柔弱，"天下莫柔弱于水，而攻坚强者莫之能胜，以其无以易之。弱之胜强，柔之胜刚，天下莫不知，莫能行"。柔弱既是自然也是不争，正因为道之柔弱不争，万物才能自生自长，而不会感到外界的压力。老子之政治以柔弱为价值取向，构筑了不争的行为模式，认为政治要坚持柔弱不争的原则，反对刚愎自用、自以为是，"是以圣人抱一为天下式。不自见故明，不自是故彰，不自伐故有功，不自矜故长。夫唯不争，故天下莫能与之争"。在老子看来，道的另一个本质规定是模糊，"孔德之容，惟道是从。道之为物，惟恍惟惚。惚兮恍兮，其中有象；恍兮惚兮，其中有物。窈兮冥兮，其中有精；其精甚真，其中有信"。道的模糊性，让人看不清楚，也说不清楚，这就成了道的神秘性。老子之政治以模糊为价值取向，构筑了神秘的行为模式，认为政治要像道那样具有模糊性和神秘性。尤其是君王驾驭臣属、统治百姓，更要有神秘感，其所作所为，人皆感到高深莫测；深居简出，人皆不见其体，以为神也。这是老子之政治经常被误解为权谋术的重要原因。"古之善为士者，微妙玄通，深不可识。夫唯不可识，故强为之容：豫兮，若冬涉川；犹兮，若畏四邻；俨兮，其若客；涣兮，若冰之将释；敦兮，其若朴；旷兮，其若谷；混兮，其若浊。"意思是，古代明于治道之士，幽微精妙，深奥通达，深邃得难以认识。正因为他难以认识，只能勉强加以描述：迟疑慎重啊，就像寒冬赤脚渡河；心怀畏惧啊，如同强敌在四邻；恭敬严肃啊，仿佛外出去做客；顺应潮流啊，恰似春来冰融释；敦厚诚实啊，就像木材未经雕琢；襟怀宽阔啊，就像空旷的山谷；浑厚含蓄啊，就像浊流盈江河。

　　无为而治是老子之政治的核心内容。先秦思想家已经明确区分天道与人道两个不同概念，老子强调天道自然，必然推出人道无为的结论，在政治领域就是主张无为而治，"爱民治国，能无为乎？"在老子看来，无为而治具有充分的哲学依据，这既是"道常无为而无不为，侯王若能守之，万物将自化"，又是"功成事遂，百姓皆谓我自然"。老子认为，无为而治的理想是"不知有之"。老子把国家治理分为四种状态，最佳状态是君王顺应自然，把国家治理好了，老百姓却不知道他的存在。"太上，不知有之。其次，亲而誉之。其次，畏之。其次，侮之。信不足，焉有不信焉。"老子认为，无为而治的途径是无知无欲。在春秋时代，名利的争逐，财货的贪图，伪诈的心智活动，成了社会动乱的根源，使得整个社会混乱无序，因而老子提出了无知无欲的观点，期盼消除人的贪欲，返璞归真。无知不是不要知识，而是不要奸诈的巧智。王弼理解为"守其真也"。"不尚贤，使民不争；不贵难得之货，使民不为盗；不见可欲，使民心不乱。是以圣人之治，虚其心，实其腹；弱其志，强其骨。常使民无知无欲，使夫智者不敢为也。为无为，则无不治。"老子认为，无为而治的原则是柔弱。柔弱是道的本质规定，也是水的基本特点，治国理政效法道，也就是效法柔弱原则。"天下之至柔，驰骋天下之至坚，无有入无间，吾是以知无为之有益。不言之教，无为之益，天下希及之。"在这段话中，至柔与无有本质相通，都是道的显现。意思是，天下最柔弱的东西，纵横出入于天下最坚硬的东西，无形的力量穿透没有间隙的东西，我因此知道无为是有益的。不言的教化，无为的益处，天下很少有人能够达到。老子认为，无为而治的关键是吝惜，"治人事天莫若啬。夫唯啬，是谓早服。早服谓之重积德，重积德则无不克，无不克则莫知其极，莫知其极，可以有国。有国之母，可以长久。是谓深根固柢，长生久视之道"。啬的本义是吝惜财物，这里引申为收敛、节制的处事原则。老子认为，无为而治的目的是无不为。无为容易被理解为无所事事、没有作为，实则不然。老子之无为只是不强为、不妄为，目的仍然是治和无不为。与有为之政相比，无为而治消解了工具化和形式化的扰民措施，倡导更理想的社会和谐秩序，"故圣人云，我无为而民自化，我好静而民自正，我无事而民自富，我无欲而民自朴"。

南面之术是老子之政治的根本目的。《汉书》指出："道家者流，盖出于史官，历记成败存亡祸福古今之道，然后知秉要执本，清虚以自守，卑弱以自持，此君人南面之术也。"[1] 这一论断大致反映了道家学说的总体功用，也适用于对老子之政治的评价。从本质上分析，老子之政治是为君王谋划的，是为统治者服务的。对于统治者而言，老子之政治的要义，就是清虚和卑弱两个主题词。张舜徽指出："我们可以借用俗说'装糊涂'一语，来揭发南面术核心部分的神秘。我们必须懂得古代专替统治者着想的学者们，考虑到人主才力智慧有限，敌不住臣下和群众的才力智慧，如果亲自动手做事或多发议论，不但不能藏拙，且容易显露破绽，招致臣下和群众的轻视，甚至引起权位莫保的危险。所以南面术中最核心的东西，便是要人主不说话，不做事。"[2] 张舜徽的看法虽然有些尖酸刻薄，倒也符合老子的一些观点，"是以圣人处无为之事，行不言之教，万物作焉而不辞，生而不有，为而不恃，功成而弗居。夫唯弗居，是以不去"。在老子看来，统治者要致虚守静，"致虚极，守静笃，万物并作，吾以观复。夫物芸芸，各复归其根。归根曰静，是谓复命。复命曰常，知常曰明"。王弼注云："归根则静，故曰静。静则复命，故曰复命也。复命则得性命之常，故曰常也。"虚静是统治者稳重的表现，可以做到临危不惧、镇静自若；虚静能使统治者保持清醒头脑，荣辱不惊，在静中洞察事物变化，把握运动规律；虚静还是

---

〔1〕 ［汉］班固：《汉书》卷 30，中华书局 1962 年版，第 1732 页。
〔2〕 张舜徽：《周秦道论发微 史学三书平议》，中华书局 1982 年版，第 15 页。

统治者获胜的保证，即静观其变，以静制动。在老子看来，统治者要深藏不露，"鱼不可脱于渊，国之利器不可以示人"。薛蕙注云："利器者，喻国之威武权势之属。示，观也，犹《春秋传》所云观兵黩武也。"[1]这段话指明统治者不可暴露实力，不可锋芒毕露。锋芒太露，是刚强的表现，易招祸端，也不会持久，"持而盈之，不如其已。揣而棁之，不可长保"。意思是，与其装得过满而溢出，不如及早停止灌注；器具捶得过于尖利，不会长久得以保持。因而统治者要把锋芒藏起来，不让人知道自己的实力和底细，以使对手疏于防范，最终抓住时机，攻其不备，克敌制胜。在老子看来，统治者要居上谦下，"江海所以能为百谷王者，以其善下之，故能为百谷王。是以欲上民，必以言下之；欲先民，必以身后之。是以圣人处上而民不重，处前而民不害"。这段话强调欲上先下、欲前反后，容易给人产生权谋的感觉。由于统治者权势在握，确实会给臣属造成压力。在这种情况下，如果统治者不是耍弄权威权术，而是能够谦虚谨慎，愿意处下退让，即"善用人者为之下"，那么，臣属就可以成为统治者居上的稳固基础，从而发挥以下安上的作用。在老子看来，统治者要委曲求全，"曲则全，枉则直，洼则盈，敝则新，少则得，多则惑。是以圣人抱一为天下式"。意思是，委屈反能保全，弯曲反能伸直，低洼容易充盈，陈旧反能更新，欠缺就能获得，贪多反而迷惑。因此圣人守道，作为天下的范式。在这段话中，老子以自己的智慧和丰富的人生经验告诫统治者，事物的正面与反面不是截然对立的，而是相互依存和可以转化的，因而不应过分追求全、盈、得，而要处在曲、洼、少的地位，承受委屈的痛苦，把握转化机遇和条件，以求实现政治的目标。在老子看来，统治者要见微知著，"其安易持，其未兆易谋，其脆易泮，其微易散。为之于未有，治之于未

---

〔1〕 薛蕙：《老子集解》，中华书局 1985 年版，第 22 页。

乱"。意思是，事物发展处于稳定的状态，则易于掌握；事物发展尚未显示征兆的时候，则易于处理；事物发展尚处于脆弱的时候，则易于破灭；事物发展尚处于微弱的时候，则易于散失。在事情尚未发生时就应早做准备，在混乱尚未发生时就应加以治理。这段话告诫统治者，当事物变化尤其祸乱已十分明显、一般人都能感觉到时，再采取措施，往往为时已晚，因而要把可能引起祸患的事物扼杀在萌芽状态。在老子看来，统治者要欲取先予，"将欲歙之，必固张之；将欲弱之，必固强之；将欲废之，必固兴之；将欲夺之，必固予之，是谓微明。柔弱胜刚强"。王弼注云："因物之性，令其自戮，不假刑为大，以除将物也，故曰'微明'也。"这段话充满了辩证思想，告诫统治者物极必反的道理，要创造条件，促进事物变化，让对方由强变弱，己方由弱变强，最后实现"柔弱胜刚强"。

意大利学者马基雅维利认为，人类具有以自我为中心和竞争的本性，因此，权力成为人类关系中最重要的特征。权力是政治的核心，政治总是和权力联系在一起。现代政治学认为，权力是根据自己的目的去影响他人行为的能力；政治运用权力，一般具有强制性。老子之政治虽然容易被理解为权谋之术，但从整体分析，老子还是希望通过倡导无为主张，去节制和约束统治者的权力。节制和约束权力，已经成为现代社会的共识，这也充分证明了老子的智慧和远见卓识。节制和约束，就是要求统治者公正使用权力。政治说到底是对社会公共事务的管理，运用的是公共权力，服务的是公共利益，因而公正公平是政治的本质规定。只有公正公平地使用权力，才能保护公民的权利，维护社会公众的利益。节制和约束，就是要求统治者不可任性使用权力。权力天生具有扩张性，要自觉地把权力控制在法律范围内，确实做到法无授权不可为；权力天生具有自大性，要避免骄傲自大，防止完全按照掌权者个人的意志去行事；权力天生具有侵犯性，要尊重权利，以权利为基础行使权力，更好地平衡权力与权利的关系。否则，权力就会像脱缰的野马，既伤害权力主体又伤害权力客体。节制和约束，就是要求统治者不要让权力产生腐败。没有权力就没有腐败，腐败是权力的伴生物。防止权力腐败和以权谋私，不仅需要制度规范，而且需要修身养性，自律与他律相结合，共同约束权力，以维护政治的诚信和公权力的权威。

老子之女性：万物之母

《老子》一书善用比喻，通过比喻，将深刻的哲理通俗化，将玄妙的沉思形象化。譬如，"天地不仁，以万物为刍狗；圣人不仁，以百姓为刍狗"。这是以祭祀场合的草狗为喻，说明天地和圣人一样，都是随任自然，没有特别的仁心和偏爱。又如，"三十辐共一毂，当其无，有车之用。埏埴以为器，当其无，有器之用。凿户牖以为室，当其无，有室之用。故有之以为利，无之以为用"。辐为车轮上的辐条，毂为车轮中间有孔的圆木，共同组成车轮；埴为黏土，埏为加工黏土，作为陶器材料。这是以车轴套、陶器和居室门窗等日常器物为喻，说明有与无的辩证关系。再如，"天之道，其犹张弓与！高者抑之，下者举之；有余者损之，不足者补之"。这是以弓箭为喻，说明统治者为官施政要济困扶贫，促进公平正义。由此可见，老子的比喻浸透到他对宇宙、社会、人生思考的各个领域，涉及生活、生产、战争各种用具，在喻体与喻义之间闪烁着异彩纷呈的直觉、联想和玄思。在老子的所有比喻中，最重要的喻体有三个，这就是水、女性和婴儿。女性似乎是老子偏爱的意象，经常用来阐述道的思想。《红楼梦》说："女人是水做的骨肉。"在中国传统中，把女性与水联系在一起，已成为一种文化意向和美的象征。《周易》中阴爻的图案就是水纹之状，女性的美丽如芙蓉出水，女性的温柔如春江之水，女性的眼睛如一泓秋水。文学作品赞美女人如水，就是赞美晶莹光亮的形、冰清玉洁的魂、温婉柔曼的情。与文学形象和感性认识相比，老子更为智慧，他把女性和水一起升华为哲学喻象和人格理想。清人魏源指出："老子主柔宾刚，而取牝取雌取母，取水之善下，其体用皆出于阴。"[1] 因而有的研究认为，老子哲学是女性之学和阴柔之学。

哲学与女性是个一言难尽的话题。中国传统社会男尊女卑、重男轻女，很少有思想家把哲学与女性联系起来，更不会从哲学高度赞美女性。即使比较尊重女性的西方社会，虽在文学作品中不吝对女性的赞美，歌德《浮士德》结尾的诗句是"永恒的女性引领我们上升"，但在思辨领域，两千多年的传统都是哲学让女性走开。孤独沉思者的形象总是一个手支着头颅的男性，似乎形而上学、认识论和政治哲学都是男性的领地。哲学中很少有女性形象；哲学对女性始终保持着冷淡和缄默。在古希腊哲学中，没有女性形象和女性哲学家；在文艺复兴哲学中，也没有女性形象和女性哲学家；在欧洲古典哲学中，笛卡尔的"我思故我在"、康德的"纯粹理性"、黑格尔的"绝对精神"，还是没有观照和反映女性。只是到了 20 世纪，胡塞尔的现象学提出了交互主体性的范畴，哲学才开始从两性关系的视角审视女性的主体性问题。但是，在老子那里，不仅没有忽视女性，而是高度重视女性，大量地汲取女性智慧，概括并发挥女性的特征、认识方法和处世经验，构筑起宏伟的思想大厦。可以说，老子是世界上最早重视和歌颂女性的思想家；《老子》是一部"运用女性之德的经典之作"。

说到哲学不重视女性，不能不涉及男性与女性的差异。这既有生理原因，又有社会原因。现代科学研究表明，男女之间除相貌与形体上的差别之外，主要表现在生理上的差别。就大脑而言，成年男性的大脑约 1500 克，而女性的大脑约 1300 克。男性左脑发达，

---

[1] 魏源：《老子本义》，岳麓书社 2011 年版，第 11-12 页。

女性右脑发达；男性的大脑分化明显，左右半球苦乐不均，多数男性左半球辛苦而右半球闲置，女性两半球连接的胼胝体呈球状，左脑与右脑联系紧密，能使用两半球同时工作并可一心两用。男性大脑中的白色物质多于女性，白色物质负责脑细胞与神经的联络，女性大脑中灰色物质比男性多 15%，灰色物质负责思维和语言表达功能。男性与女性大脑的差异，使得男女各有所长，男性长于逻辑思维和解决数学、物理学问题，女性长于记忆、语言表达和人际关系。当然，男女大脑的差异不能成为哲学让女性走开的理由。更重要的是社会原因，人类文明的进步，曾经是以牺牲男女两性之间的平等为高昂代价的。母系社会的瓦解，意味着原始公有制让位于私有制，意味着父权制对母权制的胜利。恩格斯指出："母权制被推翻，乃是女性的具有世界历史意义的失败。"[1]自此以后，西蒙·德·波伏娃不无哀怨地说，女性和男性"这两种不同性别的人类，从来没有平等共享过这个世界"。[2]在社会充满男女两性对立的背景下，无论中西方文化，对待女性的态度都出现了截然相反的分野，一种态度是崇尚男性，另一种态度是尊重女性。春秋时期，就主流意识而言，女性是被轻视的，已经处于社会从属地位，而《老子》却能反其道而行之，"全书之义，女权皆优于男权"，[3]确实难能可贵。与鄙视、歧视女性的态度相比，老子似乎更具人文精神，更能代表人类文明的精华。

《老子》赞美女性，推崇阴柔之美，源于老子对母系氏族社会的留恋。原始崇拜是人类社会普遍的历史现象。中国传统文化具有浓郁的"崇古"情绪，孔子崇拜西周的社会制度，墨子提倡原始公社的

---

〔1〕《马克思恩格斯文集》（第四卷），人民出版社 2009 年版，第 68 页。

〔2〕［法］西蒙·德·波伏娃：《第二性》，湖南文艺出版社 1986 年版，第 9 页。

〔3〕吕思勉：《先秦学术概论》，岳麓书社 2010 年版，第 228 页。

民主精神，老子则回归母系氏族社会。老子哲学的最高范畴是"道"，"道生之，德畜之，物形之，势成之"。道是万物之宗，蓄养万物，具有无穷的创造力和潜在力量。但是，"道之为物，惟恍惟惚"，玄妙难识，这就需要有意象和喻体来形象化地说明道。老子从母系社会汲取哲思的灵感和源泉，以女性为比喻阐述其玄思妙想。《老子》通篇充满了母性主题和女性特点，无论是母、雌、谷、阴、牝、玄牝等表现女性性别的词语，还是水、静、柔、弱、韧等表现女性特征的词语，都能形象化地说明老子的思想。老子的哲思与女性特质有着高度契合，"我有三宝，持而保之：一曰慈，二曰俭，三曰不敢为天下先。慈，故能勇；俭，故能广；不敢为天下先，故能成器长"。在这段话中，我们仿佛看到了一位母系氏族女首领的生动形象和具有的全部美德。所谓"慈"，是氏族女首领赢得人们爱戴的基本美德，既有母性的爱护备至、细致入微的柔情，又有女性忍辱负重、无私曲成的宽容。慈爱并非软弱，故慈能勇。"俭"是女性重要的美德，也是氏族女首领善于持家、管理氏族经济社会生活的基本手段。母系社会生产力低下，没有节俭就没有原始人类的生存；只有节俭，才能用得更多、用得长久，维系人类的生存。千百年来，女性总是节俭持家，节俭是女性的象征。节俭并非吝啬，故俭能广。"不敢为天下先"，意指女性阴柔之美，表现出氏族女首领宽容谦和、温良忍让的高尚品德。谦卑并非软弱，"故能成器长"。成器，指的是成就器具，造就万物。意思是，所以能成为造就万物的母体。这说明《老子》一书重阴、尚柔、守雌、好静、谦下的特征，都是对女性特有道德品格的哲学抽象，表现了女性崇高的气质和独特的智慧。

母性是老子最看重的女性品质。鲁迅说过，女人只有女儿性和母性。女儿性是女人与生俱来的特性，母性则是深藏于女人骨子里的天性。所谓母性，是生育和爱护子女的本能。老子重视的正是女人的母性，因为母性具有创造和养育生命的能力，道亦具有创造并保有万物的能力，两者本质上是一致的。因此，老子在描述道的内容时，使用了文化意义上的母亲形象，认为道具有母性的品质。老子以母性喻道，和远古时期人类社会的女始祖崇拜和女性崇拜有着密切关系。所谓女始祖崇拜，是指人类早期只知其母不知其父，以为自己的部族是由女始祖感应神物而来。这就有了伏羲之母华胥氏踏雷泽大人之迹而生伏羲、黄帝之母附宝见大电光而生黄帝、女登感神龙而生炎帝等等神话传说。这些神话都是原始母系社会女始祖崇拜的遗迹，他们相信一个部族的开创和兴盛都与女始祖感应神物有关。女性崇拜，则与氏族繁衍紧密联系。在远古社会，人类生存条件极差，适应自然能力很低，人口死亡率尤其是儿童死亡率很高，人的平均寿命和自然增长率都很低，因而人口的生殖和增加关系到氏族的存亡。在人口增殖的迫切要求下，自然而然导致了女性崇拜。女性被认为是缔造生命的神灵，是繁衍人类的母体。在老子那里，母性的形式是丰富多彩的，但都是为了阐述道的内容。有时，老子用母体形式来描述道生长并保有万物的特点，"有物混成，先天地生。寂兮寥兮，独立不改，周行而不殆，可以为天下母。吾不知其名，字之曰道，强为之名曰大"。意思是，有物浑然一体，先于天地生成。无声而又无形，独立长存从不改变，循环运行永不停止，可以说是天地之母体和本根。我不知它的本名，给它取名叫道，勉强取名叫大。在这段话中，老子不仅用母性喻道，而且把母性与道等同起来。有时，老子用生殖特点来描述道绵延不绝的创造力。"谷神不死，是谓玄牝，玄牝之门，是谓天地根。绵绵若存，用之不勤。"王弼从字形出发，认为谷似山谷之谷，意为虚无，谷神是指道；牝是指女性之重要性征。老子连续用谷神、玄牝、玄牝之门和天地之根来描述宇宙和万物的起源及其根据。这段话的意思是，道是那样神妙而永恒，它就是深妙莫测的母体。深妙莫测的母体，它就是天地的本根。母体绵密不断而又川流不息，它的功用无穷无尽。有时，老子用母与子的关系来描述道与万物的密切关系。"天下有始,以为天下母。既得其母,以知其子;既知其子,复守其母,没身不殆。"老子认为,只有认识了道,认识万物之根源,才能认识万物。同时,对具体事物的认识又必须返本探源,"复守其母",不能脱离对道体的基本认识,这样才能终身无忧。《老子》一书喜欢用母性比喻宇宙万物的根源,使得老子之道具有温情色彩和伟岸形象,这就是善于化育生成而又柔弱温和的德性。

阴柔是老子最赞美的女性品质。在中国思想史上,阴与阳具有重要地位,是古人认识和把握世界的两个重要范畴。古人认为,世间万事万物都是由阴与阳组成的,天为阳、地为阴,日为阳、月为阴,火为阳、水为阴,男为阳、女为阴,白天为阳、黑夜为阴,等等。阴与阳之间的互相作用及其不断运动变化,进而产生世间万事万物。《老子》一书散发着浓郁的阴柔气息。有趣的是,《老子》仅有一处提到阴与阳,即"道生一,一生二,二生三,三生万物。万物负阴而抱阳,冲气以为和"。但是,这一段话对于解读老子的思想很重要,不仅完整表达了老子的宇宙观,而且展示了老子思想中的阴柔倾向。虽然老子认为阴与阳、女性与男性都是世界的重要组成部分,但老子不认为阳在阴之上,没有把女性置于男性的附庸地位。老子甚至认为,阴柔比阳刚有用,女性比男性重要。在老子看来,阴柔是生命力的源泉。"无,名天地之始,有,名万物之母。"王弼注云:"凡有,皆始于无,故'未形''无名'之时,则为万物之始,及其'有形''有名'之时,则长之育之,亭之毒之,为其母也。"冯友兰认为,老子把"道"比为女性,天地万物都是从其中出来。在老子看来,阴柔比阳刚更有优势。老子推崇雌柔、虚静、谦下、无为的品格,《老子》一书多次阐述他守柔的思想。"知其雄,守其雌,为天下谿。为天下谿,常德不离,复归于婴儿。知其白,守其黑,为天下式。为天下式,常德不忒,复归于无极。知其荣,守其辱，为天下谷。为天下谷，常德乃足，复归于朴。"这段话没有一个字写到"柔"，但通篇是守"柔"的思想。一般研究者愿意在"雌"字后加上"柔"字，称为"雌柔"。意思是，虽然雄强重要、光明显赫、荣耀尊重，但都要甘居雌柔、幽暗、卑下的位置，无私无欲、简单淳朴，从而才能保住美德，否则，就会丧失美德。在老子看来，阴柔比阳刚更有生命力，"人之生也柔弱，其死也坚强。草木之生也柔脆，其死也枯槁。故坚强者死之徒，柔弱者生之徒"。意思是，人活着的时候，身体是柔软的，人死了身体就变得坚硬；草木成长的时候是柔软的，死了就变得干枯。所以说坚强是没有生命力的表现，或生命力开始走下坡路，柔弱就是有生命力，正是生机勃发的时期。老子之所以崇尚女性，是因为向往女性柔弱不争的品格中所蕴含的顽强生命力。在老子看来，阴柔胜刚强，"天下莫柔弱于水，而攻坚强者莫之能胜，以其无以易之。弱之胜强，柔之胜刚"。女性和水一样，都是通过以柔克刚、以弱胜强来显示其无穷的力量。水柔弱，却可滴水石穿，恰似女性的温柔宽厚，融化一颗颗男性坚硬的心；水善利，总是滋养万物，哺育生命，恰似女性的无私大爱，抚育子女而不求图报；水不争，而能不拒细流、容纳百川，恰似女性的包容、厚德和涵养，具有无穷的、勃勃坚韧的生命力。

虚静是老子最欣赏的女性品质。虚与静是既有联系又有区别的两个概念。在老子那里，虚总是与无、空联结。无论虚无、虚空，都是说明道创生万物的能力。老子经常用谷神、溪谷、玄牝描述女性，说明女性和道一样，具有虚无、虚空的品质，从而能够创造生命。与无相联结，虚无比实有更管用。《老子》第十一章以车轴套、陶器和居室门窗为例，说明制作车轴套、陶器和建筑房屋不是目的，利用车轴套、陶器和房屋内的虚无和空间才是目的，"故有之以为利，无之以为用"。虚无还是天下万事万物的来源，"天下万物生于有，有生于无"。与空相联结，虚空更是玄妙无比。《老子》第四章说："道冲而用之或不盈，渊兮似万物之宗。"《说文》注释"冲"为"盅"，意为"器虚也"。这段话意思是，道体虽然虚空无形，它的作用却无穷无尽，道深邃而博大，犹如万物的主宰。《老子》第五章又说："天地之间，其犹橐籥乎？虚而不屈，动而愈出。"橐籥，犹如现今之风箱，古代为冶铸所用嘘风炽火之器。意思是，天地之间，不正像一只大风箱吗？虽然空虚却没有穷尽，鼓动愈快风力也就愈大。老子十分尊崇静的品格，《老子》一书多次言静，认为"静为躁君""清静为天下正"。在中国传统文化中，静通常是与女性相联系的，《管子·心术上》有"阴者静"的说法；成语有"静如处子，动如脱兔"。老子认为，静具有本体论意义，是万物的本性。"夫物芸芸，各复归其根。归根曰静，是谓复命。"这里的"归根"一词是静的定义，"复命"一词是静的写状。意思是，万物尽管纷繁众多，最终都要回归其本根。回归本根就称为清静，清静中孕育出新的生命。老子又认为，静具有辩证法意义。静与动对立统一，相辅相成而不可分割，但老子强调静能制动、静之胜动，"牝常以静胜牡，以静为下"。牝为雌性，牡为雄性。意思是，雌性常常凭借安静胜于雄性。因为雌性安静，总是处于卑下的位置。老子还认为，虚静具有认识论意义。"致虚极，守静笃，万物并作，吾以观复。"意思是，尽力达到心灵空明的极致，坚守清静的最佳状态。万物都在蓬勃生长，我才能从中观察和认识到它们的循环往复。

老子伟大，尊崇女性睿智。从人文意义分析，男性与女性共同组成人类社会，两者缺一不可；男性如山，女性如水，山与水紧紧相依，各美其美，没有高下贵贱之分。平等地对待女性，不仅是理性智慧的显现，而且是人性光辉的闪烁。世人谁无母亲呢？对女性的尊崇，就是对母亲的敬意，就是对伟大母爱的祈福！冰心甚至说："世界上若没有女人，这世界至少要失去十分之五的真，十分之六的善，十分之七的美。"[1] 从思想史认识老子之女性，更有着重要的理论和实践意义。某种意义上说，由于对女性的不同认识，形成了儒家与道家两大思想体系，以孔子为代表的儒家是阳刚的男性品格，"天行健，君子以自强不息"；以老子为代表的道家是阴柔的女性气质，柔弱中不乏坚韧，虚静中更显张力。这两种思想精神孕育着中华民族的阳刚雄健和阴柔宽厚之气，使得中华民族的整体气质更为和谐。但是，客观地说，在对待女性的态度上，儒家有失偏颇，道家更为公允。在封建社会，儒家思想长期占据主导地位，其轻视女性的倾向被不断放大，教育女性要"三从四德"，以致认为女性"饿死事小，失节事大"，左右了千百年来中国女性的命运，成为紧紧束缚女性的枷锁。道家"重阴阳、等男女"的思想对于保护女性，制衡儒家男尊女卑观念的无限扩张有着积极意义，即使在今天已经实行男女平等的社会，仍然有着重要的借鉴意义。总之，老子尊重女性，推崇阴柔之美，是以一种特殊的文化样式丰富了中国人的精神生活和传统文化的内容，也成为人类文明发展一道亮丽的风景线。

---

[1] 冰心：《关于女人》，复旦大学出版社 2006 年版，第 230 页。

老子之水：宇宙之水

老子是中国哲学第一人，《老子》一书玄妙深奥。好在老子善用比喻，在事与理、言与意之间植入一个中介即意象，来阐述其深邃的思想，从而使世人能够亲近老子、解读《老子》。孔子对运用意象说理的做法深表赞赏，他认为"书不尽言，言不尽意"，但圣人能够"立象以尽意"。其中，水是老子哲学最主要的意象。所谓意象，是指作者用来表达思想和情感的景物。老子对水这一景物进行长期观察，探幽析微、深究其理，发现水具有宇宙万物运行规律的品质。老子认为，水"几于道"。《尔雅·释诂》释"几"为"近也"；王弼注云："道无水有，故曰几也。"意思是，道是不可感知的，水是能够感知的，水的品质接近于道的品质。在老子看来，道幽冥无形，不可见，而水有形有体，为可见。用水来比喻道，既形象又生动，能够直观地感受道的奥妙和真谛。一定意义上说，道是对包括水在内的宇宙万物的本体抽象，水是对道的具体喻象，道从理性方面揭示着宇宙的原则和万物运行的规律，水以感性方式描述着宇宙的原则和万物运行的规律。

水是地球上最常见的物质，地球表面百分之七十左右被水覆盖；水既是人类生命的源泉，也是生命的重要组成部分，在成人体内，百分之六十至七十的质量为水。由于水的普遍性和重要性，古代思想家十分敬重水，把水看成万物之本、生命之源，赋予水以宇宙原则和道德本性的品格。《易经》的八卦将水列为坎卦，和乾、坤、巽、震、离、艮、兑卦一起演绎着宇宙运行和人间万象。五行思想把水作为一种基本元素，和金、木、火、土等元素一起构成宇宙万物。因此，管子认为："水者，何也？万物之本原也，诸生之宗室也。"[1]《淮南子·原道训》则说：水"上天则为雨露，下地则为润泽；万物弗得不生，百事不得不成；大包群生，而无好憎，泽及蚑蛲，而不求极；富赡天下而不既，德施百姓而不费"。意思是，水蒸发上天成雨水和露珠，降落大地滋润草木。万物得不到水就不能生存，百事缺少了水就难以成就。水滋润万物而无偏心，恩泽小虫而不求回报；水富足天下而不枯竭，德泽百姓而不损耗。在人类文明初始阶段，不仅中国的思想家敬重水，西方的思想家也敬重水。古希腊哲学家泰勒斯是第一个提出"什么是万物本原"这个哲学命题的人，他的格言为"水是最好的"；他向埃及人学习观察尼罗河的洪水，发现每次洪水过后，不仅留下肥沃的淤泥，淤泥中还留下无数微小的胚芽和幼虫；他把这一现象与埃及人关于神造宇宙的传说结合起来，得出万物由水生成的结论，认为"水生万物，万物复归于水"。在西方社会，泰勒斯首次用一种具体的自然物质本身来解释世界万物的起源，标志着早期希腊哲学已从神话世界观脱胎而出，具有进步性和开创意义。

哲学是抽象的学问。从抽象的角度分析问题，把水当作万物的本原，可能是幼稚的。但是，在人类早期，能够提出这个问题，却有着重要的思想价值。这种价值在于表述虽然是具体事物，意蕴却是抽象地提出哲学的基本问题，实质是探索宇宙和人生的终极性目标；在于对思维与存在的关系，能够从唯物的角度认识宇宙的起源和人生的终极价值；在于试图用经验观察和理性思维的方法来解释世界，而不是依靠直觉和神秘的天意。这也符合认识发展规律，人

[1]《管子·水地篇》。

的认识总是由特殊到一般，又由一般到特殊的辩证运动过程。水是一种特殊事物，古代思想家从认识水开始，逐步从水的品质中体悟到宇宙和人生的一般道理，这是认识的一次飞跃。比较而言，老子更为高明，老子最终从水中提炼出"道"的概念，泰勒斯则是止步于水，没有作进一步提炼。尽管如此，水毕竟是人类早期把握世界本体和起源的一个重要意象，在人类思想史上，水的哲学占据重要的一席之地。我国哲学家给予高度评价，认为泰勒斯"是意识形态上的梭伦，他宣布了古代神话宇宙观的结束，开始了真正科学的哲学思想的发展阶段"。[1]

《老子》一书关于水的论述很多，有人统计约占四分之一的篇幅，其中既有直接论述水的性质，即"上善若水""天下莫柔弱于水"，也有间接论述水的形态，即"骤雨不终日""豫兮，若冬涉川"。水启发着老子的灵感，老子为水注入了生命、情感和思想，从而把自然之水升华为宇宙之水、政治之水、道德之水，建构起自己的思想大厦。

宇宙之水就是从本体论角度认识水的意义。老子哲学的最高范畴是道，道是万物之本、生命之源，即"道生一，一生二，二生三，三生万物"。但是，"道之为物，惟恍惟惚"。所谓"恍惚"，意指无形无象、似有若无，看不到、听不见、抓不住，捉摸不透、幽深难测。所以，老子经常以水为喻，形象地说明道的本体论内容。《老子》第四章说："道冲而用之或不盈，渊兮似万物之宗。挫其锐，解其纷，和其光，同其尘。湛兮似或存。吾不知谁之子，象帝之先。"一般研究认为，"挫其锐"四句，乃是第五十六章的错简重复，似可删除。但是，帛书和有关汉简本都是如此论述，而《老子》一书多有重复现象，目的是更好地阐明有关思想和观点。"挫其锐"四句正是为了

---

[1] 叶秀山：《前苏格拉底哲学研究》，生活·读书·新知三联书店 1982 年版，第 42 页。

具体说明"道冲而用之或不盈"，前后意义连贯，形象更为鲜明，保留在此，倒亦无妨。在这段关于道的论述中，好几个词与水有关，"盈"是水满了出来，"渊"是水深的状态，"湛"是没入水中。老子就是在用水这一意象具体地阐述道的内容。意思是，道体是虚空的，而它的作用却不会穷竭。它像水一样，深厚广大、无穷无尽，似乎是万物的始祖。它不露锋芒，消解纷争，与日月齐光，与万物同尘。它是那样深不可测，仿佛是若存若亡。我不知道它是谁的儿子，好像是天帝的祖先。

物质性是老子宇宙之水的基本取向。老子认为水像道一样，是构成世界万物的始基并创生万事万物，从而来阐述他的本体论思想。这不仅是在回答世界的本原和统一性问题，而且承认了世界的物质性。关于世界的本原和统一性，人类思想史上有着唯物和唯心两种理解，唯物论认为，世界的本原是物质，世界的真正统一性在于它的物质性；唯心论认为，世界本原是精神，世界上的万事万物都是由精神派生的。老子的道虽然幽冥无形，但水却是有形的物质，以水喻道无疑具有朴素的唯物主义倾向。古代唯物主义总是把世界本原猜测为几种具体的物质形态，这在哲学思维上是素朴的，很难从逻辑上自圆其说，但对世界本原的追问却是真诚的。老子把道看成万物的本原，"有物混成，先天地生。寂兮寥兮，独立不改，周行而不殆，可以为天下母。吾不知其名，字之曰道，强为之名曰大。大曰逝，逝曰远，远曰反"。意思是，有物浑然一体，先于天地生成。无声而无形，独立长存从不改变，循环运行永不停息，可以说是天地之本根。我不知它的本名，给它个名称叫道，勉强取名叫大。道大到无边又无所不至，无所不至而运行遥远，运行遥远又回归本原。老子的道非常智慧，他对天地万物起源的理解，与现代的科学观察和认识有着十分相似之处。老子认为，天地未形成之前，宇宙处于混沌状态；现代大爆炸理论认为，早期宇宙也是混沌状态，是由一大片微观粒子构成的均匀气体，称为气态物质，而后发生大爆炸，这些气态物质慢慢凝聚，生成了今天的宇宙恒星和恒星体系。在中国思想史上，老子的道非常醒目。张岱年对老子的哲学思想评价极高，认为是"一次彻底的思想革命"。因为春秋战国时期，普遍认为天是自然变化、社会运行和人的命运的最高主宰，所以有天命论。天命论是一种具有唯心主义倾向和宗教色彩的思想观念，反映了古代社会人与自然没有发生明显分裂和对抗、处于低水平统一的时代特征，而"老子以为天并不是最根本的，尚有为天之根本者。老子说：'有物混成，先天地生。'……最根本的乃是道，……道才是最先的"[1]。老子否定有意识的天，这不仅从一个侧面证明了道具有物质性特征，而且把中国古代对世界本原的认识提升到了理性和思辨的高度。同时，老子以水喻道，深入浅出地阐述了道之永恒无限和包容厚德，即"大道氾兮，其可左右。万物恃之而生而不辞，功成不名有，衣养万物而不为主"。意思是，道像江河泛滥，汹涌澎湃无边无际、无穷无尽。万物依它而生，它从不推脱责任；大功告成，却不求取美名；护养着万物，却不充当它们的主人。在这段话中，水与道交融、景与理合一，形象地描述了道的品质，这就是化生万物且能居于万物之中，滋养万物而又能与万物并存共生。承认世界的物质性，物质地认识世界的本原和起源，具有重要的理论和实践意义。这实际是承认在我们主观之外有一个客体存在、自身之外有一个他者存在。能否承认客体和他者的存在，是我们能否认识和改造世界的前提。对于客体和他者，我们不能否定，不能臆断，不能猜想，而要实在地进行研究分析，进而把握客体和他者的内在规律，以利于实现主观与客观的统一、自身与他者的和谐。

运动是老子宇宙之水的内在规定。对于唯物主义来说，承认世

---

[1] 张岱年：《中国哲学大纲》，中国社会科学出版社 1982 年版，第 4 页。

界本原的物质性，只是一个基本要求，还有一个基本要求就是承认物质的运动变化。不承认物质的运动变化，就容易陷入形而上学的困境。所谓形而上学，有着两种不同意义的理解，一种是与哲学范畴相近似的理解，意指哲学中探究宇宙万物根本原理的一部分，包括物质、思维、存在、虚无、宇宙、灵魂、自由意志等玄而又玄的问题，在中国称之为"玄学"；另一种是与"辩证法"相对立的理解，意指不承认事物的矛盾，孤立地、静止地看待事物。这里所说的形而上学，是指不承认物质的运动变化，与"辩证法"相对立的形而上学。而老子的道是承认事物的运动变化，他认为道创生万物不是一下子完成的，而是经历了一个逐步展开、层层递进的过程。老子善用数字抽象描述道化生万物从无到有、由简而繁的过程，呈现出生机勃勃的演变图景。一是道"先天地生"，这个时候天地混沌弥漫着各种各样的元气，即"有物混成"。二是"道生一，一生二"，"一"是数的开始，老子有时用"一"来指称作为万物统一根源的道。在这里，道和一是一个东西；按照现代哲学的说法，道和一是一个序列的概念，因而这幅图景的实质是"一生二"。什么是"一生二"呢？老子说："万物负阴而抱阳，冲气以为和。"意思是，万物包含着阴和阳两种相反相成的物质，阴阳之气交相激荡而达成和谐。道产生阴阳二气，标志着道之创生由抽象无形的"一"变成了具体有形的物质。三是"二生三"，即阴阳交感、二气和合，产生了新的具体事物，预示着衍生万物的无限生机。四是"三生万物"，也可说是三成万物，即道演化生成天下万事万物。通过对道生万物过程的解释，我们可以感受老子的道在不停地运动，生生不息、无始无终，充满生机、活力迸发。同时，老子善用水的不同形态比喻道的运动变化，指明运动变化的绝对性。"天地相合以降甘露"，说明水是由天地运动而生成的；"譬道之在天下，犹川谷之于江海"，说明水运动的形态是不同的，在山川是细流，在平地是长河，在终点是大海;"洼则盈",说明水多时是盈满,水少时是坑洼;"飘风不终朝,骤雨不终日",说明运动是常态,但剧烈运动却是非常态。不同形态的水,实质是不同运动方式的表现。东晋王彪在《水赋》中具体描述了水的四种形态和运动方式,即水"委输而作四海,决导而流百川,承液而生云雨,涌凝而为甘泉"。其中海、川、雨、泉为水的形态,委输、决导、承液、涌凝为水的运动方式。老子善用水循环运动规律,说明返本归初的道理。自然之水循环往复,日夜奔流到江海,无休时、不停止;上升为云气,下降为雨露,终归于大海。道也一样,"夫物芸芸,各复归其根",即万物尽管纷繁众多,最终都要回归其本根。更重要的是,老子善用水谦卑处下的特点,说明水在柔弱之中蕴含着宽广伟岸的品格,"江海所以能为百谷王者,以其善下之,故能为百谷王"。对于我们认识和改造世界而言,运动的观点具有积极意义。没有运动就没有事物,没有运动就没有差别,事物是在运动中形成,并在运动中向不同方向发展,从而形成一个个具体事物。因此,用运动的观点而不是孤立、静止的观点看待事物,我们才能不断深化对客体和他者的认识,才会更加精准地把握客观规律,才可以按照客观规律改造和重塑世界。

矛盾是老子宇宙之水的核心内容。从一定意义上说,老子哲学是矛盾哲学。世界是物质的,物质是运动的,那么,物质是怎样运动的呢? 老子认为:"反者,道之动。""反"是老子哲学的一个重要范畴。钱锺书研究指出,老子之"反有两义,一者正反之反,违反也;二者往反之反,回反也";[1] "老子之反融贯两义,即正反而合"。老子之反,就是事物的矛盾及其运动变化。老子认为,世间一切事物的运动变化,遵循着反的规律,即事物存在着对立面,对立面之间会朝着相反方向运动变化;事物变化总要返回到原来的起始

---

〔1〕 钱锺书:《管锥编》(二),生活·读书·新知三联书店 2001 年版,第 691 页。

状态，循环往复以至无穷。老子的矛盾思想充满着辩证法，辩证法是揭示宇宙万事万物运动变化和发展规律的科学。老子仰观天文、俯察地理，近取诸身、远取诸物，发现世间万事万物都存在着矛盾，都是在对立统一中发生发展的。老子以水为喻，认为矛盾首先表现在相反相成，"有无相生，难易相成，长短相较，高下相倾，音声相和，前后相随"。其中"高下相倾"的"倾"也作"盈"，意指位势，水分高下，充之为盈，过满则溢，倾覆而转为低下。在老子看来，相反相成、互相依存，是自然界和人类社会的普遍现象和恒常规律，因而《老子》一书列举了大小、多少、高下、远近等一系列矛盾关系。矛盾还表现在物极必反，即矛盾双方向对立面转化。对于矛盾，普通人一般只看到事物的表面，而不能深层次地参透其中隐藏相反的可能性。老子却认为，一切矛盾都在对立状态中互相转化，这种向对立面转化的过程是无止境的。他有一段很精彩的论述："祸兮福之所倚，福兮祸之所伏。孰知其极？其无正也？正复为奇，善复为妖。"意思是，祸啊，是福所依凭的东西；福啊，是祸所隐藏的地方。谁知道它们的变化如何？这是没有定准的吗？正又变为邪，吉又变为凶。老子以水为例说明物极必反的道理，"孰能浊以静之徐清"，意指混浊之水，因为不摇动它，让它静止，慢慢地变为澄清。矛盾更表现在以柔克刚。人们一般的认识是刚强胜于柔弱，老子却反过来分析，认为柔弱胜于刚强，"天下莫柔弱于水，而攻坚强者莫之能胜，以其无以易之"。意思是，天下没有比水更柔弱的，可是攻克坚强的东西却没有什么胜过水的，这个事实是无法改变的。是啊，滴水穿石，点点滴滴的雨水，经过长年累月的冲击，可以把坚硬的石头滴穿；惊涛拍岸，排山倒海的洪水、海潮，能吞没农田房舍，冲毁一切坚固的建筑物。柔弱之水，其力量是多么深厚伟大！老子不禁感叹，人们太不懂得这个道理了，"弱之胜强，柔之胜刚，天下莫不知，莫能行"。意思是，柔弱胜刚强的道理天下没有不知道的，却没有人实行。辩证的观点，既是世界观又是方法论。运用辩证思维认识世界，我们就能既见树木又见森林，从总体上把握客观实际；既看现象又看本质，透过现象看本质，从规律上把握客观实际；既观照现实又着眼未来，从前景上把握客观实际。概言之，辩证法可以使我们站得更高、看得更远、想得更深。

古希腊文中，哲学意味着爱智慧，中国传统文化是"智者乐水"。老子无疑是人类思想史上的智者，他喜欢水、运用水、赞美水，就像他的道一样，是自然而然的事情。老子之水天际来，奔流古今不停步。在老子那里，水不仅是世界的本原，而且是活力的象征，更重要的是智慧的化身。老子的宇宙之水启示我们要学习哲学，明白事理，获得智慧启迪。哲学是一种知识，但不同于一般知识。一般知识有用于日常生活，能够对实用功利有所帮助，可以在经验世界里帮助人们改进生活方式，提供生活便利，提升生活品质。但是，哲学是人作为有限理智者在理性上所提出的关于自然、社会和人生终极目标的知识，它对于我们的物质生活可能没有什么帮助，却在精神领域能够引领人们明心见性、超越自我、追求永恒。人毕竟是物质与精神的统一体，精神是把人与自然界、动物界区别开来的重要标志。从这个意义上说，人的物质需求是容易满足的，而人的精神需求却是不容易满足的。尤其像人为什么活着这样一类终极的精神需求，更是不容易满足。能够满足人的终极精神需求，唯有哲学，唯有老子的宇宙之水。

老子之水：政治之水

　　哲学对于价值的认识形成了一对重要范畴，这就是动机与效果。动机是人们进行价值活动的动因，表示人们对某种价值的追求；效果则是人们价值选择后活动所造成的客观结果。动机与效果之间有时是一致的，有时是不一致的。人们总是希望动机与效果的统一，但在实践中往往会发生动机与效果相互矛盾和冲突的情况。这是因为客观世界是复杂多变的，不以人们的意志为转移；人们的价值选择和创造活动不是在设定的理想环境中进行的，而是在不可控的诸多主客观条件下开展的，因而就会出现印度诗人泰戈尔所描述的那种现象："我求索我得不到的，我得到了我不求索的。"[1]《老子》一书在历史上的命运也是如此。现在普遍认为，《老子》是哲理思辨之书，并把老子看成中国哲学之父。其实，老子写书的动机和《老子》在中国思想史上的影响是不一致的，老子当时著书的初衷并不是为了哲学，而是为了政治。

　　春秋战国之际，诸侯混战、社会动荡，世风日下、民生多难，诸子百家争鸣，先秦思想家们关心的不是天理而是人事，不是自然界而是人世间。从本质上说，诸子百家没有一家是在探索浩瀚的宇宙和奇妙的自然界，而是都在探索寻觅治国安邦之道，想拿自己的一套议论主张、游说诸侯、服务政治，维护统治者秩序。诸子百家

〔1〕 ［印度］泰戈尔著，吴岩译：《园丁集》，上海译文出版社1981年版，第16页。

都是"学成文武艺，货与帝王家"，老子也不能脱离历史条件和人文环境。当时，诸子百家都提出了自己的政治主张，主要有儒家序君臣父子之礼不可易，阴阳家序四时之大顺不可失，墨家言强本节用不可废，法家正君臣上下之分不可改，名家正名实不可不察。汉初学者认为，儒家等提出的政治主张以取一端为重，都有片面性，唯有道家集诸子百家之长，是最为完美的政治理论。司马谈赞叹道："道家使人精神专一，动合无形，赡足万物，其为术也，因阴阳之大顺，采儒、墨之善，撮名、法之要，与时迁移，应物变化，立俗施事，无所不宜。"[1]当然，诸子百家的差别不限于政治主张，还表现在是否直接参与政治的意愿取向。有的不仅想影响政治，而且自己还想为官从政，成为统治集团一员；有的则仅仅是想为政治服务，本人并不想为官从政。前者如孔子，他说："苟有用我者，期月而已可也，三年有成。"[2]意思是，如果有君王用我从政，一个月内就能见到效果，三年内必能做出成就。后者如老子，著书之后则从函谷关西去，不知所终。

据统计，《老子》一书共有七章议论帝王政治。许多学者却认为，《老子》一书没有一章不提及政治和治国之道。从这个意义上分析，《老子》与其说是哲学书籍，不如说是政治书籍，从头至尾讲的都是统治术，是在教导统治者如何治国安邦。《汉书》指出："道家者流，盖出于史官，历记成败存亡祸福古今之道，然后知秉要执本，清虚以自守，卑弱以自持，此君人南面之术也。"意思是，道家这个流派，大多出于古代的史官。他们连续记载历史上的成功失败、生存灭亡、灾祸幸福和古今的道理。然后知道治国要秉持要点、把握根本，即守着清静无为，保持谦虚柔弱，这是君王治理国家的主

---

〔1〕 司马迁：《史记》卷 130，中华书局 1959 年版，第 3289 页。

〔2〕《论语·子路篇》。

要方法。"清虚以自守，卑弱以自持"，是自然与无为思想的另一种表达方式，而自然与无为是老子思想的两个重要范畴。在老子看来，自然是道的本质规定，无为则是自然之道在政治领域的延伸和运用。所以，老子的道是天道、治道、人道的统一，是中国传统政治理论的渊源。他说："道常无为而无不为，侯王若能守之，万物将自化。"意思是，道经常不作为，却又无所不为。君王诸侯如能得到它，万物将自然化育成长。老子担心人们不能理解他的政治思想，他用水做比喻，认为水是最能体现无为理念的意象，赋予水丰富的政治内涵，"天下之至柔，驰骋天下之至坚，无有入无间，吾是以知无为之有益"。"天下之至柔"指的是水。意思是，水这一天下最柔弱的东西，纵横出入于天下最坚硬的东西，无形的力量穿透没有间隙的东西，我因此知道无为是有益的。同时，老子感叹，不言的教化，无为的益处，天下人很少能够达到，即"不言之教，无为之益，天下希及之"。老子之水由此而演绎为政治之水。

　　政治之水就是从国家管理和维护政治秩序的角度认识水的意义。但老子的政治之水与其说是管理国家，倒不如说是管理统治者自己。在老子看来，统治者把自己管理好了，才能管理好国家，他从政治的角度要求统治者以水为师、以水鉴事。在老子看来，水的最大特点是不争，《老子》第八章在说明水的品格与道相近之后，指出："夫唯不争，故无尤"；第六十六章说明圣人治天下，如江海之纳百川，能自甘于处下居后，从而蓄养万民，不给老百姓造成负担，最后指出："以其不争，故天下莫能与之争"，意思是，因为圣人和水一样，不与人争，所以天下就没有人能跟他争。因此，老子希望统治者亦能像水那样：谦卑、不争、自然而为。老子认为，这样的统治者才称得上得道之士，精通各种奥妙，深远通达而又高深莫测，即"古之善为士者，微妙玄通，深不可识"。老子以水为喻，具体描述了"善为士者"形象："豫兮，若冬涉川；犹兮，若畏四邻；俨兮，其若客；涣兮，若冰之将释；敦兮，其若朴；旷兮，其若谷；混兮，其若浊。"川、冰、谷、混浊等都与水有关。意思是，得道统治者的形象是迟疑不决啊，就像寒冬赤着脚蹚过河水；心怀畏惧啊，如同强敌在四邻；恭敬严肃啊，仿佛出外去做客；顺应潮流啊，恰似春来冰之融化；敦厚诚实啊，就像木材未经雕琢；襟怀宽阔啊，就像空旷的山谷；浑厚含蓄啊，就像浊流盈江河。老子进而认为，这样的统治者才能使混浊的水变得清澈，天下安定而又有生机，"孰能浊以静之徐清？孰能安以久动之徐生？"老子更认为，这样的统治者是不自满的，不自满实质是不争，正因为统治者从不自满，所以才能弃旧图新，即"保此道者不欲盈，夫唯不盈，故能蔽而新成"。

　　善利万物是老子政治之水的目的。得民心者得天下，古今中外无论哪一种类型的政治，其基础都是老百姓，老百姓拥护，政治就稳定，反之就动乱。而老百姓拥护与否，关键看统治者如何对待老百姓。老子认为，统治者应重视民意，顺应民心，善待民众。"圣人无常心，以百姓心为心。善者，吾善之；不善者，吾亦善之，德善。信者，吾信之；不信者，吾亦信之，德信。"意思是，圣人治理天下没有自己的意志，而是以老百姓之心愿作为自己的心愿。善良的人要加以善待，不善良的人也要加以善待，这样最终就得到了善。诚实的人要加以信任，不诚实的人也要加以信任，这样最终就得到了诚信。老子还认为，统治者要为老百姓谋福利，让老百姓得到实惠和利益。为此，老子提出了"上善若水"的著名观点，认为统治者应当像水一样，自然而然地有利于天下万事万物，而不是加害于平民百姓。《老子》第八章全面阐述了"上善若水"的观点。许多研究都是从人生观的角度解释第八章的内容，很少把"善利万物"纳入老子政治哲学范畴，王弼则注云："皆应于治道也。"应该说，王弼的认识是深刻的，更符合老子原意。《老子》第八章内容丰富，首先以水比喻政治品德。政治品德应造福于民，还利于民，"水善利万物而不争，处众人之所恶，故几于道"。意思是，政治像水一样，能够滋养万物而不争先，谦卑地安居于人之所厌恶的低处，因而它的行为接近于道。在这段话中，老子明确了政治的目的，即"善利万物"；指出了实现政治目的的途径，这就是"不争"和"居下"。老子之所以强调"不争"，是因为春秋时期一切战乱、罪恶、祸害、痛苦的根源都在于人与人之间为了利益而互相争斗。老子开出的药方是"不争"，唯有不争，才能消除纷争、摆脱祸害。所谓"居下"，就似水性处下，甘居下游，意指谦虚、忍让和包容之美德。老子进一步认为，居下也是不争，"善用人者为之下。是谓不争之德"。同时以水比喻统治者的人格。政治品德与统治者人格是相辅相成的，而且是正相关关系，统治者人格越好，实施良好政治就越有保证。良好的人格是实现良好政治的保证。老子指出，统治者应具备的人格是"居善地，心善渊，与善仁，言善信，正善治，事善能，动善时"。所谓居善地，意指统治者所居如水在地，善执谦下，顺物自然，行无所事；心善渊，指统治者之心如水之止，善保虚静，洞鉴幽微，湛然通彻；与善仁，指统治者作为如水之滋，惠及天下，不怀私授；言善信，指统治者之言如水影物，善守诚信，与物一致，自然符契；正善治，指统治者为政如水之平，善治百姓，正容悟物，物自顺利；事善能，指统治者用人如水之柔，善能任物，随器授职，不失其材；动善时，指统治者临事如水之动，善观其时，出处应机，能全其道。最后以水比喻不争的意义，就是没有担忧，没有失败，"夫唯不争，故无尤"。

顺应自然是老子政治之水的基本要求。老子把道运用于政治领域，特别强调"道法自然"的思想。按照西方思想史，老子可说是一个自然法论者，但是，老子的自然与西方的自然法有着很大差别。西方的自然法是指自然状态中固有的正义法则的集合，通常被用来批判现实政治，要求政治赋予人们更多的社会权利，而老子的自然是自然而然的自然、"无状之状"的自然，实质是要求统治者按照事物的本来面目和内在规律来实施政治行为。"域中有四大，而王居其一焉。人法地，地法天，天法道，道法自然。"这里的王和人是一个含义，王是作为人的代表出现的，王弼注云："天地之性，人为贵，而王是人之主也。"意思是，宇宙间有道、天、地、王四种存在，王居其中之一。人取法于地，地取法于天，天取法于道，道本性自然。王弼对"道法自然"做了诠释，"道不违自然，乃得其性，法自然也。法自然者，在方而法方，在圆而法圆，于自然无所违也"。在老子看来，水是最自然而然的，它从来不强求外在客体，而是"随物赋形"，诚如《易传》所言："万物皆有常形，惟水不然，因物以为形而已。"《老子》第三十二章以水比喻道之自然本质，说明统治者的治理要顺应自然，"譬道之在天下，犹川谷之于江海"。在这一章里，老子认为，道的原初状态是自然而然的，"道常无名，朴虽小，天下莫能臣也。侯王若能守之，万物将自宾"。朴原意为未加工的木材。意思是，道的本质是自然淳朴，正因为道自然淳朴，天下却没有谁能支配。侯王如能得道并保有道，万物自然会来臣服和顺从。老子认为，天降雨水也是自然而然的事情，"天地相合以降甘露，民莫之令而自均"。意思是，天地之气阴阳交合，就会有雨水甘露降下，民众不曾给雨水指令，却能自然分布均匀。老子还认为，要顺应万物之自然，不可过分加以干预，"始制有名，名亦既有，夫亦将知止。知止可以不殆"。王弼对"始制有名"的解释是："始制，谓朴散始为官长之时也。始制官长，不可不立名分，以定尊卑，故'始制有名'。"由此可见，道化生万物后，就和人产生了千丝万缕的联系，人也会影响万事万物，如立名分、定尊卑。但人对万物的联系和影响要有限度，不可违背万物之本性和事物之自然，更不可超越始制规定的范围，以避免危险的发生。《老子》第三十四章仍以水比喻道之自然本质，说明统治者不居功，也是顺应自然的表现，"大道氾兮，其可左右"。意思是，大道像江河一样泛滥，汹涌澎湃无边无际。王弼注云："言道泛滥，无所不适，可左右上下周旋而用，则无所不至也。"在这一章里，老子认为，尽管道生万物，但道不居功，"万物恃之而生而不辞，功成不名有，衣养万物而不为主"。老子还以小与大的辩证关系说明顺应自然的积极意义。"常无欲，可名于小；万物归焉而不为主，可名为大。以其终不自为大，故能成其大。"意思是，道没有任何欲望，可以说是很渺小；万物都归附于它，它却不当万物的主宰，可以说是真伟大。因为圣人不承认自己伟大，所以才成为真正的伟大。老子强调道法自然、水性自然，最后还是回归到圣人，回归到政治，认为圣人要顺应自然，治理天下，安邦定国。

无为而治是老子政治之水的核心内容。孔子亦谈过无为而治，他说："无为而治者，其舜也与？夫何为哉？恭己正南面而已矣。"[1]意思是，能够无所作为而治理天下的人，大概只有舜吧？做了些什么呢？只是庄严端正地坐在朝廷的王位上罢了。但是，孔子没有对无为而治进行全面建构和阐述，在老子的政治哲学中，无为而治却是基本概念，形成了完整的思想体系，其理论基础是"道法自然"。道法自然内聚着无为而治的基因，无为而治是道法自然在政治领域的必然要求，就是主张顺应民心、清静无为、正派无私，反对统治者对社会和老百姓过分的人为干预。老子提出无为而治，既鲜明表现了与儒家尊礼、墨家尚贤、法家重刑等政治主张的差异，又劝诫当时统治者不断侵民扰民的政治行为，要求他们遵循治国安民的内在规律，减少主观意志和人为干预。老子以否定性的思维来论证自己的主张，具有深刻的辩证法内容，让人耳目一新，为之一震。老子从反面的思维方式入手，观照人们日常持之的许多肯定性判断，

---

[1] 《论语·卫灵公篇》。

独具特色地揭露了原似合理之下隐藏着的不合理，貌似公平之下隐藏着的不公平，批判了统治者所谓仁义、智慧、孝慈等道貌岸然背后的人性丑恶，这就是"天之道，其犹张弓与！高者抑之，下者举之；有余者损之，不足者补之。天之道，损有余而补不足。人之道则不然，损不足以奉有余"。《老子》第五十七章比较完整地论述了无为而治的思想。首先提出了治国的基本原则，即"以正治国，以奇用兵，以无事取天下"。对于这三句话，历来解读多有分歧，但基本内容是强调无为而治，则是没有疑义的。接着指出了统治者过分有为、干预过多导致的恶果，"天下多忌讳，而民弥贫；民多利器，国家滋昏；人多伎巧，奇物滋起；法令滋彰，盗贼多有"。意思是，天下禁忌越多，人民就越穷；人民先进的器具越多，国家就越混乱；人的巧智越多，歪邪的事情就越兴盛；法令越是详明，盗贼就越来越多。最后告诫统治者要无为而治，"故圣人云，我无为而民自化，我好静而民自正，我无事而民自富，我无欲而民自朴"。这是老子对无为而治的说明，实质是要求统治者虚怀若谷，不与民争利；遵循事物自身的法则，避免造成和加剧社会冲突。其中无为、好静、无事、无欲，归根到底就是无为，而人民自化、自正、自富、自朴，则是无为而治的结果，也是老子憧憬的政治图式。这也说明老子的无为不是不为，不是无所事事，而是一种独到的、有深刻意蕴的积极作为。老子自己亦说："道常无为而无不为。"在老子看来，无为而治的关键是不要瞎折腾，不要政出多门，不要朝令夕改，"治大国若烹小鲜"。这是以烹调比喻治国，古人喜欢做类似的比喻，他们还认为商朝开国宰相伊尹就是厨师出身。同时，这个比喻又和水联系了起来，因为鱼儿离不开水，没有水就没有鱼儿。烹调治国是政治之水的有机组成部分，其含义是治大国应以清静为主，避免刑政烦苛，滋事扰民，如同煎小鱼，不能随便翻动；治大国更应谨慎从事，不可操之过急，如同煎小鱼，不可用猛火。

中西文化对国家管理和政府作用的认识有着很大的差异。中国传统文化认为，政府是"父母官"，应该像大人照顾孩子那样无微不至，对社会事务无所不包、样样都管，这实质是推崇大政府管理。西方社会的主流观点则认为，政府是必要的邪恶，因而要千方百计限制政府权力，防止政府权力扩张，侵害社会和民众权利。最典型的是"小政府、大社会"理论，认为政府仅仅发挥"灯塔"和"守夜人"作用就可以了。所谓"灯塔"，即如大海中的灯塔，为来往所有船只照明进出港通道，避免触礁和发生碰撞；"守夜人"，即如夜间值更的人，提醒人们防范偷盗和人身安全。这都是指明政府作用范围仅仅限于公共利益，提供公共产品，为公共大众服务。小政府也称为最弱意义的国家。美国政治学家诺齐克指出："可以得到证明的是，一种最弱意义上的国家，即一种仅限于防止暴力、偷窃、欺骗和强制履行契约等较有限功能的国家；而任何功能更多的国家，都将因其侵犯到个人不能被强制做某些事的权利而得不到证明；最弱意义上的国家是正确的，同样也是有吸引力和鼓舞人心的。"[1] 老子无疑是中国传统政治文化之异数，他以水为喻的政治思想更接近于西方的"小政府、大社会"理论。因此，我们不能不佩服老子政治思想深邃；即使在今天，对于权力过分集中的政府体制，老子的政治思想仍然有着重要的借鉴意义。

---

[1] ［美］罗伯特·诺齐克著，何怀宏等译：《无政府、国家与乌托邦》，中国社会科学出版社1991年版，第1页。

老子之水：道德之水

　　中国传统社会是一个宗法社会，继承了氏族社会的祖先崇拜和父系家长制的精神内核，以家庭为中心，以血缘为纽带，在个人、家庭、国家之间编织成一张巨大的社会关系网络。在这张社会关系之网中，家国同构是显著特征，具体表现为"家是小国、国是大家"，家庭是父亲地位最高，权力为大；国家是君王地位至尊，权力最大。差序格局是重要特点，整个社会以血缘为依据，像水波纹那样一圈一圈地延伸拓展，形成了远近亲疏不同的关系，与自己血缘近的，关系就亲密；与自己血缘远的，关系就疏离。群体本位是基本原则，由于个人、家庭、国家之间既不是平行关系也不是双向平等沟通关系，而是自下而上的从属关系和自上而下的统属关系，这种逆向互济的双重关系往往强调群体的重要性以及个体对整体的服从性，以利于平衡协调社会内部的各种关系，维护宗法结构的稳定。

　　春秋战国是原始宗法社会解体和封建宗法结构形成的关键时期，诸子百家献计献策，提出了各自的治国安邦思想。宗法社会关系的本质是人伦，即人与人之间的关系，就是伦理道德关系。诸子百家的思想无不关乎个人与个人、个人与社会关系的认识，具有浓厚的伦理道德色彩，以至形成了中国古代高度发达的伦理道德思想。中国古代思想家的学说和理论充满了伦理道德观点，伦理道德甚至成了他们全部思想的焦点。儒家建立了以仁义为核心的宗法等级道德规范体系；墨家倡导"兼相爱"，强调贵利尚义的功利主义；道家主张效法自然、少私寡欲，追求超凡脱俗的人生；法家提倡以法治国，强调法律在维护社会人际关系中的主导作用。中国伦理道德思想发端之早、绵延之长、影响之广，在世界文化史上是罕见的，为中国成为礼义之邦做出了重大贡献。但是，有利就有弊，对于中国思想史而言，过分发达的伦理道德思想，妨碍了抽象思维的形成、科学理性的发展和宗教意识的觉醒；从长远看，也妨碍科学技术的发展。以德国哲学家黑格尔为代表的有些西方学者并不看好中国的伦理道德思想，认为中国的伦理道德缺乏主体性因素，没有自由精神。

令人感兴趣的是，古希腊把对水的认识引向了科学思维和理性思辨，印度把对水的认识导入了宗教和神秘，而中国古代则把水的认识汇进了人伦和道德。尽管中国古代思想家的观点各异，但重视运用水的意象阐述各自的道德观点，却是共同的特点。管子是春秋初期对水做出全面论述的思想家和政治家，著有《水地篇》。在管子那里，我们可以看到老子之道的踪迹和孔子之仁的影像。管子认为，水是万物的根源，"故水者何也？万物之本原，诸生之宗室也"；水是人的来源，"人，水也。男女精气合，而水流形"；水具有道德品格，"夫水淖弱以清，而好洒人之恶，仁也。视之黑而白，精也；量之不可使概，至满而止，正也；唯无不流，至平而止，义也；人皆赴高，己独赴下，卑也。卑也者，道之室，王者之器也，而水以为都居"。意思是，水柔软而清澈，能洗去人身上的污秽，这是水的仁德。水看起来是黑色的，其实是白色的，这是水的诚实。计量水不必用刮平的器具，流满了就停止了，这是水的正直。不拘什么地方都可以流去，流到平衡为止，这是水的道义。人愿往高处走，水独向低处流，这是水的谦卑。谦卑是道寄寓的地方，是王天下的器具，而水就聚集在那里。最典型的代表是儒家，孔子特别喜欢水，逢水必观，用水比喻君子。当他的弟子子贡问："君子之所以见大水必观焉者，是何？"孔子认为水是道德的化身，诗意一般地赞美水："夫水，遍与诸生而无为也，似德；所及者生，似仁；其流卑下，句倨皆循其理，似义；浅者流行，深者不测，似智；其赴百仞之谷不疑，似勇；绵弱而微达，似察；受恶不让，似包；蒙不清以入，鲜洁以出，似善化；至量必平，似正；盈不求概，似度；其万折必东，似意。"[1] 意思是，水遍布天下，给予万物，而顺其自然，有如君子的道德；所到之处，万物生长，有如君子的仁爱；水性向下，随物赋形，有如君子的高义；浅处流动不息，深处渊然不测，有如君子的智慧；奔赴万丈深渊，毫不迟疑，有如君子的勇毅；渗入曲细，无微不达，有如君子的明察；蒙受恶名，不责备他人，有如君子包容一切的豁达胸怀；泥沙俱下，最后仍是一泓清水，有如君子的善于教化世人；装入量器，一定保持水平，有如君子的立身正直；遇满则止，并不贪多，有如君子的谨慎有度；百折不挠，一定东流入海，有如君子坚定不移的信念和意志。

道德之水就是从个人修身养性的角度认识水的意义。如果说老子的政治之水是以水为喻，将道的内容融入政治领域，站在统治者立场阐述统治者与被统治者的关系，那么，道德之水则是以水为喻，将道的内容在社会领域展开，站在个体立场阐述人与人的相互关系。在老子那里，道与德是分开的，道是本体、本原，德是作用、形式，德源于道而通于道，是道的精神在人的品行德性上的展现，"孔德之容，惟道是从"。意思是，有大德之人的行动，只有遵循大道和自然规律。老子十分重视道德修养，"善建者不拔，善抱者不脱，子孙以祭祀不辍。修之于身，其德乃真；修之于家，其德乃余；修之于乡，其德乃长；修之于国，其德乃丰；修之于天下，其德乃普"。善建者、善抱者，指的是得道之士，在老子的话语体系中就是圣人。意思是，善于建树的人，建树的东西拔不掉。善于抱持的人，抱持

---

[1] [汉] 刘向撰：《说苑校证》，中华书局 1987 年版，第 434 页。

的东西脱不掉。侯王若能建立并保持功业，子孙因而就祭祀不绝了。怎样做到善建和善抱呢？就在于修德。修德于一身，他的德就纯真；修德于家，他的德就有余；修德于一乡，他的德就延长；修德于一国，他的德就广大；修德于天下，他的德就普遍。这段话的中心论点是修德，具有三层含义，这就是建立和保持事业要修德；立身治家治乡治国治天下，事业无论大小都要修德；修德要去私立公。老子与孔子的道德观有着明显差异，孔子继承了殷周的人文传统，希望以仁和礼来规范修德；老子则是道的精神在人生的贯通，希望以自然无为来引导修德。因而老子追求的道德境界，就像水一样，"上德若谷""上善若水"。

清静是老子道德之水的特征。现代科学认为，水是由氢和氧两种元素组成的无机物，在常温常压下为无色无味的透明液体。水的最大特点是清澈和静止，惟其清澈，才能以水为镜，做到透明如水，照出世间的真善美；惟其静止，才能以水为例，做到心如止水，塑造个体的高境界。老子特别欣赏水的清静品格，他说："清静为天下正。"意思是，清静才是天下万事万物的准则。与老子齐名的道家代表人物庄子也对水的清静表示赞赏，认为水的清静是"天地之鉴也，万物之镜也。夫虚静恬淡寂寞无为者，天地之平而道德之至，故帝王圣人休焉"。[1] 在这段话中，慧眼独具的庄子从水的清静这一自然现象中体悟到静水与修身之间的契合点，认为由于静止而形成的水之平静、清澈和"虚静、恬淡、寂寞、无为"的人格修养是一致的。"帝王圣人休焉"，就是帝王圣人之心都像绝对静止的清水一般，不受任何外界因素影响，也没有任何情绪波动。在老子看来，清静的关键是无欲，"不欲以静，天下将自定"。但是，"小人殉财、君子殉名"，人生之大欲是名利，人生之大患也是名利。因此，无欲是淡泊

---

[1] 陈鼓应注译：《庄子今注今译》，商务印书馆2007年版，第393页。

名利，"名与身孰亲？身与货孰多？得与亡孰病？甚爱必大费，多藏必厚亡。故知足不辱，知止不殆，可以长久"。意思是，名声和生命哪一个更重要？生命和财货哪一个更贵重？得到名利和失去名利哪一个更有害？过分爱惜必有重大的损耗，多藏钱财必有更多的损失。知道满足，就不受侮辱；知道休止，就不遇危险，就可以保持长久。无欲是功成身退，"持而盈之，不如其已。揣而锐之，不可长保。金玉满堂，莫之能守。富贵而骄，自遗其咎。功遂身退，天之道"。意思是，与其装得过满而溢出，不如及早停止灌注。器具捶打得过于尖利，不会长久得以保持。纵然金玉堆满堂室，没有谁能够将它守住。身居富贵而不可一世，必然是在自取灾祸。功成名就抽身而退，这才符合天道。无欲是知足常乐，"祸莫大于不知足，咎莫大于欲得，故知足之足，常足矣"。在这段话中老子指出贪欲是最大的祸害，只有"知足之足"，才是永远的满足和快乐。在老子看来，水的清与静是互相联系的，静是清的前提。水有动有静，只有在静止的时候，才能实现清澈见底。静也是水运动变化的重要条件，水有清有浊，只有在静止的时候，混浊之水才能转变为清澈之水，即"孰能浊以静之徐清"。在水的动与静关系上，老子更喜欢静，"重为轻根，静为躁君"。意思是，稳重是轻便的根基，安静是躁动的主宰。这是强调静对于人格修养的积极意义，要求人们通过静以修身，实现为人稳重，反对举止轻浮；做到处事冷静，反对草率莽动。对于君王而言，静尤为重要，否则，后果不堪设想，就会失去皇朝和政权，"奈何万乘之主，而以身轻天下？轻则失本，躁则失君"。王弼注云："轻不镇重也。失本，为丧身也。失君，为失君位也。"

处下是老子道德之水的重要特征。俗话说：人往高处走，水往低处流。在雄浑伟岸的崇山峻岭面前，水安居低洼，没有半点的低声下气；在生机勃发的万物成长面前，水流向低处，没有半点的邀功请宠。正是水往低处流这一看似简单而平常的自然现象，却被老

子赋予了深刻的人文意蕴，"水善利万物而不争，处众人之所恶，故
几于道"。老子认为，水的善利、不争、处下特点接近于道的品格。
对于人生修身养性而言，老子尤其看重水处下的特点，"江海所以
能为百谷王者，以其善下之，故能为百谷王"。在老子看来，水处
下的意义首先在于宽容。与其他事物相比，水的最大特点是随物赋
形，而自己没有固定的形态，也不刻意塑造某种形态。宽容，就是
要像水一样，不拘泥于自身形态，能够随遇而安、兼容并蓄，善于
与各种不同经历、不同性格的人和谐相处、交流沟通；甚至能够不
拒污泥浊水，包容有缺点、有错误的人，即"善者，吾善之；不善
者，吾亦善之，德善。信者，吾信之；不信者，吾亦信之，德信"。
意思是，人们以为善良的人，我以善良对待之，人们以为不善良的，
我也以善良对待之，于是大家就将同归于善良；人们以为诚实的人，
我以诚实对待之，人们以为不诚实的，我也以诚实对待之，于是大
家就将同归于诚实。在老子看来，水处下的意义在于谦卑。水之所
以能够汇聚成江海，是因为善居万物之下，甘愿身处低洼，没有半
点的骄傲自大。谦卑，就是要像水一样，不居功自傲，能够谦虚谨
慎、低调做事，善于向他人学习。具体表现在"不自见故明，不自
是故彰，不自伐故有功，不自矜故长"。意思是，谦卑的人，不自我
表现，所以是非分明；不自以为是，所以声名昭彰；不自我夸耀，
所以能建立功勋；不自高自大，所以能领导众人。在老子看来，水
处下的意义还在于"行不言之教"。个体道德的养成是一个内外兼修
的过程，既需要自我修炼，又需要接受教育。在经验世界里，我们
常常见到这样一种现象，就是人们总以为自己比别人高明，尤其在
道德修养方面，喜欢站在制高点，对别人指手画脚，教育别人、指
导别人。这实际是骄傲、自我炫耀和居高临下的表现。孟子就反对
这种现象，认为"人之患在好为人师"。老子更是反对这种现象，认
为施教者"多言数穷，不如守中"；他希望施教者"善言""希言"，

甚至"不言","是以圣人处无为之事，行不言之教"。当然，行不言之教不是不言、不教，而是平等的合乎自然的教育，用诚心、情感和恰到好处的语言，使受教育者轻松地受到潜移默化的影响。老子反对的是以强制的方式、刚性的语言对个体施以灌输式的教育，倡导的教育方式是"以辅万物之自然而不敢为"。所以，老子用圣人的口吻强调："我无为而民自化，我好静而民自正，我无事而民自富，我无欲而民自朴。"

柔弱是老子道德之水的又一特征。在自然界，水大概是最柔弱无力的一种物质。但是，"抽刀断水水更流"，任何坚硬、强大的力量在水面前都无可奈何，水能够穿透顽石，让高山低头，叫险峰让路。老子在水身上会意到一种辩证的力量，即形式的坚硬，未必表明质地也坚硬；形式上的柔弱，未必表明质地也柔弱。水在表面柔弱的同时，却蕴藏着强大力量，即"天下莫柔弱于水，而攻坚强者莫之能胜"。柔弱是老子重要的人生哲学。老子不仅用水比喻柔弱，而且经常用婴儿说明柔弱的意义。在老子看来，柔弱是修身的一个重要环节，"载营魄抱一，能无离乎？专气致柔，能婴儿乎？涤除玄览，能无疵乎？"在这段话中，老子认为，个体修身是一个抱一、柔顺、静观、步步深入的过程，先是魂魄合一的状态，精神专一，忘掉一切杂念；进而化刚为柔，达到像婴儿一样柔软和无杂念的清纯之质；而后进入清除内心的污垢，使之清明如镜，没有一点瑕疵。在老子看来，柔弱是有生命力的表现，"人之生也柔弱，其死也坚强。草木之生也柔脆，其死也枯槁。故坚强者死之徒，柔弱者生之徒。是以兵强则灭，木强则折。强大处下，柔弱处上"。意思是，人活着的时候，身体是柔软的。人死了，身体变得僵硬。草木活着的时候，看似柔弱，风一吹来，就会两边摇晃，但草木能够坚守和坚挺；死了的草木，看似坚挺，实质脆硬，风一吹来，就要倒下。所以坚强的是死亡，是没有生命力的表现，柔弱的是生存，是生命力旺盛的表现。用兵逞强就会遭受灭亡，树木强大就会遭受砍伐。所以强大实际处于劣势，柔弱实际处于优势。因此，老子反复强调："知其雄，守其雌，为天下谿。为天下谿，常德不离，复归于婴儿。"这是要求人们虽知雄强的重要，却要甘居雌柔的地位，愿做天下的溪流。愿做天下的溪流，美德就会永远伴随，回归到婴儿的柔弱状态。在老子看来，柔弱胜刚强。在现实生活中，人们一般看好刚强，轻视柔弱，都喜欢以刚强的形象立身处世。老子却看到柔弱与刚强是一对矛盾的关系，而矛盾总是在运动变化的，最主要的变化则是向对立面双方转化，即"曲则全，枉则直，洼则盈，敝则新，少则得，多则惑"。正是从矛盾运动变化的辩证观点出发，老子提出了著名的"柔弱胜刚强"论断。他说："勇于敢则杀，勇于不敢则活。此两者，或利或害。天之所恶，孰知其故？"意思是，人勇于坚强则死，勇于柔弱则活。这两者，一个是有利，一个是有害。勇于坚强是天道所厌恶的，谁知道它的缘故？在这段话中老子提醒人们，生存抑或死亡，遵循的是同一法则，那就是看你能否像水一样，柔弱而不强势，坚韧而不松脆，内守而不刻意，自然而不强为。老子还是用水比喻柔弱，"天下之至柔，驰骋天下之至坚，无有入无间，吾是以知无为之有益"。"天下之至柔"与"天下莫柔弱于水"是一个含义；"至柔"与"无有"本质相通；"至坚"与"无间"实质相同，这既是在说明柔弱，又是在赞美水，更是在推崇道。

据说，美国开国元勋之一富兰克林年轻时，去拜访一位老前辈。他昂首挺胸走进一间低矮的茅屋，"嘭"的一声，一进门额头就撞在门框上，肿起一大块。老前辈笑着对富兰克林说："这是你今天来拜访我最大的收获。一个人要想洞明世事、练达人情，就必须时刻记住低头。"这一故事与老子的道德之水有着异曲同工之妙，形象地诠释了老子的道德之水，这就是谦卑低调。谦卑低调既是一种境界，也是一种智慧，既可以保护自己，也可以成就他人。境由心生，有什么样的心态，就有什么样的环境。谦卑低调在心态上要永远保持谦虚谨慎，经常想到天外有天、山外有山，不要以为自己比别人高明，自己比别人懂得多。即使自己学富五车、满腹经纶，也不要看不起人，更不要恃才傲物。沉默是金，无论道家还是儒家都主张说话谨慎、做事敏捷，"敏于行而讷于言"。谦卑低调在言辞上要永远保持藏锋露拙，经常想到言多必失，有理不在言多声高，不可逞一时口舌之快，伤害他人自尊。即使有不同意见，也要讲道理、摆事实，以理服人、以情感人。知行合一，既要言传低调，更要身行低调。谦卑低调在行为上要永远保持内敛克制，经常想到"木秀于林，风必摧之；堆出于岸，流必湍之；行高于人，众必非之"，顺境时不要自命不凡，不要招摇过市，逆境时不要怨天尤人，不要自怨自艾。从而在日常生活中见素抱朴，豁达大度；在人际关系中贵柔尚弱，避免争强好胜；在矛盾对立面前以德报怨，化解冲突；在利益考验面前，淡泊名利，退而不争；在事功追求上，悄然前行，创造辉煌；在人格完善上，锤炼良好道德，塑造完美人生。

老子之无为：比较研究

　　无为是老子的一个重要思想，是老子独创、道家独用的重要概念。在老子哲学中，道是最高范畴，自然和无为是道最本质的规定。然而，《老子》一书使用无为的次数远远超过使用自然的次数，从这个意义上说，老子似乎更钟情于无为概念。当然，我们不能以一个概念使用的次数来判断概念的重要性。老子还是把自然作为其思想的中心价值和根本理想，无为则是实现这一价值、理想的原则和方法。与自然相比，无为是手段而不是目的。

　　《老子》一书多用否定式的思维和语言，对于许多思想范畴和重要概念，总是强调没有什么，不是什么，很少明确是什么或什么样的。这虽然给后人的理解带来了许多困惑，却反映了老子的高明和智慧。在经验世界里，肯定的说法、正面的定义更有积极意义，而在理性思辨的王国里，否定的观点、反面的描述则更为深刻，更能触及事物的本质。无为是老子一系列否定式用语的综合概念和集中代表。与无为相联系的否定式用语首先是"无"，即无知、无欲、无私、无身、无事、无行、无臂、无兵，等等；同时是"不"，即不言、不有、不恃、不宰、不仁、不争、不为、不为大、不敢为、不自见、不自贵、不欲见贤，等等；此外还有"勿"，即勿矜、勿伐、勿骄、勿强以及弗居，等等。老子的否定式用语所否定的既有战争、争夺等常见的社会现象，又有欲望、骄傲等个人的习惯行为。无为之所以成为否定式用语的集中代表，是因为其他否定式用语所否定的都是具体的某一方面的行为，只有无为可以代表老子对世俗传统以及人类文明进步中出现问题的全面反思和批判。无为与其说是一系列与常识、习惯不同或相反的行为和态度，倒不如说是一系列非世俗、非惯例的方法论和重要原则。

研读老子之无为，首先要认识老子之无。无为源自于无，认识了无，也就理解了无为的基本内涵。《老子》一书对无的使用达到130多次，其中大多数是作为副词或形容词使用的，这就是"无为""无名""无欲""无事""无隅"，等等。作为名词，无仅仅使用了三次，正是这三次名词的使用，老子把无改造成了重要的哲学概念。理论的形成总是先有名词，逐步抽象升华为概念、范畴，然后才有命题、判断和推理。老子虽然没有对无进行论证和展开讨论，但无这颗具有勃勃生机和活力的思想种子，到王弼那里，长成了参天大树。王弼的《老子注》二十多次把无当作名词使用，围绕无这一概念，提出了"以无为本""以无为用""以无为心"的新命题，以至于汤用彤认为，老子主要讲宇宙论，王弼才算讲了本体论。

在老子哲学中，无既是宇宙的起源，又是人生的基础，还是统治的要诀。老子认为，无等于道，一方面，无像道一样创生万物，"反者，道之动；弱者，道之用。天下万物生于有，有生于无"。另一方面，无是道的主要表现形式，道是无形、无声、无体的统一整体，"视之不见名曰夷，听之不闻名曰希，搏之不得名曰微。此三者不可致诘，故混而为一"。同时，道是"其上不皦，其下不昧，绳绳不可名，复归于无物。是谓无状之状、无物之象。是谓惚恍。迎之不见其首，随之不见其后。执古之道，以御今之有。能知古始，是谓道纪"。古始，意指道的原初状态；道纪，意指道的规律。意思是，道的上部不太明亮，下部也不太昏暗，难以名状，无边无际，回归于无物的境地。它是一种没有形状的形状、没有物体的形象，所以把它叫作惚恍。迎着它却看不见头，尾随它却又看不清背后。秉承这亘古已有的道，就可以驾驭现存的万物，能够知晓宇宙的本始，这可说是道的规律。老子认为，无与有密切相关，一方面，共同构成了道的全部内容，似无非无、似有非有，"道之为物，惟恍惟惚。惚兮恍兮，其中有象；恍兮惚兮，其中有物。窈兮冥兮，其中有精；其精甚真，其中有信"。管子认为："精也者，气之精者也。"[1] 王弼注云："信，信验也。物反窈冥，则真精之极得，万物之性定。故曰'其精甚真，其中有信'也。"另一方面，互相形成了对立统一的矛盾运动，"天下皆知美之为美，斯恶已；皆知善之为善，斯不善已。故有无相生，难易相成，长短相形，高下相盈，音声相和，前后相随"。老子认为，无不是绝对静止的虚无、空无，而是有无相生，有用之无，"三十辐共一毂，当其无，有车之用。埏埴以为器，当其无，有器之用。凿户牖以为室，当其无，有室之用。故有之以为利，无之以为用"。意思是，三十根辐条共同支撑着车毂，那车的空间，是车的功用。揉搓黏土制成器具，那器的空间，是器的功用。开凿门窗建造居室，那居室的空间，是居室的功用。因此，"有"是物体形成的条件，"无"才是物体功用之所在。无为和无既有着密切联系，又有着明显区别。联系在于，无是无为的基础和前提，蕴含着无为所有的基因，没有无，无为就缺乏深厚的思想基础。区别在于，无为是形而上本体之无，落实到自然界和人类社会的生动展现，没有无为，形而上之无就难以感知和体悟。

　　研读老子之无为，要认识老子的无不为。宋代大儒朱熹曾说："老子所谓无为，便是全不事事。"[2] 朱熹的观点与其说是对老子的误读，倒不如说是儒道两家的门户之见。老子之无为不是无所事事，

〔1〕《管子·内业篇》。
〔2〕黎靖德编：《朱子语类》，岳麓书社1997年版，第484页。

什么也不做，而是倡导似无实有的统治方式，达到一般统治方式所达不到的更好效果和更高境界，这就是无不为。《老子》第三十七章明确指出："道常无为而无不为，侯王若能守之，万物将自化。"由此可知，老子之无为是无不为的，主要目标是教导君王，为政治服务。进而指出："化而欲作，吾将镇之以无名之朴。无名之朴，夫亦将无欲。不欲以静，天下将自定。"朴，指道的原始状态。意思是，万物成长后就会产生贪欲，我将用道的真朴来镇服。这个道的无名真朴，就能根绝这种贪欲。根绝贪欲就能安静，天下将会自然安定。这段话说明，君王能否坚持无为，关键在于能否根绝贪欲。由于《老子》一书没有对无为和无不为做出正面的定义，后人对无为和无不为解释很多，歧义较大。《淮南子·原道》的解释则比较符合老子之无为思想，"是故圣人内修其本，而不外饰其末，保其精神，偃其智故，漠然无为而无不为也，澹然无治而无不民。所谓无为者，不为物先也。所谓无不为者，因物之所为也。所谓无治者，不易自然也。所谓无不治者，因物之相然也"。《淮南子》将无为定义为"不先物为"；将无不为定义为"因物之所为"。

在老子看来，无为与无不为相辅相成，不可分割。无为是手段、方法和路径，无不为才是无为追求的目的和结果。什么是无不为呢？老子认为，无不为就是功成事遂。老子把政治统治分为四个等级，"太上，不知有之。其次，亲而誉之。其次，畏之。其次，侮之。信不足，焉有不信焉"。在老子看来，最好的统治者是讲诚信，有功于百姓而百姓却不知道。老子进而认为，这才是成功的统治者和符合天道自然的统治者，"悠兮其贵言。功成事遂，百姓皆谓我自然"。王弼注云："自然，其端兆不可得而见也，其意趣不可得而睹也，无物可易其言，言必有应，故曰：'悠兮其贵言'也。居无为之事，行不言之教，不以形立物，故功成事遂，而百姓不知其所以然也。"老子认为，无不为就是生育、作为和培养。"故道生之，德畜之；长之育之，亭之毒之，养之覆之。生而不有，为而不恃，长而不宰，是谓玄德。"意思是，所以道生成万物，德蓄养万物；使万物成长，使万物发育，使万物成熟，使万物得到培养和保护。道化生万物却不据为己有，有所作为却不自恃有功，长养万物却不加以主宰，这是最深奥玄妙的品德。老子认为，无不为就是"为天下正"。老子从辩证的观点看待道之本质与表现，道具有"大成""大盈""大直""大巧""大辩"的品质，尽善尽美，作用无穷；同时道的表现却是"若缺""若冲""若屈""若拙""若讷"，体现了道化生万物而又深藏不露、淳朴谦虚的特点，即"大成若缺，其用不弊。大盈若冲，其用不穷。大直若屈，大巧若拙，大辩若讷"。进而指出："躁胜寒，静胜热。清静为天下正。"在老子那里，清静与无为密切相关，意谓清静是天下的典范，是治理天下的根本和正道。老子认为，无不为是谓天下王，"是以圣人云：'受国之垢，是谓社稷主；受国不祥，是为天下王'"。意思是，所以圣人说，能够承受一国的耻辱，这就是国家的君王；能够承受一国的灾祸，这就是天下的君王。

研读老子之无为，要认识孔子之有为。有为概念在《老子》一书中仅出现过一次，即"民之难治，以其上之有为，是以难治"，却反映了老子对于有为的否定态度。在老子看来，无为与有为是两个对立的概念。什么是无为与有为？《老子》也没有给予正面的定义，后来的注释纷纭、莫衷一是。《淮南子·修务训》以举例的方式给予解释，无为是"水之用舟，沙之用鸠，泥之用辐，山之用蔂，夏渎而冬陂，因高为田，因下为池，此非吾所谓为之"。意思是，水中乘舟，沙地行走用鸠车，沼泽地行走用辐，山地行走用蔂，夏天疏通沟渠，冬天开挖池塘，顺高地造田，在低洼处挖塘，这些做法都是无为。有为是"以火熯井，以淮灌山，此用己而背自然，故谓之有为"。意思是，那种用火去烘烤井水，将淮河水引上山冈浇灌，都是根据自己的意志而违反自然规律，所以称之为有为。《淮南子》的解释虽然不是对概念下定义，却也正确指明了无为是顺其自然，而有为则是违忤自然。这和老子哲学的本意是一致的，也反映了中国哲学以答问、格言、比喻、类比、寓言等形式进行论证和说理的传统。

由于对无为与有为的不同认识，在中国思想史上形成了儒家与道家两种不同的政治主张。儒家主张有为和积极入世，孔子的人生取向是有为的，时人认为他是"知其不可为而为之"。孔子的政治主张是有为的，就是要推行德政，"道之以政，齐之以刑，民免而无耻；道之以德，齐之以礼，有耻且格"。意思是，用政治强力来引导他们，使用刑罚来整顿他们，人民只是暂时地免于罪过，却没有廉耻之心。如果用道德来引导他们，使用礼教来整顿他们，人民不但有廉耻之心，而且会人心归服。同时，要推行仁、义、礼、智、信，所谓仁，是"志士仁人，无求生以害仁，有杀生以成仁"；义，是"君子之于天下也，无适也，无莫也，义之与比"；礼，是"上好礼，则民莫敢不敬"；智，是"仁者不忧，智者不惑，勇者不惧"；信，是"子以四教：文、行、忠、信"。老子则从无为原则出发，坚决反对仁义、德政和礼制，明确提出："故失道而后德，失德而后仁，失仁而后义，失义而后礼。夫礼者，忠信之薄而乱之首。"

有趣的是，老子主张无为，明确反对有为，而孔子主张有为，却不反对无为，甚至还赞同无为，他说："无为而治者，其舜也与？夫何为哉？恭己正南面而已矣。"意思是，能无为而治的，该是舜了吧！他做些什么呢？只是自己恭恭敬敬，端正地坐在南面天子之位罢了。孔子还说："为政以德，譬如北辰，居其所而众星共之。"这实际上也是无为而治的思想。后人对于孔子之无为做出了不同的诠释，有的从德治的角度，认为以德化天下，"不恃赏劝刑威而民自正"；有的从用人的角度，认为"任官得其人，故无为而治"；有的从历史史实的角度，认为"三圣相系，舜据其中，承尧授禹，又何为乎？"意思是，在尧、舜、禹三位圣王中，舜居中，上承尧下启禹，又何必要有作为呢？实质把舜看作无为而治的典范。学界有人认为，老子和孔子政治理想的最高境界都是无为，差别在于通达最高境界的路径不同，老子主张统治者无为，老百姓有为；孔子则主张统治者有为，老百姓无为。刘笑敢研究认为，孔子之无为与老子之无为的大意应该是相通的，差别在于：无为在孔子思想中是理想政治的效果或表现，在老子的思想中是实现社会统治的方法和原则；无为在孔子思想中不过是虚悬一格的理想，并不是关键性的概念和方法，也不是努力的目标，而在老子思想中，无为是非常重要的原则和最基本的方法，是老子推崇并希望统治者接受的基本理论；孔子之无为而治是通过德化、仁政等原则和方法来实现的，而老子之无为本身就是原则和方法。因此，孔子不讲无为，还是孔子；老子不讲无为，则不成其为老子。[1]

　　研读老子之无为，还要认识历史上的无为实践。老子提出无为思想，当时就产生了很大影响。秦汉之际，逐步演化为"黄老之学"，并被汉初统治者所采纳，成为治国安邦的指导理论。所谓"黄老之学"，是指尊崇黄帝和老子的思想，以道家为主，采纳了儒、法、墨等学派的观点，根据无为原理，提出了因天循道、守雌用雄、君逸臣劳、清静无为、休养生息、宽刑简政等政治主张。南怀瑾指出："细读中国几千年历史，会发现一个秘密。每一个朝代，在其鼎盛的时候，在政事的治理上，都有着一个共同的秘诀，简言之，就是'内用黄老，外示儒术'。自汉、唐开始，接下来宋、元、明、清的创建时期，都是如此。内在真正实际的领导思想，是黄老之学，

---

〔1〕　刘笑敢：《老子古今：五种对勘与析评引论》（上卷），中国社会科学出版社 2006 年　　　版，第 403-405 页。

即是中国传统文化中的道家思想。"[1] 中国历史有三大盛世，即西汉盛世、大唐盛世和康雍乾盛世，老子的无为思想都发挥了重要指导作用。

西汉是第一个自觉运用老子之无为思想治国的王朝。汉初，整个社会一片衰败。刘邦君臣总结秦亡原因是过分有为，横征暴敛，大兴土木，肆意杀戮，因而实施无为而治。谋士陆贾明确提出："道莫大于无为，行莫大于谨敬。"[2] 第一任宰相萧何是有作为的政治家，他利用民众对秦王朝的不满，顺应民意进行政治改革，顺应民心否定秦法。第二任宰相曹参是"萧规曹随"，依然遵行萧何创设的各种制度，并确定清静是治国的基本原则。曹参选择助手和重要官员，专门任用那些不善于言谈的"忠厚长者"，而部下有言辞激切、刻意追求个人声名的，都一律予以斥退。文、景二帝更是有目的地推崇黄老之学，即"漠然无为而无不为，澹然无治而无不治也"，坚持"上无苛令，官无烦治"，推行轻徭薄赋、与民休息政策。汉初实行"什五而税一"，减轻田赋税率，汉文帝继承这一政策，还分别两次"除田租税之半"，即田租减为三十税一，进而全免田租。汉文帝自己还十分节俭，他在位期间，宫室苑囿和车骑服御都无增加，曾经想造一个露台，当预算需要百金，便放弃了这一想法，从而造就了中国统一以来第一个为历史学者称羡的"文景之治"。唐初也是实施无为而治。继隋末大乱建立起来的唐王朝，汲取隋炀帝以苛政而失民、亡国的惨痛教训，采取安抚百姓、休养生息的治邦安民之策。唐太宗李世民以治病和栽树为喻，深刻指出："治国与养病无异也。病人觉愈，弥须将护，若有触犯，必至殒命。治国亦然，天下稍安，尤须兢慎，若便骄逸，必至丧败……故夙夜孜孜，惟欲清静，

〔1〕 南怀瑾著述：《南怀瑾选集》（第二卷），复旦大学出版社 2003 年版，第 6—7 页。
〔2〕 陆贾撰：《新语》，辽宁教育出版社 1997 年版，第 5 页。

使天下无事。遂得徭役不兴，年谷丰稔，百姓安乐。夫治国犹如栽树，本根不摇，则枝叶茂荣。君能清静，百姓何得不安乐乎？"[1] 正是无为而治，创造了历史上又一个辉煌时代即"贞观之治"，并为唐玄宗"开元盛世"打下了重要根基。康熙则是灵活运用无为思想的榜样，既开创了清王朝统一的局面，又为"康雍乾盛世"奠定了基础。一个十多岁的少年，处在内有权臣、外有强藩的境地，能够除鳌拜、平三藩，内开博学鸿词科以网罗前朝遗老，外略蒙藏而开疆拓土，都是深得老子思想之真谛，自然而然契合于老子的"道冲而用之或不盈""挫其锐，解其纷"的法则。为此，康熙特地颁发《老子》一书，嘱咐满族权贵们加以研读，自己则奉为治国之宝典。

学界一般认为，老子的政治思想主要是研究君人南面之术。如果老子哲学中有着明显的君人南面之术的印记，那主要集中在无为思想之中。张舜徽认为，无为是"劝人君不要亲理庶务，要做到垂拱而治。此中关键在人君能够虚静其心，收敛聪明，尽量利用臣下的才智，而不显露自己的才智，以达到无为而无不为的境地"。[2] 后人研究认为，对于君王而言，无为就是践行老子所言的"圣人处无为之事，行不言之教"。无为，要求君王舍弃一己的思虑和意志，依照社会规律自然而然地统治国家、管理社会；不言，要求君王不要过多地发号施令，而要潜移默化地引导百姓民众。无为的关键是选人用人，"主道知人，臣道知事"；而且要"任人而不任智"，诚如《吕氏春秋·知度》所言："有道之主，因而不为，责而不诏，去想去意，静虚以待。不伐之言，不夺之事。督名审实，官使自司。以不知为道，为奈何为宝。"意思是，有道的君王会依据臣下的能力来任用他们，自己不会去做臣下的工作，只是命令臣下去完成任务

〔1〕 吴兢撰：《贞观政要》，岳麓书社 2000 年版，第 18、25 页。
〔2〕 张舜徽：《周秦道论发微 史学三书平议》，华中师范大学出版社 2005 年版，第 10 页。

而不对他们下诏指点，放弃属于臣下工作的思虑，放弃自己对臣下的意见，安静而虚心地等待臣下把工作做完。不用语言对自己进行夸耀，不夺取臣下的事情自己来做。按照职责检查臣下的工作效果，让臣下自己做自己应该做的事情。君王以不自认聪明为原则，以"奈何"即怎么办询问臣下，要臣下提供办法，充分发掘臣下的才智为己所用，以收无为而治之成效。这是多么神奇而又玄秘深奥的领导方法和艺术啊！

老子之无为：治国秘诀

作为思想概念，老子之无为主要在政治和人生领域发挥作用，展示其丰富的思想内涵。陈鼓应认为，无为是老子哲学的核心和基点，"我们可以说，老子著书立说最大的动机和目的就在于发挥'无为'的思想。甚至于他的形而上学也是基因于'无为'思想而创设的。'无为'一观念，散布于全书"。同时认为，无为的主要内容是政治，《老子》一书"除了三十七章中以'无为'来描述'道'以外，其他《老子》书上凡是谈到'无为'的地方，都是从政治的立场出发的"。[1]陈鼓应是海内外研究老子的著名专家，他的观点对于理解和把握老子之无为思想，无疑有着重要帮助。

对于无为思想，不仅要从语言形式上理解，更要从文本内容上理解。从语言形式分析，无为似乎是否定人的作为，但通读《老子》全书，无为绝不是否定一切行为，而是既有否定又有肯定。否定的是统治者固执己见，不顾客观规律，不顺应事物之自然，而做出的直接控制和干涉性行为。一般而言，人类的错误通常由两种原因造成，一种是努力不够而没有把事情办好，另一种是过分作为而把事情办坏了。比较而言，努力不够的结果可能会好于过分作为的结果。因为努力不够，虽然没有把事情办好，但毕竟保存了人力、物力和财力，今后还有可能补救和恢复，而过分作为，则不仅会把事情办

---

[1] 陈鼓应注译：《老子今注今译》，商务印书馆2003年版，第51-52页。

坏，而且还会损害人力、物力和财力，付出沉重代价，结果是更难以补救和恢复。统治者太想有作为，必然导致过多的直接控制和干涉性行为，从而给社会和他人造成更大伤害。肯定则有两方面的意义，从积极方面而言，"无为而无不为"，即通过无为实现无不为的目的。这是因为万物能够自然而为，无为的意义在于"能辅万物之自然"；从消极方面而言，"无为故无败"，即通过无为，防止失败或走向反面。这是因为统治者顺应万物之自然，没有过多的干涉性活动，也就不会有失败的结局，无为的意义在于维护万物之自然发展。因此，无为之所以比有为更为深刻，就在于它是对经验世界中普遍认可的社会行为和个人习惯的一种取消、限制和修正，而不是全面否定，更没有给予鼓励。无为超越了人们的常识，似乎不可理解，却蕴含着高超的智慧和无穷的内容。

无为是政治，这是老子对无为的本质规定。老子之道虽然不能直接感知，却能对自然界和人类社会产生作用。当道作用于天地万事万物时，就能显现出具体的特性，作用于天地运行，其特性显现为"自然"；作用于人类社会，其特性显现为"无为"。人类最大的活动是政治；政治从根本上说，是处理统治者与老百姓的关系。在老子看来，无为既是政治的本质内容，也是统治者与老百姓关系的基本准则，"故圣人云，我无为而民自化，我好静而民自正，我无事而民自富，我无欲而民自朴"。无为、好静、无事、无欲，归根结底是无为，而无为的目的是让老百姓自化、自正、自富、自朴。

老子认为，统治者对待老百姓要一视同仁，没有偏心和私亲。第五章指出："天地不仁，以万物为刍狗；圣人不仁，以百姓为刍狗。"刍狗，意指用草扎成的狗，作为祭祀时使用，祭毕则无所用之。王弼注云："天地任自然，无为无造，万物自相治理，故不仁也。仁者，必造立施化，有恩有为"；苏辙《老子解》亦云："天地无私，而听万物之自然。故万物自生自死，死非吾虐之，生非吾仁之也。"老子认为，统治者要顺应民意而不能强加个人的意志。第四十九章指出，统治者宽容对待善与不善之人，和光同尘，促进百姓同归于浑朴，"圣人无常心，以百姓心为心。善者，吾善之；不善者，吾亦善之，德善。信者，吾信之；不信者，吾亦信之，德信"。该章进一步指出："圣人在天下，歙歙焉，为天下浑其心。百姓皆注其耳目，圣人皆孩之。"歙是指收敛主观的意欲。意思是，统治者收敛自己的主观成见与意欲，使人心思化归于浑朴。百姓都关注他们自己的耳目和聪明，统治者却孩童般的看待他们。老子认为，统治者要给老百姓公平公正，没有弱肉强食。第七十七章对比天之道与人之道，激烈批评人之道的不公平，要求统治者效法天之道，实现社会公平正义，"天之道，其犹张弓与！高者抑之，下者举之；有余者损之，不足者补之。天之道，损有余而补不足。人之道则不然，损不足以奉有余。孰能有余以奉天下？唯有道者"。意思是，天道运行的法则，就像是张弓上弦吧？弦位高了就压低，弦位低了就提高；过高了就加以减损，不够高就加以补足。天道运行的法则，是减损有余来补给不足；人世的规矩却不是这样，是减损不足来供奉有余。谁能拿出有余的东西来供奉给天下人呢？只有有道的人。老子认为，统治者要使老百姓无知无欲，没有智巧和狡诈。第三章首先要求统治者不要过分作为，从而把老百姓引向邪路，即"不尚贤，使民不争；不贵难得之货，使民不为盗；不见可欲，使民心不乱"。河上公注云："贤，谓世俗之贤，去质尚文也。不尚者，不贵之以禄，不贵之以官。"接着指明无为的治理方法，"是以圣人之治，虚其心，实其腹；弱其志，强其骨。常使民无知无欲，使夫智者不敢为也"。意思是，所以有道的统治者的治理方法，是使人心灵开阔，生活安饱，意志柔韧，体魄强健。常使民众没有奸诈的心智，没有争盗的欲念。使一些自作聪明的人不敢妄为。最后指出无为而治的效果，"为无为，则无不治"。

无为是领导，这是老子对无为最重要的规定。现代政治学认为，领导是领导者为实现组织目标而运用权力向其下属施加影响力的一种行为或行为过程。领导活动是对人的，每时每刻都要处理人与人之间的关系。如果说政治主要是处理统治者与老百姓的关系，那么，领导则主要是处理统治集团内部的上级对下级的关系。在老子看来，无为在领导领域的延伸，其特性就显现为柔弱。柔弱是领导活动的主要规范，"人之生也柔弱，其死也坚强。草木之生也柔脆，其死也枯槁。故坚强者死之徒，柔弱者生之徒。是以兵强则灭，木强则折。强大处下，柔弱处上"。这段话以人和草木的生死为例，说明柔弱意味着成长进步、坚强意味着衰老死亡的道理，既体现了老子贵柔的基本思想，也对领导者有着很大启示。领导者身居高位，掌握和调动着更多资源，本身就处于强势地位，如果在领导活动中，还是以强势形象、作风和手段出现，那真会"兵强则灭，木强则折"，自讨没趣、自取灭亡。西楚霸王项羽就是兵强则灭的典型。项羽是中国历史上少有的悲剧英雄，他的神勇有"千古无二"的赞誉。他和刘邦共同推翻了秦王朝，然后展开了历时四年的楚汉之争，期间虽然屡屡大败刘邦，但最后还是霸王别姬，兵败自刎于乌江。究其原因，主要在于项羽只知刚强而不知柔弱。

老子以江海为喻，告诫领导者要像江海那样甘居下流、吸纳百川，"江海所以能为百谷王者，以其善下之，故能为百谷王"。江海是由水组成的，老子喜欢水，经常以水为喻说明道理。水是最柔弱的，"天下莫柔弱于水"；而且，水蕴含着柔弱的所有基因，这就是利物、居下、不争，"上善若水。水善利万物而不争，处众人之所恶，故几于道"。王弼认为，水的品格接近于道，"道无水有，故曰'几'也"。老子认为，领导要利物，善于帮助人，为他人服务，而不是一味地颐指气使。第二十七章首先强调领导活动要顺乎自然，合乎本性，"善行无辙迹，善言无瑕谪，善数不用筹策，善闭无关楗而不可开，善结无绳约而不可解"。意思是，善于行走的，不留痕迹；善于言谈的，没有过失；善于计算的，不用筹码；善于关闭的，不用栓锁使人不能开；善于捆缚的，不用绳索却使人不能解。接着指出领导既要帮助善人，也要帮助不善之人，做到人尽其才、物尽其用，"是以圣人常善救人，故无弃人；常善救物，故无弃物，是谓袭明"。释德清注云："承其本明，因之以通其蔽，故曰袭明。"最后指出无论善人还是不善之人，都是领导活动的组成部分，有着不同的功用和积极意义，"故善人者，不善人之师；不善人者，善人之资。不贵其师，不爱其资，虽智大迷，是谓要妙"。意思是，所以善可以作为不善人的老师，不善人可以作为善人的镜鉴。不尊重他的老师，不珍惜他的镜鉴，虽然自以为聪明，其实是大糊涂。这真是个精深奥妙的道理。老子认为，领导要居下，虚怀若谷，知雄守雌，不要自高自大、自以为是。第六十八章以军事和用人为例，说明强者要守弱，领导者要谦虚居下，"善为士者不武，善战者不怒，善胜敌者不与，善用人者为之下。是谓不争之德，是谓用人之力，是谓配天古之极"。古之极，意指古时极致的境界。第六十一章以大国与小国的关系说明大国要居下，意喻领导者身处高位也要谦卑低下，"故大国以下小国，则取小国；小国以下大国，则取大国。故或下以取，或下而取。大国不过欲兼畜人，小国不过欲入事人，夫两者各得所欲，大者宜为下"。意思是，所以大国对小国谦下，可以会聚小国；小国对大国谦下，就可以见容于大国。所以有时谦下而会聚，有时谦下而见容。大国不过要聚养小国，小国不过要求容于大国。这样大国小国都可以达到欲望。大国尤其应该谦下。老子认为，领导要不争，尤其不要与下属争功、争名、争利。《老子》一书通常从天之道与人之道的结合上谈论不争的意义，认为不争是人之道效仿天之道，是学道、悟道、用道的集中表现，这就是圣人。第七十三章指出："天之道，不争而善胜，不言而善应，不召而自来，繟然而善谋。天网恢恢，疏而不失。"第八十一章最后指出："天之道，利而不害。圣人之道，为而不争。"由此可知，老子所谓的不争，不是消极无为，而是不争之争，是善胜的不争、有作为的不争。什么是不争呢？第二章指出："功成而弗居"；第三十四章指出："功成不名有"；第九章指出："功遂身退，天之道。"

无为是人生，这是老子对无为的基础规定。无论政治还是领导，都是人的行为、主体的作为；政治的无为、领导的无为，都是立足于人生无为的基础。如果说领导的无为是向外的和对人的，可称之为"外向无为"，那么，人生的无为则是对内的和心理的，可称之为"内向无为"。在老子看来，无为在人生过程的展示，其特性就显现为虚静。虚静是人生的基本要求，主要是处理好人自身的关系，这就是心灵与肉体的关系，始终保持心灵的安宁平和，"致虚极，守静笃，万物并作，吾以观复。夫物芸芸，各复归其根。归根曰静，是谓复命。复命曰常，知常曰明。不知常，妄作，凶"。释德清释命为"人之自性"。意思是，致虚和守静的功夫，做到极致的境界。万物蓬勃生长，我看出往复循环的道理。万物纷纷纭纭，各自返回到它的本根。返回本根叫作静，静叫作回归本原。回归本原是永恒的规律，认识永恒的规律叫作明，不认识永恒的规律，轻举妄动就会出乱子。

老子认为，人生要保持虚静，就须舍弃巧智和欲望。第十九章强调要舍弃巧智，认为巧智是文饰之物，不利于修身和治理天下。"绝圣弃智，民利百倍；绝仁弃义，民复孝慈；绝巧弃利，盗贼无有。此三者，以为文不足，故令有所属，见素抱朴，少私寡欲。绝学无忧。"第十二章则具体指出物欲的危害，"五色令人目盲，五音令人耳聋，五味令人口爽，驰骋畋猎令人心发狂，难得之货令人行妨。是以圣人为腹不为目，故去彼取此"。意思是，缤纷的色彩使人眼花缭乱，纷繁的韵律使人两耳失聪，盛美的佳肴使人胃口损伤，纵情于打猎使人心浮意狂，稀世的珍品使人行为不端。所以圣人关注能否温饱，摒弃耳目的奢望，使生活保持稳定正常。老子认为，人生要保持虚静，就须谦虚谨慎。第二十二章充满着辩证法的智慧，通过正反矛盾的转化，阐明谦虚的道理。先是提出几个正反转化的关系，"曲则全，枉则直，洼则盈，敝则新，少则得，多则惑"。进而指出谦虚的积极意义，"是以圣人抱一为天下式。不自见故明，不自是故彰，不自伐故有功，不自矜故长"。意思是，所以有道的人坚守道的原则作为天下事理的范式。不自我表扬，反能显明；不自以为是，反能彰显；不自己夸耀，反能见功；不自我矜持，反能长久。最后指明谦虚也是不争，"夫唯不争，故天下莫能与之争。古之所谓曲则全者，岂虚言哉！诚全而归之"。老子认为，人生要保持虚静，就须慎小慎微、慎终如始。第六十三章指出，人生要以小积大、从易做起，孜孜不倦地追求无为而无不为，"图难于其易，为大于其细。天下难事必作于易，天下大事必作于细，是以圣人终不为大，故能成其大。夫轻诺必寡信，多易必多难，是以圣人犹难之。故终无难矣"。第六十四章认为，人生的追求必须从基础做起，锲而不舍、善始善终，避免功亏一篑、几成而败。"合抱之木，生于毫末；九层之台，起于累土；千里之行，始于足下。为者败之，执者失之。是以圣人无为，故无败；无执，故无失。民之从事，常于几成而败之。慎终如始，则无败事。"意思是，合抱的大树，生于细小的萌芽；九层的高台，起于最初的堆土；千里的远行，就从脚下开始。有所作为就会失败，有所把持就会失去，所以圣人无所作为就不会有失败，无所把持就不会有失去。人们做事，常常在快要成功的时候失败了。慎重对待事情的终结，就像对待开始一样，就不会有失败之事。老子认为，人生要保持虚静，就须修身养性。修身养性似乎是对人自身的有为，实则是为了祛除心灵上的遮蔽，做到心灵上的无为。第四十八章区分为学与为道的差别，阐明修身养性的意义，"为学日益，为道日损。损之又损，以至于无为，无为而无不为"。修身养性，归根到底是修德。德是道在人身上的体现，属于人的本性，是自我立身处世的根基。第五十四章强调从治身到治国不同范围内修德的重要性，"修之于身，其德乃真；修之于家，其德乃余；修之于乡，其德乃长；修之于国，其德乃丰；修之于天下，其德乃普"。意思是，这种得道的品德，修于身就表现出真实的德性，修于家就表现出充满有余的德性，修于乡就表现出长久深远的德性，修于邦国就表现出丰厚的德性，修于天下就表现出无所不周、泽被万物的德性。

《东坡志林》讲了一个刘凝之与沈麟士的故事，对于理解和把握老子之无为思想很有启示。"刘凝之为人所著履，即与之，此人后得失履，送还，不肯复取。又沈麟士亦为邻人认所著履，麟士笑曰：'是卿履耶？'即予之，邻人得所失履，送还，麟士曰：'非卿履耶？'笑而受之。"故事的大意是，刘凝之被人指认穿错了鞋，就把自己的鞋子给了那人。那人后来找回了丢失的鞋子，送还刘凝之的鞋子，刘凝之却不肯接受。沈麟士也发生了类似的事情，与刘凝之不同的是，当邻居把鞋送回时，沈麟士笑着收下了，没有指责邻居的诬陷，也没有让邻居赔礼道歉，更没有嫌邻居穿过的鞋不干净而拒绝。从无为的角度分析，刘凝之修身还不到家，只退了半步，邻人要鞋可以，还鞋则不可；沈麟士则修身到家，其行为的突出表现是内心平静，最大的特点是自然而然。无论邻人要鞋或是还鞋，沈麟士都做到了得失不计、淡然处之。无为是道法自然的应有之义，这不仅是人如何与自然和社会相处的方式，而且也是人如何与自己的心灵、与他人相处的方式。就人生而言，无为，是尊重生命本身及其内在的力量和美好，不盲目设计、不主动操控、不刻意追求，让每一个生命都能生机勃勃地存在，让每一个生命都能自由自在地发展，让每一个生命都能成为自己的主人。无为，不是消极等待，不是放弃拼搏，不是听天由命，而是顺应事物本性的无不为，该奋斗还要奋斗，该拼搏还要拼搏，只不过不那么任性、好强，得之不骄、失之不馁，胜固可喜、败亦坦然。无为，就要像沈麟士那样难得糊涂，退一步海阔天空，既尊重自己又尊重他人，在成全邻人的同时也完善了自己，做了自己的真正主人。无怪乎，苏东坡评论道："此虽小事，然处事当如麟士，不当如凝之也。"

老子之不争：为而不争

不争是老子政治哲学的一个重要概念。在《老子》一书中，不争一词共出现了八次，分布于七章之中，最重要的是，老子把不争作为全书的结尾和压轴词，"天之道，利而不害。圣人之道，为而不争"。由此可见老子对不争概念的喜爱和偏好。人类社会充满着竞争，在人与自然之间，人总是想征服自然，过度地向自然索取；在国与国之间，是争领土、争人口、争市场、争资源；在人与人之间，是争名、争利、争权力、争地位；在肉体与心灵之间，人总是为物欲所累，人心不足蛇吞象。因此，老子之不争不仅是个政治概念，而且有着丰富的内涵。不争是敬重自然，"人法地，地法天，天法道，道法自然"，就是抱着谦卑的心理，不与自然界争斗，以平衡人与自然的关系；不争是以人为本，"故道大，天大，地大，王亦大。域中有四大，而王居其一焉"，就是抱着谦和的态度，不与人争执，不仅无功不争，而且有功也不争，以协调人与人之间的关系；不争是对别国领土主权的尊重，大国与小国则"大者宜为下"，就是抱着谦虚的姿势，不恃强凌弱、以大欺小，以处理好国与国之间的关系；不争是保持内心的清虚，"见素抱朴，少私寡欲"，就是心灵不被肉体束缚，不以肉体为归宿，也不受金钱美色财物迷惑，减少贪心贪欲，促进身心的和谐平静。

老子之不争思想的形成既有社会现实的依据，更有哲学上的理论依据，这就是道论。老子哲学的最高范畴是道，亦称天道。老子认为，道是天下万物的本体和依归，天下万事万物遵道而行、顺道而为。天道无为，无为则不争。"道常无为而无不为，侯王若能守之，万物将自化。"庄子的解释是"天无为以之清，地无为以之宁"，即天道无为致使天清地宁。人道效法天道无为，就是不争，"是以圣人处无为之事，行不言之教，万物作焉而不辞，生而不有，为而不恃，功成而弗居。夫唯弗居，是以不去"。天道无私，无私则不争。"天长地久。天地所以能长且久者，以其不自生，故能长生。"王弼注云："自生则与物争，不自生则物归也。"如果人道也像天道那样无私，就不会发生为私利而争斗的事情，"是以圣人后其身而身先，外其身而身存。非以其无私邪？故能成其私"。意思是，圣人把自己的利益置于众人之后，他的所得反而先于众人；他总是将自己置之度外，其自身反倒得到保全。这难道不是因为他的无私吗？他反而成就了伟业。天道公平，公平则不争。"天之道，其犹张弓与！高者抑之，下者举之；有余者损之，不足者补之。天之道，损有余而补不足。人之道则不然，损不足以奉有余。"不公平本身就是争斗的产物，并且必然会引起进一步争斗。人道效法天道，就是坚持公平，以消除争斗，"孰能有余以奉天下？唯有道者。是以圣人为而不恃，功成而不处，其不欲见贤"。意思是，谁能拿出有余的东西来供奉天下人呢？只有有道之人。所以圣人有所作为却不自恃己能，有所成就却不自居有功，他是不愿意显示自己的贤能吧。天道善利，善利则不争。"天之道，利而不害。"正因为天道只做有利于万物的事情，而不加害于万物，世界才得以繁荣，万物才得以蓬勃生长。人道也应像天道那样，尽量摒弃主观意志和个人成见，尽其所能去做有利于他人和社会的事情，"圣人无常心，以百姓心为心。善者，吾善之；不善者，吾亦善之，德善。信者，吾信之；不信者，吾亦信之，德信"。善者善之，不善者亦善之；信者信之，不信者亦信之，这是多么博大的胸怀！有了这种胸怀，人与人之间还会产生争斗吗？！

　　人类社会争斗的最高形式是战争。据不完全统计，在有记载的5500多年人类历史上，共发生过大小战争14531次，平均每年2.6次。战争是一种集体和组织相互使用暴力、虐袭的行为，被视为政治和外交的极端手段。战争的代价巨大，无论对哪一方都是灾难。第一次世界大战，有30多个国家和地区、15亿人口卷入战乱，各方伤亡人数达3000多万；第二次世界大战，有61个国家和地区、20多亿人口卷入其中，约9000万士兵和平民伤亡。老子对战争持激烈的反对态度，这是不争思想的集中体现，也反映了他的人道精神和人文情怀。老子认为，战争是政治昏乱的表现和统治者贪欲的泛滥，"天下有道，却走马以粪；天下无道，戎马生于郊。祸莫大于不知足，咎莫大于欲得，故知足之足，常足矣"。意思是，天下有道政治清明，把奔跑的战马退回去耕作；天下无道政治昏乱，战马兴起于郊野。没有比多欲更大的罪过，没有比贪心更惨的灾难，没有比不知足更大的祸患。所以知道满足的满足，就是永远的满足。老子既反对战争又反对兵器，认为有道之人是不喜欢使用兵器的，"夫佳兵者，不祥之器。物或恶之，故有道者不处"。老子看到战争给老百姓造成的痛苦和灾难，指出战争的后果是灾荒和老百姓遭殃，"以道佐人主者，不以兵强天下，其事好还。师之所处，荆棘生焉。大军之后，必有凶年"。意思是，以道辅佐国君的人，不靠兵力强行天下，发动战争很快就会遭到报应。军队驻扎的地方，就会荆棘丛生；打了大仗之后，必定有荒年。

　　老子善作比喻，他最喜欢的喻体是水。《老子》第八章以水为喻，对不争思想做了比较集中的论述，并在这一章中两次用了不争的概念。"上善若水。水善利万物而不争，处众人之所恶，故几于道。居善地，心善渊，与善仁，言善信，正善治，事善能，动善时。夫唯不争，故无尤。"意思是，最高尚的品格就像水，水能够滋养万物而不争先，安居于人所厌恶的低处，因此它的行为最接近于道。居处趋下让人，心如深渊包含万物，交往真诚而友善，诺言诚实而有信，为政顺道而善治，办事有条不紊，举动应时而有节。因为他不与万物相争，所以就能避免怨咎。在这段话中，老子没有把善利万物看成是"无尤"的保证，而把不争看成是"无尤"的保证，具有极高的智慧。因为善利万物后，如果要求得到自己那一份或自己所期望的回馈和报答，那就可能酝酿着冲突和争斗，往往会产生同党相争、兄弟阋墙和亲朋反目的现象。老子思想的超越之处在于，他把不争看成水的基本品格，即善利万物后不要求别人的认可、表扬和回报，强调只有不争，才能达到"上善"的境界；只有不争，才能善利万物；只有不争，才能"处众人之所恶"，不惧"人恶卑也"；只有不争，才能成为"无尤"的人，没有过失的人。

老子之不争的前提是知足知止。人类争斗的主要原因是贪欲；要避免无谓的争斗，就得防止贪欲。贪欲是贪心和欲望的结合，就是过分的要求和无休止的索取。佛经认为，贪欲建立在眼、耳、鼻、舌、身、意等感官和意识之中，换言之，感官和意识是贪欲的基本来源。所以，老子指出贪欲、骄奢淫逸、纵情声色犬马，必然伤害人的品性，导致人的争斗，"五色令人目盲，五音令人耳聋，五味令人口爽，驰骋畋猎令人心发狂，难得之货令人行妨。是以圣人为腹不为目，故去彼取此"。对于欲望，老子并不简单地反对，他只是要求少私寡欲、知足知止。欲望能够知足知止，就是正常的；不能够知足知止，就会变成贪欲。贪欲必然引起人与人之间的争斗，"名与身孰亲？身与货孰多？得与亡孰病？甚爱必大费，多藏必厚亡。故知足不辱，知止不殆，可以长久"。这段话指出了贪求名利的弊害，告诫世人只有知足知止，方能免受屈辱、避祸全生。《老子》一书多次提到知足知止，这既是不争的前提，又与不争的含义相近。贪欲中危害最大的是对权力的欲望，知足知止重点是对统治者提出的要求。第三十三章讲的是知足，"知人者智，自知者明。胜人者有力，自胜者强。知足者富，强行者有志，不失其所者久，死而不亡者寿"。王弼注云："知足者自不失，故富也。"这段话广泛涉及知识、学习、力量、财富、志向和长寿的内容，句句都是人格修养的至理名言。尤其是"知足者富"，更有着警示作用。如果自己不知足，心里就有烦恼，怎么会感到富呢？由于不知足，如果还去和别人争斗，无论输赢，对身心都是一种伤害，就更不可能感到富了。第三十二章讲的是知止，"始制有名，名亦既有，夫亦将知止。知止可以不殆"。王弼注始制为"官长不可不立名分以定尊卑，故始制有名"。意思是，万物兴作就产生了各种名称，各种名称已经制定了，就知道有个限度，知道有所限度，就可以避免危险。这段话是说明事物特别是官场有了规则，就应按规则行事，如果违反规则，就会引起矛盾和争斗，招致灾祸。当然，贪欲是人类共同的现象，统治者有贪欲，一般民众也会有贪欲。老子认为，应从统治者和民众两个方面来努力，返璞归真，消除人的贪欲，去除争斗和动乱的根源。由于社会现实的丑恶和影响，容易使人产生贪欲、纷争和盗心，老子就强调净化民众的心灵，减少贪欲之心，保证他们能够过上温饱的生活，使其体魄强健，从而成为健康完善的人，"不尚贤，使民不争；不贵难得之货，使民不为盗；不见可欲，使民心不乱。是以圣人之治，虚其心，实其腹；弱其志，强其骨。常使民无知无欲，使夫智者不敢为也。为无为，则无不治"。

老子之不争的关键是贵柔守弱。在经验世界里，人们反对弱，追求强，都推崇阳刚之气，"天行健，君子以自强不息"；老子恰恰相反，主张柔弱，推崇阴柔之气，赞美水、女性和婴儿的品质。《吕氏春秋》认为："老聃贵柔，孔子贵仁"，大抵反映了老子与孔子、道家与儒家不同的思想风格和精神追求。道家和儒家共同哺育了中华文明。老子之柔弱，不仅仅是政治方式和处世模式，更是道的基本作用，"反者，道之动；弱者，道之用"。老子之柔弱与不争思想有着严谨的逻辑结构，因为柔弱，所以不争，而阳刚过盛、争强好胜，则必然争斗不已，以致两败俱伤。"天下莫柔弱于水，而攻坚强者莫之能胜，以其无以易之。弱之胜强，柔之胜刚，天下莫不知，莫能行。"意思是，天下没有比水更柔弱的，可是攻克坚强的东西却没有什么能胜过水，因为水的本质是无法改变的。柔胜过刚，弱胜过强，这道理天下没有人不知道，却没有人能实行。在老子看来，婴儿和水一样都是柔弱的象征，水至柔而可穿石，婴儿至弱而诸邪不侵，却是最有生命力的，"含德之厚，比于赤子。蜂虿虺蛇不螫，猛兽不据，攫鸟不搏。骨弱筋柔而握固，未知牝牡之合而全作，精之至也。终日号而不嗄，和之至也"。王弼注云："赤子无求无欲，不犯众物。故毒螫之物无犯于人也。含德之厚者，不犯于物，故无物以损其全也。"同时，老子认为，坚强和过于逞强是死亡之徒，是衰老的表现，"人之生也柔弱，其死也坚强。草木之生也柔脆，其死也枯槁。故坚强者死之徒，柔弱者生之徒。是以兵强则灭，木强则折。强大处下，柔弱处上"。在老子看来，柔弱虽然是不争，但不是软弱、懦弱，而是含有韧性和持续性，柔弱还能胜刚强，"将欲歙之，必固张之；将欲弱之，必固强之；将欲废之，必固兴之；将欲夺之，必固予之，是谓微明。柔弱胜刚强"。范应元注云："张之、强之、兴之、与之之时，已有歙之、弱之、废之、取之之几伏在其中。几虽幽微，而事已显明也，故曰'微明'。"[1] 由此可知，柔弱胜刚强是有条件的，一方面是事物内部存在弱与强的矛盾因素，另一方面是要采取措施，促进弱的一方转强、强的一方变弱，从而实现以柔克刚。在老子看来，柔弱的重要表现形式是谦虚处下、以退求进，"故贵以贱为本，高以下为基。是以侯王自谓孤、寡、不谷。此非以贱为本邪？非乎？故致数舆无舆。不欲琭琭如玉、珞珞如石"。

---

[1] 范应元：《老子道德经古本集注》，华东师范大学出版社 2010 年版，第 63 页。

意思是，所以贵以贱为根本，高以下为基础。因此，侯王自称为孤、寡、不谷。这不是把低贱当根本吗？岂不是吗？所以最高的称誉是无须夸誉的。因此不愿像玉那样华丽，宁可像石块般的坚实。然而，无论在历史长河里，还是在现实生活中，人们总是喜欢自作聪明、骄傲自大、独断专行、目空一切，这往往会走向事物的反面，带来严重的后果，"企者不立，跨者不行，自见者不明，自是者不彰，自伐者无功，自矜者不长"。为此，老子指出："是以圣人抱一为天下式。不自见故明，不自是故彰，不自伐故有功，不自矜故长。夫唯不争，故天下莫能与之争。古之所谓曲则全者，岂虚言哉！诚全而归之。"意思是，圣人守道，作为天下的范式。不自我表现，所以是非分明；不自以为是，所以声名昭彰；不自我夸耀，所以能建立功勋；不自高自大，所以能领导众人。正因为他不与人争，所以天下没人能和他竞争。古人所说的"委曲反能保全"，难道说的是空话吗？确实做到周全，就会回归于道。

老子之不争的路径是无为而治。在人类历史上，有权力的人总想运用权力做更多的事情，给历史和社会留下自己活动的痕迹，以求青史扬名。按常理说，这一想法无可厚非，儒家甚至肯定、倡导人们积极入世和努力作为。问题在于，权力天生具有自我膨胀和无限扩张的本性，在没有可靠制度约束的情况下，就容易使统治者任性地使用权力，恣意妄为地使用权力，从而给社会和民众造成伤害，甚至是灾难性后果。老子正是看到权力这一本性，从道法自然的哲学思想出发，提出了无为而治的政治主张。老子认为，无为与不争是相通的，都是顺应自然规律，不刻意去做什么，也不强加意志给外界事物，以求事物自然而然、自然天成。《老子》一书最后一句话是"圣人之道，为而不争"，无为是无为而为，不争是不争之争，无为与不争实现了完美的统一。无为通过不争自然而为，不争通过无为自然而争。在老子那里，无为是顺应事物之自然，排除不必要的作为或妄为，这也就是不与自然争斗，不违反自然规律。第五十七章先是提出无为而治的要诀，"以正治国，以奇用兵，以无事取天下。吾何以知其然哉？以此"。接着批判违反自然的治国方式，"天下多忌讳，而民弥贫；民多利器，国家滋昏；人多伎巧，奇物滋起；法令滋彰，盗贼多有"。后是借圣人之言，全面阐述无为而治的丰富内涵，强调无为而治是一种高度自由放任的政治，充分尊重并信任人民的权利和能力，"故圣人云，我无为而民自化，我好静而民自正，我无事而民自富，我无欲而民自朴"。在老子那里，真正有本事的人既是无为的也是不争的，而不争是一种高贵品德。第六十八章指出："善为士者不武，善战者不怒，善胜敌者不与，善用人者为之下。是谓不争之德，是谓用人之力，是谓配天古之极。"意思是，善于做武士的人不显示威武，善于作战的人不发怒，善于取胜的人不与人对抗，善于用人的人居于人之下。这就叫作不争的品德，这就叫作用人，这就叫作与天相配，是古时极致的境界。在老子那里，无为而治就是圣人之治，而圣人甘于处下居后，不仅是不争之德的体现，而且能蓄养万民，不给老百姓造成负担和损害。第六十六章先是指出"善下"是统治者的基本品格，"江海所以能为百谷王者，以其善下之，故能为百谷王"。接着指出圣人之治，在于正确处理统治者与老百姓的关系，"是以欲上民，必以言下之；欲先民，必以身后之。是以圣人处上而民不重，处前而民不害，是以天下乐推而不厌。以其不争，故天下莫能与之争"。意思是，所以想要处于人民之上，就要以言辞对人民表示谦下；想要处于人民之前，就要把自身放在人民后面。所以圣人处于上位而人民不觉得沉重，处在前面而人民不觉得损害。所以天下人都乐于推戴他而不是厌弃他。因为圣人不与人争，所以天下没有人能跟他争。

社会心理学有一个著名的"卡车竞赛试验"，这个试验是两人一组，分别充当甲、乙运输公司的经理，任务是使自己的车辆以最快的速度从起点通向终点，而且速度越快赚钱越多。每个人都有两条路线可供选择，一条是个人专用的远道；一条是两人共用的近道，路窄而每次只能通行一辆车。很明显，为了多赚钱，双方应该合作，轮流走近道。然而试验结果却是双方都抄近道，狭路相逢，谁也不能通过，谁也不肯让步。许多研究表明，尽管合作是最好的策略，但人们往往倾向于竞争而不愿合作。现代社会是个竞争社会，老子之不争还有现实意义吗？答案是充分肯定的。人生虽然充满着竞争，但不争仍然有着广阔空间，在家庭伦理范围内，父慈子孝、兄友弟恭，不争就是主旋律；在以道义为主的场合，不争也是主要选择。在不争的空间，老子之不争无疑具有重要指导意义。即使在竞争的空间，老子之不争也有着指导意义，这就是顺应竞争规律，自然而然去竞争，实现为而不争。所谓为而不争，是指竞争中不能违反公认的规则，违反了，就是不公平的竞争；是指竞争中不能无缘无故地侵犯他人利益，侵犯了，就是不正当的竞争；是指竞争中不能做伤天害理的事情，伤害了，就是不道德的竞争。在竞争与不竞争之间，还存在着灰色空间，老子之不争更有着指导意义，尤其是对于个人名利地位，能够不争的就不要去竞争。人们在竞争中可能丧失自我，但在不争中却能超越自我、完善自我。

老子之侯王：现实选择

老子是政治思想大师，老子之政治哲学充满智慧。汉初学者司马谈赞叹不已，他在《论六家要旨》中指出："道家使人精神专一，动合无形，赡足万物。其为术也，因阴阳之大顺，采儒墨之善，撮名、法之要，与时迁移，应物变化，立俗施事，无所不宜。指约而易操，事少而功多。"[1] 意思是，道家使人精神专一，行动合乎无形之道，使万物丰足。道家之术是依据阴阳家关于四时运行顺序之说，吸收儒、墨两家之长，撮取名、法两家之精要，随着时势的发展而发展，顺应事物变化，树立良好风俗，应用于人事，无不适宜。主旨简约扼要而容易掌握，用力少而功效多。当然，思想的作用不能代替实践的作用；思想的伟力不仅仅在于思想本身，还在于学习运用这些思想的物质力量，任何思想家都期盼能够找到运用其思想以改造主客观世界的现实力量。老子就把希望寄托在侯王身上，《老子》一书有八章使用侯王、王公和王的概念，"故道大，天大，地大，王亦大。域中有四大，而王居其一焉。人法地，地法天，天法道，道法自然"。傅奕本"王亦大"为"人亦大"，其余各本一般为"王亦大"；张松如认为：老子书屡以天、地、侯王与道并言，"盖以三者皆为道所生，而得其一体故也"。[2] 在老子的思想中，侯王作为

---

〔1〕 司马迁：《史记》卷 130，中华书局 1959 年版，第 3289 页。

〔2〕 张松如：《老子说解》，齐鲁书社 1987 年版，第 168 页。

现实的统治者和政治力量，对于实现其政治理想，具有不可替代的重要作用。老子实际上形成了侯王之治或侯王之道的观念。

不过，老子没有想到的是，因为使用侯王、王公概念，使得后人对《老子》的成书时间产生激烈争论。最先由梁启超提出、一些学者附和认为，诸侯是在春秋后若干年才开始称王的，战国时期才有侯王、王公的名词，据此论证《老子》一书晚出于战国时期，而非春秋时期。事实上，诸侯称王的历史很早，王国维曾做过考证，他在《古诸侯称王说》中指出："盖古时天泽之分未严，诸侯在其国，自有称王之俗"；[1]还举例录伯簋的"簋王"和乖伯簋的"幾王"，就是诸侯国内的自称。即使梁启超在世时，一位叫张煦的年轻人就写了一篇《梁任公提诉〈老子〉时代问题一案判决书》进行反驳，他说："考吴子寿梦在《春秋》绝笔前一百零四年已称王，稍后越亦称王，楚更在春秋前称王。老子原籍与楚接壤，或后竟为楚人，岂有不知楚王？在周作官，岂有不知周王（夏、商、周皆称王）？何以孔子同时的老子，不会用他？《易经·蛊之上九》'不事王侯，高尚其事'，不是早已'王侯'联用吗？《易·坎·象》'王公被险以守其国'，《易·离·象》'六五之吉离王公也'，不是'王公'联用吗？"[2]据说，张煦以判决书的形式回应梁启超对《老子》年代问题的公诉，虽然梁启超未必赞同他的观点，却很赞赏这一形式。1993年湖北郭店竹简本的出土，基本可以肯定《老子》的成书年代应为春秋末期。

实际上，老子心目中的统治者既有侯王又有圣人，侯王是现实中的统治者，圣人是理想中的统治者。理想与现实总是存在着差距，

---

〔1〕 王国维：《古诸侯称王说》，《观堂集林》（外二种），河北教育出版社 2003 年版，第623 页。

〔2〕 罗根泽编：《古史辨》（第四册），上海书店 1933 年版，第 317 页。

在现实社会中找不到圣人，退而求其次，老子先找到侯王，以实现其政治理想。在老子那里，侯王与圣人没有不可逾越的鸿沟，侯王是通往圣人的载体，是建立理想社会的直接推动力量，好的侯王就是圣人。圣人是先秦诸子共同使用的概念，也是他们崇拜的理想人格。老子和孔子都使用过圣人概念，首先是指理想的统治者，然后才是理想人格。《老子》一书多次使用圣人概念，比较全面地论述了圣人的内容，明确提出了圣人之治的论断，"是以圣人之治，虚其心，实其腹；弱其志，强其骨。常使民无知无欲，使夫智者不敢为也。为无为，则无不治"。《论语》一书很少使用圣人概念，也没有提出圣人之治的观点，却指出了圣人之治的具体形象，这就是尧、舜、禹、汤以及周朝的文王、武王和周公，"子贡曰：'如有博施于民而能济众，何如？可谓仁乎？'子曰：'何事于仁？必也圣乎！尧、舜其犹病诸！'"意思是，弟子子贡问，如有人广泛地给予民众实惠，紧急时又能救济大众，这样如何呢？可以称他为仁者吗？孔子回答，岂止是仁呢？一定是圣人了！就是连尧、舜也会感到力量不足呀！无论老子还是孔子，都认为圣人是理想，并不是现实存在。老子是周朝史官，十分熟悉历史；《老子》一书虽然多有圣人，却没有圣人的具体形象，即使有形象，也是对遥远母系氏族社会的模糊回忆。这可能不是疏忽，而是在老子看来，圣人是高不可攀的。孔子虽然承认古时有圣人，却明确否认圣人的现实存在，否认自己是圣人，"若圣与仁，则吾岂敢！抑为之不厌，诲人不倦，则可谓云尔已矣！"因此，老子和孔子都把目光投向了侯王，希望现实中的统治者以圣人为榜样，或自然而为或积极作为，着力治国安邦，推动理想社会的实现。

由于春秋社会是个乱世，统治阶级内部不断上演着臣弑君、子杀父、兄弟阋墙的闹剧，现实中的侯王大多昏庸无能、荒淫无耻。面对侯王现状，老子是既爱又恨，既寄予期望又给予猛烈批判。首先是恨和批判，老子批判了侯王们生活奢靡，斥责他们是盗贼，"朝甚除，田甚芜，仓甚虚。服文彩，带利剑，厌饮食，财货有余，是谓盗夸。非道也哉！"意思是，朝廷很败坏，田地很荒芜，仓廪很空虚，有人却还穿着绣着文采的衣服，带着锋利的宝剑，餍足了饮食，家里有着多余的财货，这种人就叫大盗。这真是无道啊！老子批判了侯王们横征暴敛，老百姓民不聊生，"民之饥，以其上食税之多，是以饥。民之难治，以其上之有为，是以难治。民之轻死，以其求生之厚，是以轻死"。这段话尖锐地批评了侯王的政治剥削，指出人民的饥饿、社会的混乱，都是由于统治者的贪欲造成的。老子批判了侯王们滥用刑罚，暴政虐民，对他们提出强烈抗议，"民不畏死，奈何以死惧之！若使民常畏死，而为奇者吾得执而杀之，孰敢？常有司杀者杀，夫代司杀者杀，是谓代大匠斫。夫代大匠斫者，希有不伤其手矣"。蒋锡昌注云："人君不能清静，专赖刑罚，是代天杀。"[1]意思是，人民不畏惧死亡，为什么用死亡来恐吓他？如果使人民真的畏惧死亡，对于为邪作恶的人，我们就可以把他抓来杀掉，谁还敢为非作歹？经常有专管杀人的去执行杀的任务。那代替专管杀人的去执行杀的任务，这就如同代替木匠去砍木头一样。那代替木匠砍木头，很少有不砍伤自己的手的。老子对侯王们的批判，真是爱之愈深、责之愈切，他对侯王们还是抱有真诚的期望。

老子最大的期望，是侯王们能够得道。道是老子哲学最基本的范畴，也是道家理论体系赖以确立的基础。老子之所以选择道为基本范畴，是因为道具有形而上的特性，从而成为自然界、人类社会的本原和运行规律，"有物混成，先天地生。寂兮寥兮，独立不改，周行而不殆，可以为天下母。吾不知其名，字之曰道，强为之名曰大。大曰逝，逝曰远，远曰反"。王弼注云："混然不可得而知，而

---

〔1〕 蒋锡昌：《老子校诂》，成都古籍书店1988年版，第435页。

万物由之以成，故曰'混成'也。不知其谁之子，故先天地生。"因此，侯王治理国家则必须得道并遵道而行，不可违反人类社会的本性和法则。《老子》第三十九章从天地、神明、溪谷说起，然后归结到侯王，不经意间就把人事和天地、神明、溪谷贯通起来，既体现了老子包括宇宙、混同万物的博大情怀，又详细论述了侯王得道的益处和失道的危害。该章先是说明道的作用和得道的益处，它是万物存在的根据，是天地、神明、溪谷以至于侯王赖以保全的依据，"昔之得一者，天得一以清，地得一以宁，神得一以灵，谷得一以盈，万物得一以生，侯王得一以为天下贞"。林希逸注云："'一'者，道也"；[1] 王弼注云："昔，始也。一，数之始而物之极也。各是一物之生，所以为主也。物皆各得此一以成，既成而舍以居成，居成则失其母，故皆裂、废、歇、竭、灭、蹶也。各以其一，致此清、宁、灵、盈、生、贞。"这一层次着重强调侯王得道，天下就能平定，国家就能稳定，百姓就能安定。次是说明盛极而衰和失道的危害，天地、神明、溪谷以至于侯王如果一意孤行，就会走向毁灭，"其致之，天无以清将恐裂，地无以宁将恐发，神无以灵将恐歇，谷无以盈将恐竭，万物无以生将恐灭，侯王无以为贞将恐蹶"。高亨注云："'致'犹推也，推而言之如下文也"；[2] 王弼注云："用一以致清耳，非用清以清也。守一则清不失，用清则恐裂也。故为功之母不可舍也。是以皆无用其功，恐失其本也。清不能为清，盈不能为盈，皆有其母，以存其形。故清不足贵，盈不足多。贵在其母，而母无贵形。"这一层次着重强调了侯王失道，高高在上、恣意妄为，国家就会垮台，政权就会倾覆。后是运用辩证思想，说明事物的存在是相反相成的，侯王应当处贱而取下，自立于根本之上，"故贵以

---

〔1〕 林希逸：《老子鬳斋口义》，华东师范大学出版社 2010 年版，第 43 页。

〔2〕 高亨：《老子正诂》，中国书店 1988 年版，第 89 页。

贱为本，高以下为基。是以侯王自谓孤、寡、不谷。此非以贱为本邪？非乎？故致数舆无舆。不欲琭琭如玉、珞珞如石"。意思是，所以想要贵就得以贱为根本，想要高就得以下为基础。所以侯王谦称自己是孤、寡、不谷。这就是以贱为本吧？不是吗？所以追求过多的声誉就会失去声誉。所以有道之人不愿像玉那么精美，而宁可像石头一样朴实。这一层次着重强调了侯王与百姓虽然有贵贱、高下之别，但两者是可以转化的。如果侯王以谦虚处下的态度对待百姓，那么百姓就会拥护他，他就能稳居王位。反之，百姓就会反对侯王，他也将失去王位和政权。因此，老子期望侯王像圣人那样甘愿居下，甚至忍辱负重，"是以圣人云：'受国之垢，是谓社稷主；受国不祥，是为天下王。'正言若反"。意思是，所以圣人说，承受一国的耻辱，这就是国家的君王；承受一国的灾祸，这就是天下的君王。正话听起来像是反话。

老子重要的期望，是侯王们能够无为。无为是老子政治哲学的核心概念；老子倡导的政治是尊重民意，顺其自然，无为而治，"圣人无常心，以百姓心为心"。汉初学者司马谈极为推崇无为理念，不乏溢美之词，"道家无为，又曰无不为。其实易行，其辞难知。其术以虚无为本，以因循为用。无成势，无常形，故能究万物之情。不为物先，不为物后，故能成万物主。有法无法，因时为业；有度无度，因物与合。故曰：'圣人不朽，时变是守'"。[1] 意思是，道家讲无为，又说无不为。其实际主张容易施行，其思想则幽深微妙，难以明白通晓。其学说以虚无为理论基础，以顺应自然和万物天性为实用原则。道家认为事物没有既成不变之势，没有常存不变之形，所以能够探求万物的情理。不做超越物性的事情，也不做落后物性的事情，所以能够成为万物的主宰。有法而不任法以为法，要顺时

---

〔1〕 〔汉〕司马迁：《史记》卷 130，中华书局 1959 年版，第 3292 页。

势以成其业；有度而不恃度以为度，要根据万物之形各成其度而与之相合。所以说，圣人的思想和业绩不可磨灭，就在于能够顺应时势的变化。《老子》第三十七章进一步阐述道的原理是无为，希望侯王能够遵守道的原理，用无为的方法治理国家，"道常无为而无不为。侯王若能守之，万物将自化。化而欲作，吾将镇之以无名之朴。无名之朴，夫亦将无欲。不欲以静，天下将自定"。意思是，道经常不作为，却又无所不为。侯王如能坚持无为，万物将自然化育成长。化育成长会产生贪欲，我将用道的真朴即道德来镇服它。这个道德就能根绝这种贪欲。根绝贪欲就能安静，天下将会自然安定。河上公注云："道以无为为常也。言侯王若能守道，万物将自化效于己也。吾，身也。无名之朴，道德也。万物已化效于己也，复欲作巧伪者，侯王当身镇抚以道德也。"这段话中的"化而欲作，吾将镇之以无名之朴"，引起后人争议不断，有的解释为老子主张用武力来镇压民众，林语堂则正确地指出："在万物生长繁衍的过程中，难免有欲心邪念，这时唯有以道的本质'无名之朴'，来克服这种情形的发生。"[1] 欲望，尤其贪欲，是一切罪恶、动乱和争斗的根源，也是侯王无为而治的最大障碍。欲望，不仅在侯王心中存在，而且在老百姓心中也存在。老子分别提出了克制欲望的要求，对于侯王而言，只有坚守无为原理，天下才会太平，"故圣人云，我无为而民自化，我好静而民自正，我无事而民自富，我无欲而民自朴"。否则，侯王们过分作为和过度干预，结果必然是社会混乱，"天下多忌讳，而民弥贫；民多利器，国家滋昏；人多伎巧，奇物滋起；法令滋彰，盗贼多有"。对于百姓而言，就是要减少奸巧诈伪，恢复和保持淳朴的本性，"绝圣弃智，民利百倍；绝仁弃义，民复孝慈；绝巧弃利，盗贼无有。此三者，以为文不足，故令有所属，见素抱朴，少私寡欲。

---

〔1〕 林语堂：《老子的智慧》，陕西师范大学出版社 2006 年版，第 148 页。

绝学无忧"。意思是，抛弃聪明与巧智，民众才能获利百倍；抛弃仁与义的法则，民众才能回归孝慈；抛弃机巧与货利的诱惑，盗贼才能消失。以上三种巧饰之物，不足以治理天下，因此要让民心有所归属：外表单纯而内心淳朴，少有私心而降低欲望。抛弃所谓的学问，就能无忧无虑。

老子由衷的期望，是侯王们能够守朴。朴是老子思想的一个重要概念，首要含义是自然而然、浑厚纯真。《老子》第十五章描述古代得道之士的形象时，其中有"敦兮，其若朴"，意思是，敦厚诚实啊，就像未经雕琢的木材。第十九章提出解决社会动乱的办法，其中有"见素抱朴，少私寡欲"，意为外表单纯而内心淳朴，少有私心而降低欲望。第二十八章阐述了"知雄守雌"的观点，其中有"知其荣，守其辱，为天下谷。为天下谷，常德乃足，复归于朴。朴散则为器，圣人用之，则为官长。故大制不割"。意思是，深知荣耀的尊贵，却安守卑下的位置，愿做天下的山谷。愿做天下的山谷，美德就永远充足，复归于自然的真朴。真朴分散制成器物，圣人利用它们，成为众人的领袖。所以，完美的体制浑然如一。同时，朴与无欲相联系；没有贪欲，就是自然淳朴，第三十七章有"无名之朴，夫亦将无欲"，第五十七章有"我无欲而民自朴"。老子之朴浑厚纯真，就像道那样恍惚，有着道的神韵；朴和道一样不可名状，很难言说，却是真实存在，"道之为物，惟恍惟惚。惚兮恍兮，其中有象；恍兮惚兮，其中有物。窈兮冥兮，其中有精；其精甚真，其中有信"。自然而然、没有欲望，这就是老子对朴概念的本质规定。老子认为，侯王们如果能够守朴，顺应民意，自然而为，就能治理好国家。第三十二章全面阐述了侯王守朴的思想，先是"道常无名，朴虽小，天下莫能臣也。侯王若能守之，万物将自宾"。王弼注云："道，无形不系，常不可名，以无名为常。故曰'道常无名'也。朴之为物，以无为心也，亦无名。故将得道，莫若守朴。夫智者，可以能臣也；勇者，可以武使也；巧者，可以事役也；力者，可以重任也。朴之为物，愦然不偏，近于无有，故曰'莫能臣'也。抱朴无为，不以物累其真，不以欲害其神，则物自宾而道自得也。"这是强调道是无为无名，侯王守朴就是守住无为无名。次是"天地相合以降甘露，民莫之令而自均"，意思是，天地之气阴阳交合，就会有甘露降临，民众不曾给它指令，却能自然分布均匀。这是指出侯王如能像天地那样，不强行实施政令，不强加自己的意志，自然地对待百姓，百姓就会自由地发展和自在地平衡。再次是"始制有名，名亦既有，夫亦将知止。知止可以不殆"。王弼注云："'始制'，谓朴散始为官长之时也。始制官长，不可不立名分以定尊卑，故'始制有名'也，过此以往，将争锥刀之末，故曰'名亦既有，夫亦将知止'也。遂任名以号物，则失治之母，故曰'知止所以不殆'也。"这是要求侯王行事要有限度，不可膨胀个人的欲望，制定法令制度要有限度，不要过多地制定法令；已经颁布的政令，让百姓自然遵守，不可苛刻实施；行事能够适可而止，人民便不会反抗。后是"譬道之在天下，犹川谷之于江海"。这是强调侯王对待百姓要像大海对待江河那样。江河归于大海，并不是大海的强制，而是江河自然地归入；道行于天下，不是道的要求，而是天下自己顺道而行；百姓安定富足，不是侯王的有为，而是百姓自然而然地生存。

南宋诗人朱敦儒有一首叫《鹧鸪天·西都作》的词，下半阕为"诗万首，酒千觞，几曾着眼看侯王。玉楼金阙慵归去，且插梅花醉洛阳"。这首词既表达了作者不愿在朝为官的思想，更表达了傲视权贵、看不起侯王的态度。然而，不管看得起还是看不起，侯王都是客观存在，且是治国理政的中坚力量。要想国家安定、老百姓安居乐业，还得依靠侯王的统治和管理。用现代语言来说，侯王如同官员。官员是和国家、政府联系在一起的。西方社会一直不太看好国家、政府和官员，美国思想家潘恩认为："社会在各种情况下都是受人欢迎的，可是政府呢，即使在其最好的情况下，也不过是一件免不了的祸害；在其最坏的情况，就成了不可忍受的祸害。"[1] 由此可见，国家、政府和官员都是人类社会无可奈何的选择。没有官员，社会就会陷入无政府状态，将更加动荡和混乱，而官员的存在，则可能滥用权力，对社会和老百姓造成伤害。两害相权取其轻，既然社会不可能没有官员，那就应该加强对官员的约束，主要是约束官员的权力。要明确官员的权力来源，这就是权为民所赋，没有人民赋权，官员就没有任何权力；即使赋予了，当人民不满意的时候，也可以随时收回。要分散官员的权力，这就是分权制衡，尽可能把权力分散交由不同部门或不同官员负责，以便在权力之间建立起制衡和约束的关系。要规范官员行使权力，这就是法定原则，对于官员而言，法律没有授予的权力，都不能行使，以防止官员滥权；对于百姓而言，法律没有禁止的事情，都可以自主地决定和自由地办理，以维护人民的权利。用人民的权利约束官员的权力，或许是最好的选择。在人民权利的阳光照耀之下，百姓才有幸福，官员才有尊严。

---

[1]　马清槐等译：《潘恩选集》，商务印书馆 2009 年版，第 1 页。

人生哲学

圣人人格、见素抱朴、卑弱自持

老子之伦理：见素抱朴

老子哲学是一个完整的思想体系，含有本体哲学、政治哲学和人生哲学；老子之道是天道、治道和人道的统一体。老子表面上看是现实人生的冷眼旁观者，本质上却是一位热爱人生的智者。他十分关注人的命运，从形而上的高度审视世相百态，以超越自我的精神探究人生哲理，建构起一套独特的伦理道德哲学。使用老子之伦理这一概念，有点无奈，如果使用老子之人生，就可能误解为研究老子的一生；如果使用老子之道德，倒比较符合文章的主题，而这既可能与老子之道混淆起来，又可能与老子之德混淆起来。伦理一词，是指人与人相处的各种道德标准；伦理学是关于道德的起源和发展以及人的行为准则和人与人之间的义务的学说。因此，老子之伦理既是伦理学又是道德哲学，既是人生观又是人生哲学。

老子之伦理思想有着深厚的理论基础。最重要的理论基础是"道生德成"思想，老子把生命的终极根源归结为道，"有物混成，先天地生。寂兮寥兮，独立不改，周行而不殆，可以为天下母。吾不知其名，字之曰道，强为之名曰大。大曰逝，逝曰远，远曰反"。老子没有把生命之源归结为天或天命，具有革命性意义。张岱年指出："认天为一切之最高主宰的概念，为老子所打破。老子年代本先于孟子，但孟子仍承受传统观念而修正发挥之，老子却作了一场彻底的思想革命。老子以为天并不是最根本的，尚有为天之根本者。老子说：'有物混成，先天地生。'最根本的乃是道，道才是最先的。"[1] 在老子看来,道作为天地母,蕴藏着无穷的生命力,"道生一,一生二,二生三,三生万物。万物负阴而抱阳,冲气以为和"。而道化生万物过程中,还需要德的无私蓄养,"故道生之,德畜之;长之育之,亭之毒之,养之覆之。生而不有,为而不恃,长而不宰,是谓玄德"。同时,"道法自然"思想是重要的理论基础,尤其是生死自然的观念,"人法地,地法天,天法道,道法自然"。老子把天地万物的生长消亡看成自然而然的过程,"天地所以能长且久者,以其不自生,故能长生"。《庄子·养生主》记载的秦佚吊唁老子的故事很能说明生死自然的道理。秦佚是老子的好友,老子死时去吊唁,不跪不拜,拱手致意,哭号三声即止,邻人不理解,斥责秦佚。秦佚回答:"适来,夫子时也;适去,夫子顺也。安时而处顺,哀乐不能入也,古者谓是帝之悬解。"意思是,当初老子出生来到这个世界上,是时机到了;现在死亡离开这个世界,也无非是顺应老天的安排而已。如果能够安于天时而顺应自然,那么因生死而来的喜乐和悲哀都不足以扰动我们的内心。古代得道高人把这种领悟看成"上天把我们从倒吊着的痛苦中解放出来"。此外,"重身惜生"思想也是重要的理论基础。老子极其重视个体的生命价值,认为生命比声名、货利更重要,"名与身孰亲? 身与货孰多? 得与亡孰病? 甚爱必大费,多藏必厚亡"。老子不仅重视生命,而且爱惜生命,"盖闻善摄生者,陆行不遇兕虎,入军不被甲兵,兕无所投其角,虎无所措其爪,兵无所容其刃。夫何故? 以其无死地"。意思是,听说善于养生的人,在陆地行走不避犀牛、老虎,在战场上不受兵器伤害,在他身上犀牛没有地方投刺它的角,老虎没有地方用上它的爪,兵器没有地方容纳它的锋刃。为什么会这样呢? 因为他身上没有可以致

---

[1] 张岱年著,刘鄂培主编:《张岱年文集》(第二卷),清华大学出版社1990年版,第36页。

死的地方。道生德成、生死自然、重身惜生的思想，构筑了坚实的理论基础，从而使老子之伦理出类拔萃，这是先秦其他思想家所难能企及的。

比较而言，老子之伦理还具有鲜明的特征，这就是批判性和反传统。哲学是怀疑的学问，从本质上说是批判的。正因为批判性和反传统，使得老子之伦理更深刻，也更具创新性。老子倡导无知无欲，不但批判贪欲对人性的泯灭，而且批判统治者使用奸诈和巧智，"不尚贤，使民不争；不贵难得之货，使民不为盗；不见可欲，使民心不乱。是以圣人之治，虚其心，实其腹；弱其志，强其骨。常使民无知无欲"。老子明确批判物欲横流，认为人性本是自然的，一旦受到外在诱惑和刺激，就会改变，"五色令人目盲，五音令人耳聋，五味令人口爽，驰骋畋猎令人心发狂，难得之货令人行妨。是以圣人为腹不为目，故去彼取此"。老子坚持批判以智治国，认为以智治国只会给国家带来祸害，而不以智治国，则能复归于自然之道，实现淳朴自然的太平之治，给国家带来福祉，"民之难治，以其智多。故以智治国，国之贼；不以智治国，国之福"。同时，老子之伦理否定了正统的道德思想，表现出强烈的反传统色彩。春秋末期，周王朝已经式微，但殷周以来建立的伦理规范、道德信条和礼仪制度仍然有着重要影响，而儒家学派极为推崇周礼，也在大力宣传仁、义、礼、智、信等伦理道德思想。老子出于对社会政治现实的认识以及对殷周以来政治文化传统的反思，明确反对、否定殷周以来形成的以仁、义、礼为核心的人文传统和道德观念，"故失道而后德，失德而后仁，失仁而后义，失义而后礼。夫礼者，忠信之薄而乱之首"。意思是，所以说，丧失了道然后有了德，丧失了德然后有了仁，丧失了仁然后有了义，丧失了义然后有了礼。这礼真是忠信衰薄的体现和祸乱的根源。当然，老子的反对是一种辩证的否定，而不是简单的否定，"大道废，有仁义；慧智出，有大伪；六亲不和，有孝慈；国家昏乱，有忠臣"。在辩证的否定过程中，老子创新性地提出自己的道德思想。

素朴是老子之伦理的本质要求。按照进化论的观点，人是从动物演变而来的。从生物学角度分析，人虽然脱离了动物界，却仍具有动物的生理和心理特点；物质需求和情感需求的欲望仍是人和动物共同的本能特性。从社会学的角度分析，人具有思想、意识等精神需求，这一方面把人从动物界区别出来，另一方面也使人比动物多了精神欲望。在老子看来，无论物质欲望还是精神欲望，只要是贪欲，都是社会动乱和不道德行为的根源，因而提出"素朴"的道德主张，"绝圣弃智，民利百倍；绝仁弃义，民复孝慈；绝巧弃利，盗贼无有。此三者，以为文不足，故令有所属，见素抱朴，少私寡欲。绝学无忧"。素朴原意为未经雕琢过的木材，引申为人之天然纯真的本性，这是人能够无知无欲、少私寡欲的根基。如果人失去素朴，就会贪得无厌、索求无度，"朝甚除，田甚芜，仓甚虚。服文彩，带利剑，厌饮食，财货有余，是谓盗夸。非道也哉！"意思是，朝廷很败坏，田地很荒芜，仓廪很空虚。有人却还穿着华丽的衣服，带着锋利的宝剑，餍足了饮食，家里有多余的财货，这种就叫大盗。这真是无道啊！老子经常用婴儿来比喻素朴，"含德之厚，比于赤子。蜂虿虺蛇不螫，猛兽不据，攫鸟不搏。骨弱筋柔而握固，未知牝牡之合而全作，精之至也。终日号而不嗄，和之至也"。在这段话中，老子认为婴儿是最为淳朴和天真无邪的，身心都处在积极正面状态，以此比喻得道者一灵不昧、可以通神，虫蛇鸟兽亦不能伤。这虽然是理想化的描述，却反映了老子对素朴品格的尊崇。老子希望随着年龄的增长，不管是青年、中年还是老年，都要在精神上返璞归真，永远保持婴儿心态，坚守淳朴天性，摒弃私心杂念，以防止欲望过盛，防止贪欲对心灵的侵害。"知其雄，守其雌，为天下谿。为天下谿，常德不离，复归于婴儿。知其白，守其黑，为天下式。为天下式，常德不忒，复归于无极。知其荣，守其辱，为天下谷。为天下谷，常德乃足，复归于朴。"意思是，深知雄强重要，却甘居雌柔的地位，愿做天下的河溪。愿做天下的河溪，美德永不相离，复归如纯真的婴儿。深知光明的显赫，却甘居幽暗的位置，愿做天下的榜样。愿做天下的榜样，美德永不失去，复归到无尽的真理。深知荣耀的尊贵，却安守卑下的位置，愿做天下的山谷。愿做天下的山谷，美德就永远充足，复归到自然的真朴。老子自己就是保持素朴的典范和榜样，即使在声色货利的环境里也能保持住婴儿心态，"众人熙熙，如享太牢，如春登台。我独泊兮其未兆，如婴儿之未孩。儽儽兮若无所归。众人皆有余，而我独若遗。我愚人之心也哉！沌沌兮！"意思是，众人都兴高采烈，好像参加丰盛的筵席，又像春天登台眺望春色。我却独个儿淡泊宁静啊，没有形迹，好像不知嬉笑的婴儿。落落不群啊，好像无家可归。众人都感到满足，而我却一无所有。我真是愚人的心肠啊，终日混混沌沌。

　　柔弱是老子之伦理的处世要求。人是各种社会关系的总和，在人的一生中，总是通过不断与各种类型的人打交道而生活和工作。人生在世，坚守什么原则、采取什么态度与他人相处，至关重要，结果也会大相径庭。伦理道德的主要功能在于调整人与人之间的相互关系。从大的方面分析，无非有刚强进取和柔弱自守两种立身处世原则。老子主张柔弱处世，即以柔弱的原则处理人与人之间的关系。老子从生命现象获得启示，柔弱优于刚强，且充满生命力，柔弱代表着新生和灵活，刚强则代表着死亡和僵硬，"人之生也柔弱，其死也坚强。草木之生也柔脆，其死也枯槁。故坚强者死之徒，柔弱者生之徒。是以兵强则灭，木强则折。强大处下，柔弱处上"。在老子看来，柔弱不仅优于刚强，而且能够战胜刚强，"天下莫柔弱于水，而攻坚强者莫之能胜，以其无以易之。弱之胜强，柔之胜刚，天下莫不知，莫能行"。意思是，天下没有比水更柔弱的，可是攻克坚强的东西却没有什么能胜过水的，因为水的本质是无法改变的。柔胜过刚，弱胜过强，这个道理天下没有人不知道，却没有人能实行。从这段话可知，人们还是愿意刚强处世，而不愿意柔弱处世，原因大概在于柔弱初看起来可能是软弱、懦弱的表现，甚至还要遭受屈辱。殊不知，老子之柔弱具有温和性和灵活性，却不具有软弱性。老子贵柔守弱，并不是要人一味示弱和退让，而是要人立身处世灵活而不僵化、圆融而不固执，用温和的方式去达到自己的目的。柔弱处世既有利于个人又有利于社会，对于个人而言，柔弱可以减少人生道路上的各种阻力和障碍，以达成个人的愿望；对于社会而言，柔弱可以减少人与人之间的摩擦和冲突，维护正常而又和谐的人际关系。在老子看来，柔弱内敛着谦虚的品格，必然要求处世谦虚。谦虚不仅是一种美德，而且是人生重要的价值取向。"谦受益，满招损"，老子从正反两个方面进行分析，正的方面是谦虚，"是以圣人抱一为天下式。不自见故明，不自是故彰，不自伐故有功，不自矜故长"。王弼注云："一，少之极也。式，犹则之也"；"圣人抱一为天下式"，是指圣人守道并作为天下的楷模。反的方面是骄傲，"企者不立，跨者不行，自见者不明，自是者不彰，自伐者无功，自矜者不长"。骄傲是不符合道之本性的，"其在道也，曰余食赘行，物或恶之，故有道者不处"。意思是，从道的观点看来，骄傲就像残羹和赘瘤，人人都深感厌烦恶心，所以有道的人不做这种事情。在老子看来，柔弱包含着不争的因素，必然要求处世不争。不争是一种高尚的德行，"善为士者不武，善战者不怒，善胜敌者不与，善用人者为之下。是谓不争之德"。当然，老子之不争是不争之争，蕴含着高超的智慧，"天之道，不争而善胜，不言而善应，不召而自来，绳然而善谋。天网恢恢，疏而不失"。不争是利而不争，"上善若水。水善利万物而不争，处众人之所恶，故几于道"。不争是包容和宽恕，"为无为，事无事，味无味。大小多少，报怨以德"。意思是，从事无为之为，奉行天下之事，品味无味之味。把小看作大，把少看作多，以恩德来报答仇怨。不争是迂回之争，最大限度地减少阻力和障碍，"将欲歙之，必固张之；将欲弱之，必固强之；将欲废之，必固兴之；将欲夺之，必固予之，是谓微明。柔弱胜刚强"。

虚静是老子之伦理的心灵要求。人的一生不仅要处理身外的人与人之间的关系，而且要处理自身的肉体与心灵的关系。身心的和谐协调是处理好人与人关系的前提条件。怎样做到身心的和谐协调呢？老子对心灵提出了虚静的主张，"致虚极，守静笃"，要求人生立身处世，心灵能够做到致虚守静。老子哲学以无为本，虚是一个重要概念，具有虚无和虚空的内容。只有虚无，道才能创生万物，"道冲而用之或不盈，渊兮似万物之宗"。意思是，道体虽然空虚无形，它的作用却无穷无尽。深邃而博大啊，犹如万物的主宰。只有虚空，道的作用才会永不穷竭，"天地之间，其犹橐籥乎？虚而不屈，动而愈出"。吴澄注云："橐籥，冶铸所用，嘘风炽火之器也。为函以周罩于外者，'橐'也；为辖以鼓扇于内者，'籥'也。天地间犹橐籥者，橐象太虚，包含周遍之体；籥象元气，缊缊流行之用。"[1] 在老子看来，道之虚无与虚空于人而言，就是心灵如山谷，"上德若谷"。以谷比喻，就有虚心的含义，虚空的山谷能包容万物，所以有虚怀若谷的成语；以谷比喻，还有深藏若虚的意思，"良贾深藏若虚，君子盛德，容貌若愚"。虚心的反面是骄傲自满、自以为是。老子认为，人生要戒骄、戒盈、戒满、戒锋芒毕露，"持而盈之，不如其已。揣而锐之，不可长保。金玉满堂，莫之能守。富贵而骄，自遗其咎。功遂身退，天之道"。意思是，与其装得过满而溢出，不如及早停止灌注；器具捶打得过于尖利，不会长久得以保持。纵然金玉堆满堂室，没有谁能够将它守住。身居富贵而不可一世，

---

[1] [元]吴澄撰：《道德真经吴澄注》，华东师范大学出版社 2010 年版，第 8 页。

必然是在自取灾祸。功成名就抽身而退，这才符合天道。在老子看来，虚与静紧密相连，静是万物存在的根本状态，"万物并作，吾以观复。夫物芸芸，各复归其根。归根曰静，是谓复命。复命曰常，知常曰明。不知常，妄作，凶"。张松如注云："老子以'归根'一辞作为'静'的定义，又以'复命'一辞作为'静'的写状。如果说'并作'包含着'动'的意思，那么'归''复'便属于'静'的境界。正是在这'静'的境界中再孕育着新的生命，此即所谓'静曰复命'。"[1] 老子认为，无论天道还是人事，清静是治理天下的正道，也是人心修炼的基本准则，"大成若缺，其用不弊。大盈若冲，其用不穷。大直若屈，大巧若拙，大辩若讷。躁胜寒，静胜热。清静为天下正"。这段话把道的品格作了尽善尽美的描述，道具有"大成""大盈""大直""大巧"的内容，却表现为"若缺""若冲""若屈""若拙"的形式，充分展示了大道造化万物而又深藏不露、谦虚淳朴的品格，这也是道具有静的本质规定。老子认为，静与动是相互联系的，但静具有更积极的意义，即以静制动、动中取静，好像女性与男性的关系，女性常在安静中掌握主动，取得成功，"大国者，下流也，天下之牝也。天下之交也，牝恒以静胜牡，为其静也，故宜为下也"。王弼注云："江海居大而处下，则百川流之；大国居大而处下，则天下流之，故曰'大国者，下流也'。"老子认为，静还和重联系在一起，持重者恒静，"重为轻根，静为躁君。是以君子终日行，不离辎重，虽有荣观，燕处超然，奈何万乘之主，而以身轻天下？轻则失本，躁则失君"。意思是，稳重是轻浮的根基，安静是躁动的主宰。所以君子终日行进，从不离开粮草辎重。虽有美景奇观，却能安居超然。为何万乘之国的君主，轻率治国而不自重其身？轻举就会丧失根本，躁动就会丧失主宰。俗话说："动以养身，

---

[1] 张松如：《老子说解》，齐鲁书社 1987 年版，第 115 页。

静以养心。"老子之虚静虽然有哲学、政治方面的广泛内容，但对于人生而言，虚静就是对心灵提出的要求。"孰能浊以静之徐清"，虚静，能让一颗已经混浊的心灵转变为清澈的心灵；唯有一颗清澈和宁静安详的心，才能洞悉世事的本来面目，才能更好地化解人生的各种矛盾。

研读老子之伦理，是为了更好地修身。某种意义上说，修身就是要坚强内心和增加人生定力。宋代大文豪苏轼有一个"八风不动"的故事，说的是苏轼在黄州时，某日赋诗一首："稽首天中天，毫光照大千。八风吹不动，端坐紫金莲。"苏轼很满意，着人过江送给佛印禅师欣赏，不料禅师批道：放屁。苏大怒，马上坐船直奔对岸找禅师论理，只见禅师门上写着一幅字：八风吹不动，一屁过江来。苏一看即转身下山，自言自语道："佛印禅师悟境了得。"八风是指佛家的四顺、四逆境遇，即利、衰、毁、誉、称、讥、苦、乐。八风不动，意指内心不为任何外物所扰，真正做到心如枯井，这不是哀莫大于心死，而是内心最大程度地强大起来，增加定力，不做外物的奴仆，要做自己的主人。从诗词分析，苏轼修炼已经到位，自我认为"八风吹不动"，但实际还有很大差距，禅师一句负面的评价，就坐不住了，直奔过江去论理，哪里谈得上"端坐紫金莲"。这说明修身和修炼是一个艰难的过程，不可能一蹴而就，必定会遇到种种身心障碍。老子之伦理，与佛教的八风不动，有着异曲同工之妙，都是希望人们通过修身，臻于八风不动的人生境界。面对外界金钱、美色、财物等种种情境的诱惑，以及内在的眼、耳、鼻、舌、身、意等欲望，都能寂静不动，无所系缚，自在无碍，始终保持婴儿状态，坚守虚静心灵，以柔弱不争的立场加以对待。用佛家言语，无论称赞还是毁谤，当以"念之即觉，觉之即无"应对，皆随他去，随他去即无，都一笑了之，好似过眼烟云。生命的意义在于超越自我，而生命的价值在于经历大风大浪时把内心锤炼得无比坚强。

老子之婴儿：返璞归真

按照现代认知隐喻理论，《老子》一书众多的比喻亦称隐喻。认知隐喻理论认为，在日常生活中，隐喻无处不在，人们往往参照熟知的有形的具体的概念，形成一个不同概念之间相互关联的认知方式。所谓隐喻，是指从一个比较熟悉又易于理解的源域映射到不熟悉又难于理解的目标域，在源域和目标域之间建立一系列本体或认识上的对应关系，从而激活大脑中理解目标域所需要的认知图式。隐喻可分为结构隐喻、方位隐喻和本体隐喻等不同形式。《老子》应用最多的比喻是本体隐喻，即将抽象的模糊的思想、情感和心理活动等无形的概念看作具体的有形的实体，甚至是人体本身。《老子》隐喻的目标域是"道"，源域则主要集中在水、女性和婴儿。以水喻道，揭示了老子对万物本原的形象追索和自然取向的哲学思想；以女性喻道，反映了老子对母系氏族社会的深情追忆和自然无为的处世哲学；以婴儿喻道，表达了老子对生命原初状态的确切体验和返璞归真的人生哲学。《老子》三个隐喻的源域都来自于最基本的生活经验和对自然及社会现象的观察，和目标域之间具有很强的相似性，为我们理解老子之道起到了化无形为有形、化抽象为具体的映射作用。

相对水和女性而言，《老子》较少地运用婴儿这一意象。这并不表明老子厚此薄彼，比较喜欢水和女性的意象。某种意义上说，老子可能更喜欢婴儿意象，因为婴儿是三个意象中最具体可感的生命形式，也是老子唯一体验过的生命形式。在《老子》一书中，婴儿一词出现过三次，即第十章"载营魄抱一，能无离乎？专气致柔，能婴儿乎？涤除玄览，能无疵乎"；第二十章"众人熙熙，如享太牢，如春登台。我独泊兮其未兆，如婴儿之未孩。儽儽兮若无所归"；第二十八章"知其雄，守其雌，为天下谿。为天下谿，常德不离，复归于婴儿"。与此同时，还出现过"孩"和"赤子"各一次，第四十九章"圣人在天下，歙歙焉，为天下浑其心。百姓皆注其耳目，圣人皆孩之"；第五十五章"含德之厚，比于赤子"。在古汉语中，赤子、婴儿、孩三个词虽然都有未脱离襁褓之意，却有着明显的区别，是指代着不同年龄段的儿童时期。这种区别在于本能与理智谁占主导，赤子是指刚刚出生的婴儿，因还未长眉发，身体呈赤色，故称赤子，完全依赖本能行事；婴儿一般指出生到能独立行走、能言语的阶段，已经显现理智，但主要依赖本能行事；孩是指尚未进入青春期的儿童，他们的行为已相当理性，但本能仍然有着重要作用。《老子》一书无论运用婴儿一词，还是运用孩、赤子等词，其本质都是反映老子的"复归"意识，呼唤着人们返璞归真，恢复婴儿本性，重拾人生旨趣。

人类文明的进步，既是一个人的自我意识觉醒和主体性不断高扬的过程，又是一个人与自然、主体与客体、精神与物质、自我与非我二律背反不断加剧的过程。老子意识到了这种对立，他提出了婴儿主题，希望回归到生命的原初状态。有趣的是，老子遥远的婴儿主题，不断得到了历史的回应。明代思想家李贽著有《童心说》，反对封建礼教对人性的矫饰与扼杀，主张恢复自然人性，"夫童心者，真心也"；"绝假纯真，最初一念之本心也"。[1] 李贽把童心贯穿于艺术创作，认为"天下之至文，未有不出于童心焉者也"；落实到

---

[1] 李贽：《焚书》，岳麓书社 1990 年版，第 97—99 页。

审美情趣，认为"盖声色之来，发于情性，由乎自然，是可以牵合矫强而致乎"，"惟矫强乃失之，故以自然为美耳"。[1] 即使在西方社会，老子的婴儿主题也得到了重视，尤其是西方文明进入科学和工业化时代，人变成了世界主体，从而改变了人的本质存在，思维往往只指向外部世界而不返回和观照自身。人在凭借科学技术改造世界和实现意志的同时，似乎抽掉了人赖以安身立命的生存和精神根基。人类似乎变成了"无家可归"的精神浪子。正是在这样的困境下，19世纪德国浪漫主义先驱荷尔德林创作了名为《返回家乡》的诗歌，提出了"返乡"主题；[2] 英国诗人华兹华斯写下了"婴儿乃成人之父"的诗句，提出了"复归童年"主题。[3] 他们认为，只有恢复童年的本性和退回到宁静质朴的自然家园，人类才能走出二律背反的困境，建立与自然的和谐关系，疗治心灵的创伤。20世纪走得更远，复归还原成为西方文化思潮的重要特征，集中表现为现象学和存在主义。法国萨特自传体的忏悔录《词语》，通过追忆童年来剖析自己成年后所思所想、所作所为的根源。德国海德格尔提出了"存在"概念，在哲学上进行了彻底的复归。他认为只有从"存在"这个本原出发，才能真正把握人的本质。在他看来，欧洲两千多年形而上学的哲学传统误导了科学技术，使科学技术成为人类的异己力量，因而要返本归源，解构经验和历史的形而上学，回到苏格拉底之前的哲学原始追问，让人在诗意地栖居的大地上显现"存在"。顺便说一下，海德格尔对老子思想很感兴趣，曾经参与翻译《老子》。海德格尔的"存在"与老子的"婴儿"或许是心有灵犀一点通。

在老子的理想化生命建构中，"复归于婴儿"，不仅仅是个体精

---

〔1〕 李贽：《焚书》，岳麓书社1990年版，第132页。

〔2〕 刘皓明：《荷尔德林后期诗歌评注》（上），华东师范大学出版社2009年版，第208页。

〔3〕 王佑良：《英国浪漫主义诗歌史》，人民文学出版社1991年版，第51页。

神的复归，而且是群体社会的复归。春秋时期是一个政治大乱之世，王室衰微、王纲不振，贵族没落、制度崩溃，礼乐征伐不是由天子出，也不是由诸侯出，而大多出自大夫之手，这既使个体精神无比痛苦，也使群体社会水深火热。因此，老子在构筑个体精神家园的同时，没有忘记构筑群体社会的理想之国。他提出了一个重要思想范畴，这就是小国寡民。从小从寡，我们可以看出老子的理想之国带有明显的婴儿特色。他说："小国寡民，使有什伯之器而不用，使民重死而不远徙。虽有舟舆，无所乘之；虽有甲兵，无所陈之；使人复结绳而用之。甘其食，美其服，安其居，乐其俗。邻国相望，鸡犬之声相闻，民至老死不相往来。"《文子》注云，什伯之器为兵器；结绳为上古无文字，结绳以记事。老子心目中的理想之国多么地美好：国家很小、居民很少，自给自足、无忧无虑，政治上"无为而治"，文化上"复结绳而用之"，人民安居乐业，天下一片清静。尽管后世有人批评小国寡民是复古守旧，但是，"甘其食，美其服，安其居，乐其俗"，这不正是古今政治家和贤明君王治国安邦追求的理想图景吗？！这实质是老子生存经验之总结升华，反映老子对氏族社会尤其是母系社会的真诚憧憬。更重要的是，老子政治上的小国寡民与个体生命的"复归于婴儿"，在逻辑上是严谨的，在内容上是统一的，这就是返璞归真，回归人的自然本性和婴儿状态。

老子之所以喜欢婴儿，是因为婴儿具有旺盛的生命力。谁能不喜欢阳光明媚、万象更新、生机勃发的春天呢？喜欢婴儿，就是喜欢春天、喜欢生命。年有春夏秋冬，人有生老病死，生命是有限的，这是无法抗拒的自然规律。然而，婴儿却可以联结生命的有限与无限，有限的个体生命可以通过婴儿，实现人类生命的无限，因而婴儿是生命的源泉和生命永恒的象征。人的生命分为童年、少年、青年、中年、老年等不同阶段，无论哪一个阶段，婴儿都是人生的起始，是生命自身之根，有着无限发展的潜力和可能。对于成长壮大的个体生命而言，婴儿相当于道之于物、母之于子的关系。老子认为，道生万物，母育子女，因而婴儿是道的化身和母之象征，是道和母在生命中的展现。常识告诉我们，婴儿是生命最为柔弱的时期，壮年是生命最为强盛的时期。但是，常识是表象，属于形而下范畴，常识不是本质，不等于真理。老子认为，盛极而衰是事物发展的规律，生命强壮的背后是衰老，衰老则是死亡的先兆。"物壮则老，是谓不道，不道早已。"意思是，事物过度强盛就会衰老，这是因为不合于道，不合于道就会快速死亡。壮年携带和包含的是衰老而萎缩的生命力，婴儿蕴含和包藏的是强大而旺盛的生命力。这就是老子为什么不言复归于壮年，而言复归于婴儿的重要原因。在老子看来，婴儿的生命力首先表现在不怕恶物的伤害，"蜂虿虺蛇不螫，猛兽不据，攫鸟不搏"。虿为蝎类爬虫；虺为一种毒蛇。意思是，蜂蝎毒蛇不会叮咬婴儿，猛禽猛兽不会搏击婴儿。这段话只能意会，不能坐实，只能从内容上体会，不能从字面上给予理解。仅从字面上理解，会感到不可思议，不符合常识。这段话的真实含义是，婴儿无知无欲，在毒蛇、鸷鸟、猛虎面前不知道"怕"，他的生命就会忧患不能入，邪气不能袭，不会被生命之外的不利因素所伤害。婴儿的生命力表现在柔弱中有刚强，即"骨弱筋柔而握固"。这大概是人生经验的直接感受，任何一个赤裸裸来到人间的新生儿，虽然筋骨显得柔弱，但都把拳头握得很紧。婴儿的生命力还表现在精气充沛、和气纯厚，"未知牝牡之合而全作，精之至也。终日号而不嗄，和之至也"。意思是，婴儿不知道男女之事，男性性征却很有力量，这是因为元气精纯之至的缘故。婴儿整天号哭而嗓子不会嘶哑，这是因为元气柔和之至的缘故。"精之至"，形容精神充实饱满的状态；"和之至"，形容心灵澄明和谐的状态。因此，老子强调："知和曰常，知常曰明，益生曰祥，心使气曰强。"益生是指纵欲贪生；祥是不祥、妖祥。这是告诉人们，应知道婴儿生命力旺盛的原因是纯真素朴和柔弱无争，否则，贪生纵欲就会有灾殃，放任心气发泄就是逞强的表现，进而会对生命力造成伤害。

老子之所以喜欢婴儿，是因为婴儿纯真、纯净、淳朴。人是自然人与社会人的统一体。自然人是社会人的物质基础，社会人是自然人在社会领域逐步成长和展开，让生命充满无限丰富的精神色彩。在老子那里，自然本真是生命的最高境界，即"人法地，地法天，天法道，道法自然"。婴儿是人的生命中最自然本真的阶段，像一块没有雕琢的璞玉，浑厚淳朴、平和宁静。但是，生命不可能停留在婴儿阶段，而是沿着从生到死的轨迹前行，从而使自然人不断社会化，在与自然、社会和他人相互联系交流中不断丰富人的社会化内容。人在社会化过程中丰富了心理活动，产生了思想和情感。思想有正确谬误之分，情感有喜怒哀乐之别，这容易使社会人与婴儿状态渐行渐远，失去自然本性，进而导致人与人、人与自然之间的冲突和紧张。从自然人转变为社会人，正如一张白纸，涂抹上了许多色彩，白纸的色彩倒是丰富了，但底色却被遮掩了。在老子看来，白纸上最主要的色彩无外乎名和利两个方面。老子认为，名和利都有可能损害人的天性，玷污人的品格。如果不能控制人的名利欲求，那么，就会为名为利、争名夺利，拼得你死我活，以致两败俱伤。老子对此深为忧虑，一方面，对统治者发声，要求他们无为而治，不要让社会人过分地迷失本性。老子从天道自然无为的原则出发，反对礼义、法令等一切有为的政治和价值。在老子看来，礼义、法令不仅不能救治当时"礼崩乐坏"的社会，而且本身就是造成社会动乱的根源，"法令滋彰，盗贼多有"；"夫礼者，忠信之薄而乱之首"。老子辩证地分析礼义、法令的反面意义，"大道废，有仁义；慧智出，有大伪；六亲不和，有孝慈；国家昏乱，有忠臣"。于是，老子告诫前来问礼的孔子："子所言者，其人与骨皆已朽矣，独其言在耳。"意思是，你所钻研的多数是古人的东西。可是，古人已经死了，连骨头都烂了，不过剩下那么几句关于礼义和礼制的言论，你不要看得太重。老子还告诫统治者："不尚贤，使民不争；不贵难得之货，使民不为盗；不见可欲，使民心不乱。"意思是，不要崇尚贤人，使民众不起纷争；不要珍视难得的宝物，使民众不起偷盗之心；不要显现能引起私欲的事物，使民众心绪安宁。老子甚至不惜走极端，告诫统治者："绝圣弃智，民利百倍；绝仁弃义，民复孝慈；绝巧弃利，盗贼无有。"另一方面，老子对个体生命喊话，要求社会人复归于婴儿，保持纯真、纯净、淳朴的本性。在老子看来，各种欲望都是人远离婴儿本性后产生的，反过来成为统治人的力量，使人沉溺于无限的物欲之中难以自拔，即"五色令人目盲，五音令人耳聋，五味令人口爽，驰骋畋猎令人心发狂，难得之货令人行妨"。在古代，五色是指青、黄、赤、白、黑；五音是指宫、商、角、徵、羽；五味是指酸、苦、甘、辛、咸。王弼注云："夫耳、目、口、心，皆顺其性也。不以顺性命，反以伤自然，故曰聋、盲、爽、狂也。"老子比较自己与众人对待欲望的不同态度，要求人们像他一样，即"如婴儿之未孩"，无知无欲，保持自然本性。"众人熙熙，如享太牢，如春登台。我独泊兮其未兆，如婴儿之未孩。儽儽兮若无所归。众人皆有余，而我独若遗"，"众人皆有以，而我独顽似鄙。我独异于人，而贵食母"。意思是，众人对欲望都兴高采烈，就像要参加盛大宴席，又如春日登台心旷神怡。我却独自淡泊宁静，没有形迹，就像不知嬉笑的婴儿。落落不群，就像无家可归。众人都感到满足，我却一无所有。众人都各有所用，我独显得无知无能。我是这样的与众不同，是因为我在寻求道的滋养。

老子之所以喜欢婴儿，是因为婴儿柔弱、柔和、柔韧。柔弱是老子经常运用的一个形容词。老子十分看重柔弱这一现象，重视柔弱在自然界和人世间的作用。他说："见小曰明，守柔曰强。"意思是，能够洞察深微细小的叫明白，能够保持柔弱的叫坚强。他又说："反者，道之动；弱者，道之用。天下万物生于有，有生于无。"意指柔弱、对立统一是万物生长运行的动力。老子认为，自然界中最柔弱的物质是水，人的生命中最柔弱就是婴儿。老子从本体论研究柔弱，认为柔弱是有生命力的表现。婴儿刚出生时，手臂粉嫩、小腿柔软，看起来柔弱无比，却能一天天地茁壮成长。"人之生也柔弱，其死也坚强。草木之生也柔脆，其死也枯槁。故坚强者死之徒，柔弱者生之徒。"所以说坚强的属于没有生命力的一类，柔弱的属于有生命力的一类。老子辩证分析柔弱，认为柔弱胜刚强。这是老子重要的人生哲学，要求人们不要自逞刚强、自遗其咎、自招毁灭。"天下之至柔，驰骋天下之至坚，无有入无间，吾是以知无为之有益。"意思是，天下最柔弱的东西，纵横出入天下最坚硬的东西。无形的力量穿透没有间隙的东西，我因此知道无为是有益的。老子还以水为例，阐述柔弱的意义，"天下莫柔弱于水，而攻坚强者莫之能胜，以其无以易之。弱之胜强，柔之胜刚"。柔弱胜刚强不一定符合人们的常识，但就对立面运动转化而言，柔弱的潜力应大于刚强，则是毫无疑义的。老子从人生哲学看待柔弱，认为柔弱是修身的重要环节。"载营魄抱一，能无离乎？专气致柔，能婴儿乎？涤除玄览，能无疵乎？"意思是，精神与身体合一，能够不分离吗？结聚精气而达至柔弱，能纯真像婴儿那样吗？清除内心污垢，使之清澈如镜，能做到没有瑕疵吗？在这里，老子虽然把柔弱作为修身的一个环节，实质上却是用婴儿的意象比喻修身的不同阶段，先是魂魄合一的状态，恰似婴儿处在混沌状态，没有把自己与环境区别开来；次是化刚强为柔弱，就像婴儿那样柔弱和没有杂念；后是内心澄明如镜，没有一点污垢，恰似婴儿的本性自然、天真无瑕。

"花有重开日，人无再少年。"老子希望人们复归于婴儿，这在生理上是不可能的。个体生命在时间上的单向性，决定了生命之路只能向前进，不能往回走，这是不可抗拒的自然规律，也是生命的悲剧。但是，人不仅有生理生命，而且有精神生命。人之所以能从自然界脱离出来，是因为人有心灵和情感；之所以能从动物界分离开来，是因为人有精神和文明。生理生命只能有限，精神生命却能永恒，因而人在精神上是能够返璞归真，复归于婴儿的。这就要求人们在生命的任何阶段都要保持婴儿的本真。虽然生命的成长是一个远离婴儿状态的过程，但精神上却可以不脱离婴儿本性，那就是坚持做到对人真诚，对事业赤诚，以负责任的态度为人处世，回报社会和家庭。保持婴儿的纯净。虽然在生命过程中会不断碰到名利的诱惑和欲望的陷阱，但精神上却能坚守婴儿的纯净，少私寡欲、清廉自恃、守身如玉，不为名利所累，不为物欲所困，塑造完美的道德品格，强化人格的力量。保持婴儿的柔弱。虽然生命是从弱到强、从小到大，但精神上却能追忆留存婴儿的柔弱品格，做人不张扬，做事不高调，虚心向他人学习，在学习中增强能力，提升品质。为人要谦逊宽厚，不争权力、不争地位、不争功名、不争利益，始终坚守平常心和平和心态。人如果能在精神上复归于婴儿，那就有可能实现生命的超越，即个体生命虽然会消亡，但个体生命建立的事业、提出的思想、创造的作品不会随之消亡，有的甚至会流芳百世。所以，还是老子智慧，他说："死而不亡者寿。"

老子之圣人：智慧化身

圣人，是中国传统文化的一个重要概念，也是传统社会崇拜的理想人格。依据于《周易》研究，圣人概念应形成于春秋战国时期。《周易》由《易经》和《易传》两部分组成，是中国古代描述宇宙万事万物变化的典籍，其基本原理是"易有太极，是生两仪，两仪生四象，四象生八卦"。两仪为阴、阳，四象为少阳、太阳、少阴、太阴，八卦为乾、坤、震、巽、坎、离、艮、兑，由八卦演绎成六十四卦和天下万象。比较而言，《易经》比《易传》更为古老，《易传》比《易经》更重视圣人，《易经》是古代先民占卜之书，《易传》是对《易经》的哲学解释。《易经》被誉为"群经之首，大道之源"，是春秋战国时期诸子百家的源头活水，相传由伏羲创立，经周文王演绎，成书于殷末周初。《易经》有君子的概念，出现了 20 次，但没有圣人概念。《易传》由"孔子读易，韦编三绝，而为之传"，是儒家最基本的典籍，成书于春秋战国之际。《易传》既有君子概念，出现了 90 余次，又有圣人概念，出现了 37 次。由此可见，圣人概念有一个发展过程，春秋战国之前并不普及，只是在诸子百家争鸣过程中被广泛地使用，逐步形成了传统文化的"圣人崇拜"现象。

中国哲学一向不是为了知识而求知识，而是为了做人而探寻做人的道理。孔子思想本身就是伦理道德学说，即使像老子哲学那样玄妙神思，深究起来，其本意仍在于人生，为了求得一个理想人格。孔子和老子都尊崇圣人人格，但表现形式却大相径庭。孔子是面热心冷，他憧憬圣人是毫无疑问的，但很少谈及圣人，更没有直言圣人的具体品格。《论语》一书"圣人""圣者""圣"的概念仅出现过六次，更多的是使用"君子"一词，达到一百余次。因此，与其说圣人是孔子的理想人格，倒不如说君子是孔子的理想人格。在孔子那里，圣人是一个集中了各种伦理道德标准的理想人物，是社会伦理道德的最高境界，人们可以效仿，但很难做到，"何事于仁！必也圣乎！尧舜其犹病诸！"意思是，即使像尧舜那样，也没有达到圣人的要求。于是，孔子提出君子人格，认为君子是既理想又现实的人格。老子是面冷心热。某种意义上说，老子对圣的含义是反感的，"绝圣弃智，民利百倍；绝仁弃义，民复孝慈；绝巧弃利，盗贼无有。此三者，以为文不足，故令有所属，见素抱朴，少私寡欲。绝学无忧"。抛弃所谓的学问，就能无忧无虑。但是，老子又是绝对尊崇圣人的，据任继愈先生《老子新译》索引条目统计，直接论及"圣人"的章节达 26 章 31 处，占全书的三分之一强。老子的面冷心热，实质是对待"圣"字理解的差别。老子冷对的是聪明意义上的"圣"字，热心的是作为智慧意义的"圣"字。

比较孔子与老子理想人格的差异，是一件很有意义的事情。孔子的理想人格是君子，老子的理想人格是圣人，两者差异既有形式又有内容。首先，两者的思想基础不同。孔子思想体系的核心概念是"仁"，君子不过是仁的人格载体，老子思想体系的核心概念是"道"，圣人不过是道的人格载体。君子这一既理想又现实的人格，反映了孔子积极入世的人生态度；圣人这一形而上的理想人格，反映了老子对终极意义上的人生价值的探索和反思。而且，孔子与老子对待仁的态度相距甚大，以至反之。孔子推崇仁、赞美仁，认为"志士仁人，无求生以害仁，有杀身以成仁"。而老子却反对仁、贬低仁，"故失道而后德，失德而后仁，失仁而后义，失义而后礼。夫礼者，忠信之薄而乱之首"。当然，老子的否定是辩证的否定，"大道废，有仁义；慧智出，有大伪；六亲不和，有孝慈；国家昏乱，有忠臣"。老子突出事物的辩证关系，揭示了"仁义""慧智""孝慈""忠臣"的反面意义。同时，两者的辩证思维不同。孔子的思想体系缺乏辩证法，这是毫无疑问的。但是，孔子的君子人格却充满着辩证因素，它有对立面，那就是小人，《论语》一书大多把君子与小人相提并论。老子是辩证法大师，他都是从正反两个方面提出问题并论证观点。但是，老子的圣人却没有反义词，更没有对立的概念和形象。此外，两者的具体形象不同，《论语》一书多次提到具体的君子或圣人形象，譬如尧、舜、周公等历史人物，而《老子》一书没有一处提到过具体的圣人形象。更重要的是，孔子的君子是单一取向的人格，从本质上说只是一个道德人格，而老子的圣人却是多元的立体的人格，既是智慧的化身，又是政治的偶像，还是道德的人格。

老子之圣人，首先是哲学家，这是有智慧的表现。所谓智慧，是人类基于神经器官的一种高级综合能力。智慧与知识不是同一序列的概念，也不是正相关关系。有智慧的人未必就是知识多的人，知识多的人未必就是智慧高的人。智慧不在于拥有多少知识，而在于能够洞察自然界、人类社会和个体生命的规律和终极目标。老子十分睿智地看到知识与智慧的差异，他说："为学日益，为道日损。"在老子看来，获取知识与获取智慧的途径是不同的，知识可以通过学习逐步积累，不断增加，日渐丰富；智慧只能通过抛弃成见，祛除心灵魔障，超越于耳闻目见，以直观内省的方式去体悟。老子认为，成见抛弃得越干净，心魔祛除得越彻底，才能获取更多的智慧，即"损之又损，以至于无为。无为而无不为"。

与道同一，是老子之圣人的基本特征。老子之圣人形象是以道的标准来设计的，圣人承载着道的全部信息。在老子看来，圣人与道是同一的，《老子》一书多次将圣人与天地并称。第五章说："天地不仁，以万物为刍狗，圣人不仁，以百姓为刍狗。"不仁是指无所偏爱、公正无私的运行法则，强调道的自然属性，没有人格化特征和色彩，因而不是相对于儒家的"仁"而言的。这段话把天地和圣人都看成是道的体现者，大意是，天地对待万物没有私爱，同等地听任万物由于季节环境等条件变化而生长死亡；圣人对于百姓没有私爱，任凭百姓由于年龄体质和生活顺逆等条件变化而生长死亡。第七十七章指出天之道与人之道的差异，天之道是"损有余而补不足"，当时社会的人之道是逆天行事，只有利于富者而有损于贫者。"天之道，其犹张弓与！高者抑之，下者举之；有余者损之，不足者补之。天之道，损有余而补不足。人之道则不然，损不足以奉有余。孰能有余以奉天下？唯有道者。是以圣人为而不恃，功成而不处，其不欲见贤。"老子认为，只有圣人才能效法并顺应天之道。最后一章是"信言不美，美言不信。善者不辩，辩者不善。知者不博，博者不知。圣人不积，既以为人，己愈有；既以与人，己愈多。故天之道，利而不害；圣人之道，为而不争"。这段话不仅辩证地指出信与美、善与辩、知与博的关系，而且肯定了圣人"不积"和"不争"的美德。"圣人不积，既以为人，己愈有；既以与人，己愈多。"意思是，圣人不聚积财物，施利于别人，自己却更富有；给予别人，自己却更丰富。这是一种多么伟大高贵的品格。更重要的是，《老子》一书最后一句话直接把天与圣人、天之道与圣人之道等同起来，这说明老子创建圣人这一理想人格，其终极目标是要使人的生命本性顺乎道之本性，从而达到与道合一的最高境界。老子哲学的最高范畴是道。老子之道是形而上的抽象，而不是一种具体的物件，人的感官无法直接察觉，即如老子自己所说的恍兮惚兮，"道之为物，惟恍惟惚。惚兮恍兮，其中有象；恍兮惚兮，其中有物。窈兮冥兮，其中有精；其精甚真，其中有信。自古及今，其名不去，以阅众甫。吾何以知众甫之状哉？以此"。老子之圣人作为道的化身，也是恍兮惚兮，"古之善为士者，微妙玄通，深不可识。夫唯不可识，故强为之容：豫兮，若冬涉川；犹兮，若畏四邻；俨兮，其若客；涣兮，若冰之将释；敦兮，其若朴；旷兮，其若谷；混兮，其若浊"。善为士者即得道之士，可与圣人同义。意思是，古代之圣人，幽微精妙深奥通达，深邃得难以认识。正因为他难以认识，只能勉强加以描述：迟疑不决啊，就像寒冬赤脚蹚河；心怀畏惧啊，如同强敌在四邻；恭敬严肃啊，仿佛出外去做客；顺应潮流啊，恰似春来冰融释；敦厚诚实啊，就像朴材未经雕琢；襟怀宽阔啊，就像空旷的山谷；浑厚含蓄啊，就像浊流盈江河。这是老子唯一的一次为他心目中的圣人画像。和老子之道一样，圣人玄秘莫测，常人难以企及，具有抽象性和理想化、神秘化色彩。

悟道同在，是老子之圣人的重要特征。虽然某种意义上可以说，圣人与道是同一的，但是，圣人与道毕竟是两个不同的范畴。人从自然界分离出来后，就产生了主体与客体、精神与物质的区隔。主体和精神可以无限地趋近客体和物质，却不能做到完全的同一，这是人的局限，也是人不可抗拒的宿命。在老子看来，道是世界本体、万物之源，具有根本性和原初性，即"道生一，一生二，二生三，三生万物。万物负阴而抱阳，冲气以为和"。老子认为，道看似空虚无形、幽隐难见，却是天地万物的本原，天地万物由道化生，受道支配。人与道的关系，也就是万物与道的关系。在人与道的关系链条中有着很长的距离，间隔着天与地等更重要的环节，"故道大，天大，地大，王亦大。域中有四大，而王居其一焉。人法地，地法天，天法道，道法自然"。王弼注"王"为人，即"天地之性，人为贵，而王是人之主也"，有的版本改"王"为"人"；王弼对"法"注云："法，谓法则也。人不违地，乃得全安，法地也。地不违天，乃得全载，法天也。天不违道，乃得全覆，法道也。道不违自然，乃得其性，法自然也。"由此可见，人对道之本性的认识和把握，不是直接的，而是间接的，需要一系列中介环节。只有中介环节通达顺畅，才能真正认识和把握道之本性。当然，人与道的关系并不在于联系链条的长短，而在于人与人的差别，这种差别的关键是能否识道、悟道、用道。那些能够识道、悟道、用道的人，就是圣人。思想是行动的先导，认识是实践的前提。在老子看来，圣人之所以能够成为圣人，是因为他具有高超的认知能力和悟道能力。老子把道规定为认识的最高对象，能够认识和把握道之本性的，只有圣人。圣人是能够真正认识和把握道的唯一主体，一般人是不可能认识和把握道之本性。老子把一般人甚至包括有品行、有知识的人，对待道的态度区分为三种情况，即"上士闻道，勤而行之；中士闻道，若存若亡；下士闻道，大笑之"。老子并不否定下士的讥笑，反而认为下士的讥笑衬托着道的高远深奥，"不笑不足以为道"。意思是，不被人笑话就不足以称为道了。老子认为，圣人悟道的方式不是一般人的认知方式，而是"不出户，知天下；不窥牖，见天道。其出弥远，其知弥少。是以圣人不行而知，不见而名，不为而成"。意思是，圣人不出门就知道天下事；不看窗外就知道宇宙万物之道。出门走得越远，所知道的就越少。所以圣人不用去做就能知道，不用去看就能明了，无所作为就有所成就。这段话似乎与常识不符，因为常识告诉我们，人必须走出门去，到生活和实践中学习知识、认识事物。但是，常识不是真理，这正如知识不等于智慧一样。具备常识，享有知识，可能在物质世界中有所帮助，但在精神世界里，并不一定能洞见自然、社会和人生的真谛。老子倡导的是一种统而观之、融会贯通的认识能力，"致虚极，守静笃"，就是不受外界任何干扰，保持心灵的空寂和宁静，才能真正认识道之本性和规律。这是一种内在直观自省的方式，它追求的不是知识的增长，而是精神的觉悟，不是博学的境界，而是悟道的人生。只有这种认知方式，才能认识道、体悟道、把握道。

用道同行，是老子之圣人的主要特征。尽管《老子》一书描述的圣人形象是恍兮惚兮、深不可识，但是，圣人寄托着老子全部的哲学思辨和理性抽象。老子之圣人不仅是最深刻的悟道者，而且是最真诚的用道者，"孔德之容，惟道是从"。意思是，圣人的行为，只有遵循道之本性和规律。那么，圣人怎样用道呢？人生的需求是多方面的，甚至有更多的欲望，古诗云："生年不满百，常怀千岁忧。"无论是人生的需求，还是人生的欲望，无论是长命百岁，还是千年忧虑，归根结底只有内外两方面的内容，这就是"内圣外王"。内圣外王是庄子首创，《庄子·天下》曰："是故内圣外王之道，暗而不明，郁而不发，天下之人，各为其所欲焉，以自为方。"后世虽然认为这是儒家的主要思想，却渗透着道家和儒家的共同人生理想。老子的圣人、孔子的君子，都附注老子和孔子的人生思考和政治理想。内圣是人生思考，外王是政治理想。《老子》一书用"一"字概述了圣人内圣外王的用道途径。"一"是老子思想很重要的一个概念，经常指称作为万物统一根源的道。在内圣方面，第二十二章作了全面阐述，强调了"是以圣人抱一为天下式"，意思是，圣人坚守道之本性，作为天下的范式。在这一章里，老子首先从六个方面阐明事物相互转化的道理，充满了辩证法，即"曲则全，枉则直，洼则盈，敝则新，少则得，多则惑"。继之论述了柔弱、谦虚、退让的内圣主张，"不自见故明，不自是故彰，不自伐故有功，不自矜故长。夫唯不争，故天下莫能与之争"。意思是，圣人不自我表现，所以是非分明；不自以为是，所以声名昭彰；不自我夸耀，所以能建立功勋；不自高自大，所以能领导人。正因为圣人不与人争，所以天下没有人能和他竞争。最后又强调"曲则全"事例，证明圣人守道不争而"天下莫能与之争"的道理，"古之所谓曲则全者，岂虚言哉！诚全而归之"。在外王方面，第三十九章有着全面阐述，强调

"侯王得一以为天下贞",意思是,侯王能够悟道用道,就可以成为天下的君王和准则。在这一章里,老子首先说明道的作用,它是万物存在的依据,是天地、神明、溪谷乃至侯王赖以保全的依据,即"昔之得一者,天得一以清,地得一以宁,神得一以灵,谷得一以盈,万物得一以生,侯王得一以为天下贞"。继之提出告诫,论述物极必反、盛极而衰的道理,"其致之,天无以清将恐裂,地无以宁将恐发,神无以灵将恐歇,谷无以盈将恐竭,万物无以生将恐灭,侯王无以为贞将恐蹶"。意思是,就极端情况而言,天不能保持清明,难免要崩裂,地不能保持宁静,难免要震溃;神不能保持灵妙,难免要消失;河谷不能保持充盈,难免要涸竭;万物不能保持生长,难免要绝灭;侯王不能保持清静,难免要颠覆。接着指出圣人外王的途径,还是要谦虚、处下和朴实,"故贵以贱为本,高以下为基。是以侯王自谓孤、寡、不谷。此非以贱为本邪? 非乎? "最后说:"故致数舆无舆。不欲琭琭如玉、珞珞如石。"意思是,追求过多的声誉就会失去声誉,所以圣人不愿像玉那样精美,宁可像石头一样朴实。

古希腊哲学家亚里士多德指出:"智慧以及运用智慧也可以是自我的一个重要的组成要件,自我在应用和发展智慧的过程中得以表达。因此,智慧不仅是实现其他目的的一条重要途径,而且本身也是一个重要的目的,是人生及自我的一个内在的组成部分。"[1] 用亚里士多德关于智慧的论断观照老子之圣人,给我们最大的启示是人生需要智慧地生活。所谓智慧生活,首先,要学习智慧,也就是学习哲学。哲学是理论化、系统化的世界观,依靠理论论证和逻辑分析回答关于自然、社会和人生终极性问题。不同的哲学认知、不同

---

〔1〕 〔美〕罗伯特·诺齐克:《经过省察的人生:哲学沉思录》,商务印书馆 2007 年版,第 276 页。

的哲学修养，会产生不同的世界图景。因此，智慧生活的基础，就是要通过学习哲学和人生体悟，洞察和把握万物之本质和运行规律，任何时候任何情况下都能"不以物喜，不以己悲"，始终保持平衡心态和宁静生活。同时，要践行智慧。一方面是内圣，用智慧指导修身养性，改造主观世界。要培育无私之心，保有寡欲之态，对待物质，温饱满足之后，不再过分追求物质享受和乐趣；对待物质与精神的关系，温饱满足之后，着力追求精神的富有和充溢，让精神成为生活的主要乐趣。另一方面是外王，用智慧来指导工作实践，改造客观世界。要把握事物本质，顺应自身规律，在客体的发展变化过程中，不是不要作为，而是不要妄为和乱作为；在主体与客体互动中，主体第一位的任务不是改造客体，而是适应客体，然后在客体的发展变化中留下主体的印迹，从而像老子之圣人那样，"无为而无不为"。

老子之圣人：治国楷模

圣的繁体字为"聖"，《说文》认为："聖，通也，从耳呈声。"意思是，圣即通晓事理，耳朵听明白了，口头能够表达出来。词典解释，圣人是"旧时品德最高尚、智慧最高超的人物"。顾颉刚认为，圣的观念和字义有一个演变过程。从语源学分析，圣最初的意义非常简单，只是聪明人的意思，圣人也只是对聪明人的一个普遍称呼，没有什么玄妙的深意，也没有崇高的含义。[1] 圣和圣人所具有的各种崇高和神秘的意义，完全是后人一次又一次地根据时代的需要加上去的。春秋战国是圣人概念发生重大变化的时期。当时，天下大乱，"社稷无常奉，君臣无常位"，"弑君三十六，亡国五十二，诸侯奔走，不得保其社稷者，不可胜数"。面对如此乱局，人们普遍希望出现一个伟大人物来收拾乱局，确保社会安定和宁静。于是，人们对这一伟大人物的期许和想象，经由诸子百家提炼升华，逐步内聚于圣人这一概念。圣人由此变得高大而神秘，圣人崇拜成为普遍现象。由此可见，圣人概念的变革，圣人崇拜的产生，首先是政治的需要，为了治国平天下。老子思想玄而又玄，也不可能脱离时代背景，不可能不关心政治。某种意义上说，老子思想的实质是政治而非哲学，老子学说是服务于君王的统治。汉初学者通过比较研究诸子百家学说，认为道家理论是最有价值的政治学说，实质就是

---

〔1〕 胡晓明、傅杰主编：《释中国》，上海文艺出版社 1998 年版，第 713 页。

"君人南面之术"，即帝王统治术。

所谓南面之术，涉及古代的房屋建筑和风水理论。我们祖先建造房屋，无论是统治者的宫殿还是老百姓的住宅，都是坐北朝南，认为风水好，冬天可以避寒，夏天可以迎风。由于房屋的朝向，尊长大半坐在正中，面向南方，卑弱自然面向北方，由此形成了"南面"与"北面"的名称，逐步演变成人君的南面之术，即指统治者如何驾驭群臣、管理百姓的办法和权术。研究分析诸子百家的政治学说，虽然思想观点和学派内容差异很大，但期待出现一个圣人来结束春秋乱局，实现大一统，则是一致的要求，虽然关于圣人的观念和内涵差异很大，但圣人必须掌握南面之术，具备治国平天下的能力，则是一致的要求。

管子是儒、道两家都尊崇的历史人物。《管子·正世》篇指出："圣人者，明于治乱之道，习于人事之始终者也。其治人民也，期于利民而止。故其位齐也，不慕古，不留今，与时变，与俗化。"意思是，圣人是懂得治乱规律、熟悉人事始终的人。他的治理，只求有利于老百姓。他的政策不迷信古代，也不拘泥于现实，而是因时势和风俗的变化而变化。

墨子是墨家学派的创始人。《墨子·兼爱上》指出："圣人以治天下为事者也，必知乱之所自起，焉能治之；不知乱之所自起，则不能治。譬之如医之攻人之疾者然，必知疾之所自起，焉能攻之；不知疾之所自起，则弗能攻。"这是说圣人的职责是治理好天下，就像医生治病那样，必须先知道祸乱从哪里发生的，才能实行治理；如果不知道祸乱发生的原因，那就治理不好天下。

孟子是儒家学派的亚圣。《孟子·离娄上》指出："规矩，方员之至也；圣人，人伦之至也。欲为君尽君道，欲为臣尽臣道，二者皆法尧、舜而已矣。"这是说圣人以尧、舜为榜样，是为君为臣言行的标准。孟子接着指出，圣人的职责是治理百姓，"不以舜之所以事尧事君，不敬其君者也；不以尧之所以治民治民，贼其民者也"。意思是，不用舜侍奉尧的态度来侍奉君主，就是不敬重君主；不用尧治理百姓的方法来治理百姓，就是残害百姓。

荀子是儒家另一位可以和孟子齐名的代表人物。《荀子·解蔽篇》指出："圣也者，尽伦者也；王也者，尽制者也；两尽者，足以为天下极矣。"意思是，圣者通晓万物的本质和规律，王者彻底推行圣人制定的法则。圣人和君王结合起来，就可以作为天下的师表，达到治理天下的最高境界。荀子还认为："向是而务，士也；类是而几，君子也；知之，圣人也。"这是说向着圣者和王者目标努力的，是士人；接近于圣者和王者目标的，是君子；完全懂得怎样达到圣者和王者目标的，就是圣人。

韩非是法家创始人，他完全从政治的角度描述圣人、议论圣人。《韩非子·奸劫弑臣》篇指出："圣人者，审于是非之实，察于治乱之情也。故其治国也，正明法，陈严刑，将以救群生之乱，去天下之祸，使强不陵弱，众不暴寡，耆老得遂，幼孤得长，边境不侵，群臣相亲，父子相保，而无死亡系虏之患，此亦功之至厚者也。"这说明韩非心目中的圣人就是一个政治人物，是一位"救群生之乱，去天下之祸"的政治人物。

老子之圣人，目标是政治家，这是统治者的榜样。老子赋予圣人以哲学、政治和人文内涵，与诸子百家相比，多了一些哲学意蕴和道的色彩，因而既深刻又有韵味。但是，我国古代缺乏纯粹的理性思辨学说，无论儒、道，还是墨、法，其学说的旨趣都是以政治为目的，服务于治国平天下的需要，这是先秦思想家们难以摆脱的历史局限。老子思想以道为肇始和终结，最终还是为了解决社会政治问题；老子之圣人与道同一，最终还是为了治国平天下。从政治角度认识老子之圣人，道仍然是一把可靠的钥匙。老子之圣人治国的哲学依据是道；道恍惚不定、幽深玄远，却是天地万物运行的准则，更是政治运行的准则。"道法自然"，这使得老子认为建立理想社会秩序，就要顺应民心、清静无为，反对过分干预社会运行和百姓生活。与儒家尊礼、墨家尚贤、法家重刑的政治主张不同，老子提出了"无为而治"的治国理念；与儒家集"仁义礼智信"于一身的圣人不同，老子心目中的圣人是"自然无为"，"道常无为而无不为，侯王若能守之，万物将自化。化而欲作，吾将镇之以无名之朴。无名之朴，夫亦将无欲。不欲以静，天下将自定"。在老子看来，能守道用道的侯王，就是圣人；朴是指自然而没有人工雕琢的树木。意思是，道经常不作为，却又无所不为。侯王如能得到它，万物将自然化育成长。化育成长会产生贪欲，我将用道的真朴来镇服。这个道的无名真朴，就能根绝贪欲。根绝贪欲就能安静，天下将会自然安定。

小国寡民是老子之圣人治国的理想图景。古今中外，所有思想家都会提出治国的理想图景，治国图景的设计和描绘，综合展示了思想家的见识、素质和能力水平。有趣的是，古希腊思想家柏拉图的政治学说提出了哲学王和理想国的图景，这是一个有秩序的国家，一切活动都像机器一样运转，而操纵机器的则是哲学王。柏拉图指出："我反复思之，唯有大声疾呼，推崇真正的哲学，使哲学家获得政权，成为政治家；或者政治家奇迹般地成为哲学家。否则，人类的灾祸总是无法避免的。"[1] 而老子则提出了圣人和小国寡民的政治学说。柏拉图与老子的政治图景虽然有着很大差别，但政治的基本要素却是一致的，这就是统治者和国家。柏拉图的统治者是哲学王，老子则是指圣人；柏拉图的国家是理想国，老子则是描述小国寡民。在老子那里，"小国寡民，使有什伯之器而不用，使民重死而不远徙。虽有舟舆，无所乘之；虽有甲兵，无所陈之；使人复结绳而用

---

〔1〕 〔古希腊〕柏拉图：《理想国》，商务印书馆1986年版，第2页。

之。甘其食，美其服，安其居，乐其俗。邻国相望，鸡犬之声相闻，民至老死不相往来"。这幅治国图景蕴含着丰富内容，在政治上，要建立无数小的国家，人民各得其所，人民的意愿就是国家的意愿；在经济上，属于自给自足的经济体，没有商业贸易，人民自耕自种、自养自息，不受任何干涉和影响；在文化上，要求人们平等，废除文字、结绳记事，大家具有同等的能力，不存在学识上的差别，实质是要求人的本性复归。对于小国寡民的图景，历来争论不已，许多学者认为这是原始社会的模板，是一种历史倒退。从形式上分析，小国寡民的图景确实和原始社会有许多相似之处。从内容上深究，小国寡民绝不是原始社会的简单复制，这里有舟车、甲兵、什伯之器，分明已经告别野蛮社会，进入文明社会。老子无非是希望像原始社会那样，不要使用舟车、甲兵、什伯之器而已。这里是"甘其食，美其服，安其居，乐其俗"，多么美好的治国图景！这里没有剥削，没有压迫，没有战争。老子反对战争、厌恶战争，这在先秦思想家中可谓鹤立鸡群，"夫佳兵者，不祥之器。物或恶之，故有道者不处"。意思是，兵器是不祥的东西，大家都憎恶它，所以有道之人不会使用它。古今中外，哪一个老百姓不愿意在和平安宁的社会中安居乐业呢？！如果拨开笼罩在小国寡民的迷雾，那么，我们看到的则是一幅清新、清正、清明的社会画面。这是老子哲学上返璞归真、政治上无为而治的必然要求，也是思想更为深刻的治国主张。老子要求的是精神上回归到原始社会的淳朴自然，而绝不是物质上回归到原始社会的贫穷匮乏。老子之圣人治国，是要在精神上引领社会保有质朴醇厚的良好风气。

先民后君是老子之圣人治国的价值取向。政治统治说到底是如何处理统治者与民众的关系，任何思想家都会提出自己关于统治者与民众关系的主张。儒家倡导"礼乐征伐自天子出"，墨家主张"天子之所是，亦必是之；天子之所非，亦必非之"，法家提出"君上之于民也，有难则用其死，安平则尽其力"。儒、墨、法重视人的集体性和社会化，往往表现出"屈民而伸君"的倾向，而道家更关注人的个体价值和个体生命的境遇，倡导君王自然无为，鼓励民众自正自化。在老子那里，圣人治国表现出明显的先民后君的价值取向，"是以欲上民，必以言下之；欲先民，必以身后之"。意思是，想要处在民众之上，就要以言辞对民众表示谦下；想要处于民众之前，就要把自身放在民众后面。老子还用江海做比喻，阐述先民后君的道理，指出统治者只有先民后君，才能成为统治者，"江海所以能为百谷王者，以其善下之，故能为百谷王"。老子进一步指出："是以圣人处上而民不重，处前而民不害，是以天下乐推而不厌。以其不争，故天下莫能与之争。"意思是，圣人坚守并践行先民后君的价值，那么，居于上位而民众不会觉得沉重，处在前面而民众不会觉得受损害，所以天下人都乐于拥戴圣人而不厌弃他。因为圣人不与人争，所以天下没有人能跟他争。老子认为，先民后君，首先要求圣人治国，破除自我中心，摒弃主观意志，顺应老百姓的意愿。"圣人无常心，以百姓心为心。"百姓心是有差别的，既有地域的差别又有风俗习惯的差别，既有个性的差别又有能力的差别，既有思想观念的差别又有利害关系的差别，既有善恶的差别又有诚信的差别。如何对待老百姓的差别，老子强调宽容，因循放任，展示出通达、超脱的智慧，即"善者，吾善之；不善者，吾亦善之，德善。信者，吾信之；不信者，吾亦信之，德信"。同时要求圣人治国，弃智就愚，鼓励民众淳朴自然，实现太平之治。"是以圣人之治，虚其心，实其腹；弱其志，强其骨。常使民无知无欲，使夫智者不敢为也"；"古之善为道者，非以明民，将以愚之。民之难治，以其智多。故以智治国，国之贼；不以智治国，国之福"。这两段话容易被理解为老子在推行愚民政策。但是，如果对智与愚有个正确理解，我们就会体悟到老子之圣人治国的高妙深远。王弼注释"智"为"任术以求成、运数以求匿者，智也"；"愚"为"无知守真，顺自然也"。因而老子之圣人弃智，不是摒弃知识，更不是摒弃智慧，而是摒弃虚伪、阴谋、狡黠、心术、诡诈和机巧；就愚，不是要老百姓愚蠢、愚昧，而是要老百姓淳朴而不诈伪，自然而不修饰，天真而不阴险。弃智就愚的实质是推崇精神的纯洁和社会风气的淳朴，怎么能理解为愚民政策呢？！无怪乎，老子进一步指出："知此两者，亦稽式。常知稽式，是谓玄德。玄德深矣、远矣，与物反矣，然后乃至大顺。"意思是，知道智与愚的奥妙是治国的法则。能常常知道这个法则，就可以称作有玄妙的德性。玄妙的德性深啊远啊，与万物复归于大道，然后就能达到太平之治。

无为而治是老子之圣人治国的主要方法。对于统治者有为而治，不能一概而论，如果统治者的有为而治是勤政，符合人民意愿和历史发展规律，那倒是应该给予肯定的。但是，由于统治者掌握着更多的权力和资源，在君与民的关系中拥有巨大的强势，这使得他们的有为而治往往会超越权力的边界，变成乱作为和肆意妄为，从而给社会和民众造成侵害。老子认为，民饥、民贫都是统治者过分作为的结果，"民之饥，以其上食税之多，是以饥"；民贫则是"天下多忌讳，而民弥贫；民多利器，国家滋昏；人多伎巧，奇物滋起；法令滋彰，盗贼多有"。意思是，天下多禁忌，民众就越穷；民间多武器，国家就发生混乱；民众多技巧智慧，奇异的事情就发生；法令越严明，盗贼就越多。老子甚至认为，统治者的过度作为，还会给老百姓带来战争等灾难性的侵害，"大军之后，必有凶年"。老子正是看到了统治者有为而治，更容易对社会和百姓造成伤害的后果，提出了"无为而治"的政治主张，"是以圣人处无为之事，行不言之教，万物作焉而不辞，生而不有，为而不恃，功成而弗居"。在老子看来，圣人治国不依一己之欲而强行作为，不依一己之愿而发号施令，而是顺应事物本身的规律去行事，当万物孕育兴起时，则不以己意去造成事端；万物化育成长时，则不以己恩而占为私有；万物成就功业时，则不自居其功而夸耀。老子从肯定和否定的句式对"无为而治"进行了论证。肯定句式是圣人治国如春风化雨、润物无声，"善行无辙迹，善言无瑕谪，善数不用筹策，善闭无关楗而不可开，善结无绳约而不可解"。《说文》解释关楗："关，以木横持门户也；楗，距门也。"关楗即门闩。意思是，善于行走的不留痕迹；善于言谈的不留瑕疵；善于计算的不需筹策；善于关闭的，不用门闩也能坚固难启；善于打结的，不用绳索也使人无法解开。否定句式是要求统治者不要采用尚贤的政策，不要过奢侈的生活，不要有太多的欲望，即"不尚贤，使民不争；不贵难得之货，使民不为盗；不见可欲，使民心不乱"。当然，无为而治不是无所作为，"故圣人云，我无为而民自化，我好静而民自正，我无事而民自富，我无欲而民自朴"。这说明老子之圣人治国，无为不是目的，治才是目的；我无为、好静、无事、无欲不是目的，而民自化、自正、自富、自朴才是目的。实际上，老子之圣人治国在坚守无为原则的同时，还是有所作为的。这种作为是效仿天之道，促进社会公平正义，"损有余而补不足"。这种作为是顺应政治本性，适可而止的作用、点到为止的行动，不逾越自然而然之边界，"始制有名，名亦既有，夫亦将知止。知止可以不殆"。这种作为是成为民众的带头人和老百姓的管理者，"朴散则为器，圣人用之，则为官长"。意思是，上古淳朴之道分散之后，制成器物，圣人利用它们，成为众人的领袖。

现代政治学研究认为，政治权力天然地具有扩张的本性，容易超越权力边界，侵犯市场、社会和民众的权利，因而需要约束和监督权力。两千多年前，老子显然意识到了政治权力扩张的本性，这不能不使人感佩老子的清醒和深谋远虑。但是，老子开出的药方是自然无为，即依靠圣人的智慧清醒，通过圣人的不作为或少作为来防止权力的扩张，却不是一个高明的药方。运用政治学原理分析老子之圣人，最大的局限是以人治权，最重要的启示是依靠制度来约束权力，而不是依靠政治家和统治者自身来约束权力；依靠外部力量来对权力进行监督，而不能依靠统治者内部来进行自我监督。现代社会已经对约束和监督权力形成了比较正确的理念和比较完善的制度，这就是尊重权利，用公民的权利约束政治权力，凡是法律赋予公民的权利，政治权力只能保护而不能侵犯；同时用市场和社会来约束政治权力，凡是市场能够配置资源的领域和社会能够自我管理的范围，政治权力就不要进行干预，保障市场和社会的正常运行。这就是发扬民主，使人民群众享有更多的政治权力，让公民和社会大众更多地参与国家的政治、经济、文化和社会管理。这就是完善法制，用制度来规范和约束政治权力，切实做到对于政治权力而言，法无规定不可行使；对于公民权利而言，法无禁止即可行使。比较无为而治，权利、民主和法治更能有效地约束和监督政治权力。

老子之圣人：人格理想

　　公元前 800 年至前 200 年是人类文明取得重大突破的时期。这一时期尤其是公元前 600 年至前 300 年被称为轴心时代，世界各大文明都出现了自己的伟大导师，古希腊有苏格拉底、柏拉图、亚里士多德，以色列有犹太教的先知们，古印度有释迦牟尼，中国有孔子、老子。这些导师提出的思想原则塑造了不同的文化传统，深刻而久远地影响着人类生活。更重要的是，各大文明之间虽然相距千山万水，却有着惊人的相似之处，其中最大的相似就是发生了"终极关怀的觉醒"，即人类开始意识到自身的有限性，开始关心自身存在的意义及其价值问题，开始期望突破自身的有限去追求精神的无限，因而认识自我成了轴心时代哲学探究的最高目标。迄今为止，认识自我仍是人类探究的最高目标。对于先秦思想家而言，人的觉醒、终极关怀的探究，转变为对理想人格的塑造和追求，圣人就是这一探究的结晶和成果。

　　历史上比较公认的圣人，大概只有孔子。虽然孔子不太符合内圣外王、政治与道德同一的圣人标准，但是，孔子创立的儒家思想实质是道德伦理学说；孔子一生都在践行自己创立的学说，努力做一个至善至仁的人。而且，孔子及其学说在先秦时期就有了巨大影响，即使孔子没有机会从政为王，也称得上"玄圣素王"。孔子在世时，弟子就将其视作圣人。《论语·子罕》说："太宰问于子贡曰：'夫子圣者与？何其多能也！'子贡曰：'固天纵之将圣，又多能也。'"在这段话中，子贡既肯定孔子是圣人，又为孔子笼罩了神秘色彩，认为是上天要孔子成为圣人。孟子比较了儒家提出的历史上的圣人，认为孔子是集大成的圣人，"伯夷，圣之清者也；伊尹，圣之任者也；柳下惠，圣之和者也；孔子，圣之时也。孔子之谓集大成"。道家代表人物庄子似乎亦认同孔子是圣人，他在《齐物论》中指出："六合之外，圣人存而不论；六合之内，圣人论而不议，春秋经世先王之志，圣人议而不辩。"真正使孔子成为唯一的、高不可攀的圣人，始作俑者应是汉武帝。自他推行"罢黜百家，表彰六经"后，两千多年的封建社会，先后十七次为孔子封圣。最早是东汉，封为"褒成宣尼公"；唐朝五次封号，认为孔子是"先圣"；宋朝先后封孔子为"玄圣文宣王"和"至圣文宣王"；明朝封为"至圣先师"；清朝封为"大成至圣文宣先师"。鲁迅就孔子封圣评论说："孔夫子之在中国，是权势者们捧起来的，是那些权势者或想做权势者们的圣人，和一般的民众并无什么关系。"[1] 这一评论虽有偏颇，却不无深刻的思想内涵。

作为儒家和道家圣人标准的设计者，孔子对待自己很有意思，不肯承认自己是圣人，"若圣与仁，则吾岂敢！抑为之不厌，诲人不倦，则可谓云尔已矣！"老子对待孔子的态度更值得玩味。《史记》记载，两千五百年前，孔子到老子那里问礼。老子回答："子所言者，其人与骨皆已朽矣，独其言在耳。且君子得其时则驾，不得其时则蓬累而行。吾闻之，良贾深藏若虚，君子盛德，容貌若愚。去子之骄气与多欲，态色与淫志，是皆无益于子之身。吾所以告子，若是而已。"意思是，你所钻研的，多半是古人的东西。可是古人已经死了，连骨头都烂了，不过剩下那么几句话而已，你不必看得太认真。德行高的人，顺利的时候，像出门驾车，自己能够掌控方

〔1〕 鲁迅：《鲁迅全集》（第 6 卷）《且介亭杂文二集》，人民文学出版社 2005 年版，第 327-328 页。

向；不顺利的时候，如飞蓬飘转流徙，无法掌控，但只要过得去，也就可以了。我听说有句老话，会做买卖的都不把东西摆在外面，有极高道德的人都是很朴实的。你应该去掉骄傲、去掉贪恋，去掉一些架子、去掉一些妄想，这些东西对你是没有好处的。我要告诫你的，就是这些。据说，孔子见过老子之后，一改过去张扬的做法，变得深沉内敛，遇事能够客观冷静，思想开始走向成熟。从这一史实可知，当时的孔子还有许多缺点，与老子的圣人理想还有很大差距。那么，老子之圣人，是一幅怎样的人格图景呢？

老子之圣人，本质是道德化身，这是内圣外王的必然要求。一般认为，内圣外王是儒家的重要观点，是儒家积极入世精神的理论观照。实际上，首先提出内圣外王的是道家庄子。庄子的内圣外王应源于老子的思想。道理很简单，老子之圣人的目标既然是当政治家，治国平天下，那就要有政治家的修为和素质。内圣才能外王，外王是内圣的外化。从这个角度分析，政治家的修为和素质比治国平天下更具基础意义。在老子那里，政治家的修为和素质就是圣人的人格理想。儒家的圣人或君子主张"有为"，推崇仁、义、礼、智、信。老子之圣人与儒家不同，其基本品格是"无为"，就是顺其自然，"生而不有，为而不恃，长而不宰"；就是柔、愚、啬、朴、慈、俭、静、弱，由这些基本概念构筑起理想人格的范畴体系。

无私是老子之圣人为人处世的本质规定。作为社会关系的集合体，人经常遇到的困惑是如何处理个人与他人、个人与集体、个人与社会的关系，归根结底就是如何处理公与私的关系。那些凡事首先想到自己，把个人利益置于众人之上，不对社会负责任，就是有私心。老子认为，圣人是无私的。《老子》从天道与人道相统一的角度加以论证，第七章开篇就提出天地是无私的，"天长地久。天地所以能长且久者，以其不自生，故能长生"。意思是，天地的存在既长且久。天地之所以能够长久存在，是因为它并不为自己而存在，所以能够长生。这一观点与当时通行的认识是一致的，在先秦时期，"天无私覆，地无私载"是公认的道理，《老子》一书也提到"天道无亲，常与善人"。接下来，论证圣人也是无私的，"是以圣人后其身而身先，外其身而身存。非以其无私邪？故能成其私"。王弼注："无私者，无为于身也。"由此可见，无为不仅是治国的准则，而且是修身的准则，意指圣人主观上不存在私欲，因而不自私、不营私；河上公云：身先、身存为"先人而后己者也，天下敬其先以为长。薄己而厚人也，百姓爱之如父母，神明佑之若赤子，故身常存"。王弼、河上公的注释，可以帮助我们更好地理解圣人无私而能成其私的深刻道理。在老子看来，无论从政还是修身，无私都具有决定性的作用。无私可以使人清醒和自知，认识到自身的不足和局限，"知不知，上；不知知，病。夫唯病病，是以不病。圣人不病，以其病病，是以不病"。意思是，知道自己有所不知，那是最好的；不知道自以为知道，那就是毛病。圣人之所以没有毛病，那是因为他把"不知知"这种毛病当作毛病，所以就没有毛病。老子认为，自知比知人更重要，"知人者智，自知者明"。王弼注云："知人者，智而已矣，未若自知者，超智之上也。"韩非子认为："知之难，不在见人，而在自见。"[1] 无私能够让人寡欲和知足，"不贵难得之货"，不会有过多的欲望。老子认为："祸莫大于不知足，咎莫大于欲得，故知足之足，常足矣。""是以圣人去甚，去奢，去泰。"河上公注云："甚，谓贪淫声色；奢，谓服饰饮食；泰，谓宫室台榭。去此三者，处中和，行无为，则天下自化。"无私必然要知止和急流勇退，不留恋权力，不贪占职位。老子认为："持而盈之，不如其已。揣而棁之，不可长保。金玉满堂，莫之能守。富贵而骄，自遗其咎。功遂身退，天之道。"意思是，与其装得过满而溢出，不如及早停止灌注。器具捶打得过于尖利，不会长久得以保

---

〔1〕 王先慎撰：《韩非子集解》，中华书局 1998 年版，第 169 页。

持。纵然金银玉器堆满堂室，没有谁能够将它守住。身居富贵而不可一世，必然在自取灾祸。功成名就抽身而退，这才符合天道。

　　柔弱是老子之圣人对外立身的法宝。人的一生在与他人的相处和互动中，常常会在强与弱的矛盾旋涡中挣扎和焦虑。好胜心和虚荣心决定了人总是喜欢出人头地、鹤立鸡群；总是感觉自己强他人弱，自己比他人能干，自己做的事比他人做得出色；总是渴望社会褒扬自己、肯定自己、抬高自己。在老子看来，人生的柔弱比刚强更有价值，"人之生也柔弱，其死也坚强。草木之生也柔脆，其死也枯槁。故坚强者死之徒，柔弱者生之徒"。从这段话可知，看似柔弱的东西，因其内敛含蓄而充满生机，富有韧性，看似刚强的东西，因其张扬外露而易遭迫害，不能长久，正如民谚所言："枪打出头鸟"，"出头椽子先烂"。老子还用水做比喻，说明柔弱与刚强的辩证关系，"天下莫柔弱于水，而攻坚强者莫之能胜，以其无以易之。弱之胜强，柔之胜刚，天下莫不知，莫能行"。河上公注云："水是圆中则圆，方中则方，壅之则止，决之则行。而攻坚强者莫之能胜，水能怀山襄陵，磨铁消铜，莫能胜水而成功也，无以易于水。"水的品性正是老子追求的理想人格，柔弱是老子倡导的为人处世的法宝。"我有三宝，持而保之：一曰慈，二曰俭，三曰不敢为天下先。慈，故能勇；俭，故能广；不敢为天下先，故能成器长。"所谓"三宝"，都含有柔弱的内容，慈爱近于柔弱；俭约不限于节约之义，更有收敛、节制和自我约束的处事原则；不敢为天下先，则有"谦让""不争"的思想。柔弱能够让人忍辱负重。人生既有顺境也有逆境，不可能一帆风顺。在逆境的时候，面对委屈和不公正待遇，是以柔弱应对还是以刚强应对，反映了一个人的修身水平。老子认为，相比刚强应对，以柔弱姿态应对的人更有前途，更能担负重任。"是以圣人云：'受国之垢，是谓社稷主；受国不祥，是为天下王。'正言若反。"意思是，所以圣人说，能够承受一国的耻辱，这就是国家的君主；承受一国的灾祸，这就是天下的君王。正话听起来像是反话。柔弱能够让人处事低调。人与人之间在能力和素质上是有差别的。能力弱的人一般不会争强好胜、高调张扬，能力强的人则容易自命不凡、炫耀自己。老子认为，能力强的人应具备深藏若虚、含蓄自制的品德，这种品德无疑包含着以反求正、以弱胜强的智慧。"是以圣人方而不割，廉而不刿，直而不肆，光而不耀。"意思是，圣人方正而不割伤人，锋利而不刺伤人，平直而不放肆，光明而不耀眼。柔弱能够让人谦卑内敛。人的外表与内心既可能同一，又可能有差异。同一好理解，差异则内涵丰富，有的人外表光亮，内心却空虚；有的人外表粗陋，内心却充盈而富有。老子认为，那些内心充盈而富有的人不要追求外表的光鲜，更不要故意向外界和他人显示自己的才华素质，"知我者希，则我者贵。是以圣人被褐怀玉"。意思是，知道我的人少，那我就更高贵了。所以圣人常常是穿着粗布衣服而怀揣着宝玉。

　　纯真是老子之圣人对内修身的要诀。对于每个人而言，实现理想人格是一生一世的事情，而不是某一个年龄段的事情，更不可能一蹴而就。在人的一生中，需要不断修身，克服自身的缺点，防范外界的诱惑，逐步趋近于理想人格。无论儒家还是道家的理想人格，都是尽善尽美、全知全能，这表明无论如何修身，都只能与理想人格越来越接近，而不可能完全同一。个体的修身养性，有一个目标和路径依赖问题。儒家提出了仁、义、礼、智、信的目标和"吾日三省吾身"的路径，老子则提出自然纯真的目标和"复归于婴儿"的路径。如果说柔弱是人生对外的生活指导和应对各种社会关系的方法，那么，纯真则是人生对内的心灵指导和主体内在的道德修养的途径，共同搭建起老子实现其圣人理想人格的双向路径依赖。在老子看来，有道德的人可以分为上德和下德两种情况，"上德不德，是以有德；下德不失德，是以无德。上德无为而无以为"。意思是，上德之人不自居有德，所以有德；下德之人刻意求德，所以没有达到德的境界。上德的人顺任自然而无心作为。老子用婴儿做比喻，认为具有高尚品德的人，内心就如婴儿般纯洁天真，"含德之厚，比于赤子"。纯真，就是要复归于婴儿的自然状态。婴儿天真无邪，在柔弱中充满生机和活力，整个身心都处于积极正面的状态。"蜂虿虺蛇不螫，猛兽不据，攫鸟不搏。骨弱筋柔而握固，未知牝牡之合而全作，精之至也。终日号而不嗄，和之至也。"意思是，蜂蝎毒蛇不会螫刺婴儿，鸷鸟猛兽不会搏击婴儿。婴儿筋骨柔弱而拳头握得紧紧的，还不知男女之事，男性性征却能生机勃勃，这是因为元气精纯之至的缘故。整日号哭却不会嘶哑，这是因为元气柔和之至的缘故。纯真，就是要摒弃世俗之虚伪的道德，追求道德的纯粹性、绝对性和超越性。老子坚守天道自然无为的原则，反对仁、义、礼等"有为"的政治和道德，"故失道而后德，失德而后仁，失仁而后义，失义而后礼。夫礼者，忠信之薄而乱之首"。老子主张"是以大丈夫处其厚，不居其薄；处其实，不居其华。故去彼取此"。意思是，大丈夫立身处世，应当自处于厚实的道和德的境界，而远离浅薄与虚华。所以要舍弃浅薄与虚华而选择敦厚与朴实。纯真，就是要远离尘嚣、淡泊名利，耐得住寂寞、守得住清贫，"众人熙熙，如享太牢，如春登台。我独泊兮其未兆，如婴儿之未孩。儡儡兮若无所归。众人皆有余，而我独若遗"。意思是，众人都兴高采烈，好像参加丰盛的筵席，又像春天登台瞭望景色。而我却独自淡泊宁静，没有形迹，好像不知嬉笑的婴儿。落落不群啊，好像无家可归。众人都感到满足，唯独我一无所有。纯真，就是要小事糊涂，保持愚人之心；大事清醒，努力与道同行。"我愚人之心也哉！沌沌兮！俗人昭昭，我独昏昏；俗人察察，我独闷闷。淡兮其若海，飂兮若无止。众人皆有以，而我独顽似鄙。我独异于人，而贵食母。"河上公注云："食，用也。母，道也。"意思是，我真是愚人的心肠啊，终日混混沌沌！世人都自我炫耀，我却暗暗昧昧；世人都工于算计，我却茫然无知。心是那样辽阔，就像大海无边无际，思绪就像疾风劲吹，飘扬万里没有尽头。众人都有所作为，唯独我愚顽而拙讷。我与众不同，着重寻求道的滋养。或许，人们很难在行为上做到老子的昏昏、闷闷、顽鄙、混沌以及愚人之心，但作为修身的一种心境和状态，却是玄妙深奥，值得体悟和认知。

近读林清玄《生命的化妆》，作者请教一位资深化妆师什么是化妆的最高境界，化妆师回答："自然。最高明的化妆术，是经过非常考究的化妆，让人家看起来好像没有化过妆一样，并且这化出来的妆与主人的身份匹配，能自然表现那个人的个性和气质。"化妆师的回答富含哲理，是对老子之圣人修身的生动诠释，修身的最高境界也是自然。人猿相揖后，总还残存着动物界的印迹，不可能完美至善；人的一生会遇到曲折和面临诱惑，不可能不在心里引起涟漪，从而产生生理与心理、肉体与心灵、物质与精神的矛盾。能够化解和平衡人生灵与肉的矛盾，唯有修身。老子之圣人启示我们：修身是自然的修身，是尊重生命本身和内在品性的自然而然的修身。自然的修身不需要外界的压力，而是生命内在的需求。自然修身是返璞归真，就像婴儿一样无知无欲、无牵无挂。即使长大了，有了知识、有了欲望，也始终保持童心，在内心深处保持着婴儿般的纯真，不让它受到玷污。我们有了童心和婴儿般的纯真，就有了驾驭知识、欲望向上向善的方向和力量。自然修身是积极而不是消极，是奋斗进取而不是听天由命。当然，这种积极和奋斗进取没有过多的任性，更没有争强好胜，而是闲看门前，花开花落宠辱不惊；遥望蓝天，云卷云舒去留无意。自然修身是伴随人的一生、逐步趋近于圣人的过程。化妆师认为：化妆有着不同品级，一流的化妆是生命的化妆，二流的化妆是精神的化妆，三流的化妆是脸上的化妆。修身也有着不同品级，一流的修身是生命的修身，二流的修身是精神的修身，三流的修身是外表的修身。人生自幼而老，就是不断地从三流修身向一流修身迈进的过程。谁实现了生命修身，谁的内心就达到了老子之圣人的高尚境界。

老子之圣人：以无为本

中华文明源远流长，中华民族英雄辈出。但是，先秦思想家建构的圣人，是知行完备、至善之人，即"才德全尽谓之圣人"。这一规定过于完美，至高至大、至仁至善，以至历史上能够称为圣人并得到各方公认的人物寥若晨星。儒家推出了伏羲、黄帝、炎帝、颛顼、帝喾、尧、皋陶、舜、禹、伊尹、傅说、商汤、伯夷、周文王、周武王、周公、柳下惠、孔子等圣人，除孔子外，大多是上古时期被改造过的，甚至是虚构的人物，可谓"烟涛微茫信难求"。清人段玉裁在《说文解字注》中指出："凡一事精通亦得谓之圣。"退而求其次，历史把某一领域有着杰出贡献的人物称为圣人，较为著名的有夏朝酒圣杜康，汉朝史圣司马迁，医圣张仲景，唐朝诗圣杜甫、画圣吴道子、药圣孙思邈、茶圣陆羽、宋朝词圣苏轼。这些人物在文学、艺术、医学、科技等方面为中华民族发展做出了重大贡献，他们的成就是华夏文明的瑰宝。客观地说，他们并不是先秦思想家所设想和塑造的圣人。

在先秦思想家那里，无论政治主张和哲学底蕴有着多大差异，他们都赋予圣人以政治和道德的意义。尤其是赋予道德内涵，而且是最高道德，使得圣人概念发生了重大变化，从一般意义上聪明人的称呼变成了高大神秘的称呼，圣人的范围也大为缩减。孔子就说："圣人，吾不得见之矣，得见君子斯可矣"；老子甚至没有提出过具体的圣人形象或历史上可以称为圣人的人物。孔子和老子都强调圣人的完美，是道德化身和人格理想，差别在于孔子更多地强调"有"，老子更多地强调"无"。孔子之"有"是有为，被赋予更多的伦理道德要求。孔子的圣人最后定格为君子，是一个既理想又现实的人格，反映了孔子积极入世的人生态度。具体表现为能够临危受命，"可以托六尺之孤，可以寄百里之命，临大节而不可夺也，君子人与？君子人也"。能够肩负重任，"士不可以不弘毅，任重而道远。仁以为己任，不亦重乎？死而后已，不亦远乎？"能够坚守志节，"三军可夺帅也，匹夫不可夺志也"。能够舍生求仁，"志士仁人，无求生以害仁，有杀身以成仁"。老子之"无"是以无为本，被赋予更多的哲学内容。老子的圣人是一个形而上的理想人格，具有超常的智慧和能力，似乎很难在现实世界中寻觅，反映了老子对人生终极价值的探索和反思。老子之圣人虽然没有孔子之君子那么具体可感、平易近人，那么豪气干云、惊天地泣鬼神，却有着厚重的思想内容，玄妙而幽深。

在研读老子之圣人的哲学品格、政治品格和道德品格，写下智慧化身、政治楷模和理想人格三篇文章之后，意犹未尽、思绪纷扰，总还想再读读老子之圣人形象，继续写写关于老子之圣人的心绪余韵。于是，一个字自远而近、从模糊到清晰，渐渐向我走来，这就是"无"。在汉语词典中，"无"可以作名词、动词、副词和连词使用。但是，"无"不仅是一个字，而且是一个概念，更是一个哲学范畴。作为哲学范畴，是同"有"相对立的，与"有"形成一对矛盾，这从一个侧面说明老子之圣人与孔子之圣人在内容和要求上存在着明显差异。在老子那里，"无"的哲学内涵首先指无名无形或指事物不存在状态，"天下万物生于有，有生于无"；同时指虚无空寂，"天地之间，其犹橐籥乎？虚而不屈，动而愈出"。橐籥犹今风箱。意思是，天地之间，不正像一只大风箱吗？虽然空虚却没有穷尽，鼓动愈快风力也愈大。《老子》论及圣人，多处提到"无"。所以，研读老子之圣人，不能不研读"无"这一范畴，不能不梳理《老子》一书中"无"的概念。在老子之圣人那里，"无"几乎没有单独作为一个名词使用，通常以词组的形式出现；单独使用时，一般作为动词对待，加上宾格。但是，老子之圣人都以无为本，组成了无为、无私、无常心、无不治等不同的概念和范畴。

无为，这既是老子思想的重要范畴，又是老子政治的核心理念，也是圣人行为的基本准则。《辞海》关于无为的解释是，老子认为宇宙万物的根源是道，而道是无为而自然的，人要效法道，就要坚守无为，顺应自然的变化。老子在《道德经·上篇·道经》最后一章就说："道常无为而无不为。"《老子》一书有三章直接用无为来解读圣人，角度不尽相同，内容亦有差异。第二章主要阐述圣人无为的内涵，"是以圣人处无为之事，行不言之教，万物作焉而不辞，生而不有，为而不恃，功成而弗居。夫唯弗居，是以不去"。在这一章里，老子强调，圣人无为就是要听凭万物兴起而不加以干预，滋养万物而不据为己有，助其成长而不自恃其能，大功告成而不邀功自傲。第七十七章亦表达了类似的意思，"孰能有余以奉天下？唯有道者。是以圣人为而不恃，功成而不处，其不欲见贤"。第五十七章以圣人口吻阐述无为的功能和作用，"故圣人云，我无为而民自化，我好静而民自正，我无事而民自富，我无欲而民自朴"。在这一章里，老子之圣人增加了两个与"无"相关联的词组，即无事和无欲。无为虽然与好静、无事、无欲并用，但实际上好静、无事、无欲都是无为的展开和延伸，无为不是目的，让民众自我化育、自走正途、自己致富、自然朴实才是目的。第四十七章也有类似表达，但没有用无为，而是用不为，含义相同，"是以圣人不行而知，不见而名，不为而成"。意思是，所以圣人不用去做就能知道，不用去看就能明白，无所作为就有所成就。第六十四章指出无为是圣人立于不败之地的原则和方法，"为者败之，执者失之。是以圣人无为，故无败；

无执，故无失"。无为、无执是原则方法，无败、无失是无为、无执的结局。在这一章里，老子之圣人增加三个与"无"相关联的词组，即无败、无执和无失。

无知、无欲、无不治，这是第三章提出的与"无"相关联的三个词组。春秋战国时期，诸侯混战，社会动乱，百姓生活在水深火热之中。老子认为，动乱的根源在于贪欲盛行和物欲横流，尤其是统治者贪图权力的欲望。第三章一开始就提出治国的基本主张，明确反对贪欲和物欲，"不尚贤，使民不争；不贵难得之货，使民不为盗；不见可欲，使民心不乱"。接着阐述圣人治国的具体做法，"是以圣人之治，虚其心，实其腹；弱其志，强其骨。常使民无知无欲，使夫智者不敢为也。为无为，则无不治"。意思是，所以圣人治理天下，要净化民众的心灵，满足民众温饱；减少他们的欲望，强健他们的体魄，使民众没有伪诈的心智，没有争盗的欲念，让自作聪明的人不敢妄为。圣人以无为的态度进行治理，没有治理不好的事情。在这段话中，比较有争议的是无知无欲，尤其是无知。有些研究认为，无知无欲是老子在推行愚民政策，但这一观点是值得商榷的。知，既可以是知识论的知识，也可以是修身论的心智。如果从知识论的角度阐述无知，当然会有愚民的嫌疑。而老子是从修身论的角度阐述无知无欲的，无知不是不要知识，而是不要投机取巧、尔虞我诈。无欲不仅是对民众提出的要求，而且也是对统治者提出的要求，第五十七章圣人说"我无欲而民自朴"。因此，王弼注解无知无欲为"守其真也"，即保持心灵的纯真朴质。陈鼓应认为，"所谓'无知'，并不是行愚民政策，乃是消解巧伪的心智。所谓'无欲'，并不是要消除自然的本能，而是消解贪欲的扩张"。[1]

无私，这在先秦时期是公认的道理。当时的思想家们认为，天

---

〔1〕 陈鼓应注译：《老子今注今译》，商务印书馆 2003 年版，第 89 页。

地是无私的。《礼记》记载，孔子的弟子子夏问什么是"三无私"，孔子回答："天无私覆，地无私载，日月无私照。"意思是，天空无私地覆罩着万物，大地无私地承载着万物，太阳月亮无私地照耀着万物。同时认为上天也是无私的，《尚书》提出："皇天无亲，唯德是辅。"意指上天公正无私，总是帮助品德高尚的人。《老子》第七章运用辩证法提出了无私的概念，论证了无私的重要意义。老子通过观察自然界的天地和社会中的圣人，认为事物总是向矛盾的对立面发展变化的，天地以其不自生，故能长生；圣人以其无私，故能成其私。第七章先是阐述天地的无私品格，"天长地久。天地所以能长且久者，以其不自生，故能长生"。王弼注云："自生则与物争，不自生则物归也。"然后阐述了圣人无私的道理，"是以圣人后其身而身先，外其身而身存。非以其无私邪？故能成其私"。河上公注解身先身存，"先人而后己者也，天下敬之先以为长。薄己而厚人也，百姓爱之如父母，神明佑之若赤子，故身常存"。正是辩证的观点，使得老子的无私观念与其他思想家区别开来，具有更深刻的内容，更值得玩味。

无弃人、无弃物，这是第二十七章提出的与"无"相关联的两个词组。很明显，无弃人、无弃物之"无"，是作为动词使用的，意指没有。有的学者研究认为，该章集中阐述美德的主要内涵"善"之特征及其价值，从"道"的高层次揭示"善"的本质属性。老子认为真正的"善"不是人为的，而是自然本色，不留任何刀刻斧凿的痕迹，它完全可以应用于社会政治生活领域，这就是自然无为以治天下。从这个意义上说，该章使用的"无"并没有什么特别意义，也不是圣人品格的组成部分。实际上，该章主要阐述了老子的人生哲学。首先提出了"五善"的要求，指明圣人治国不用有形的行为，而贵顺乎自然的天性。"善行无辙迹，善言无瑕谪，善数不用筹策，善闭无关楗而不可开，善结无绳约而不可解。"关楗指关门时用的门闩，绳约指绳索。王弼注云："因物自然，不设不施，故不用'关楗''绳约'而不可开解也。此五者，皆言不造不施，因物之性，不以形制物也。"次是指出圣人善于用智慧去观照人与物，常常救人救物，做到人尽其才和物尽其用，"是以圣人常善救人，故无弃人；常善救物，故无弃物，是谓袭明"。袭明指内敛而不外露的智慧。最后指出善人与不善人的辩证关系，"故善人者，不善人之师；不善人者，善人之资。不贵其师，不爱其资，虽智大迷，是谓要妙"。意思是，善人可以作为不善人的老师，不善人可以作为善人的借鉴。不尊重他的老师，不珍惜他的借鉴，虽然自以为聪明，其实是大糊涂。这真是个精妙深奥的道理。

无常心，这是老子政治哲学的一个重要概念，也是圣人治国的一个重要原则。第四十九章一开始就提出："圣人无常心，以百姓心为心。"这句话的字面含义好理解，但对"无常心"一词争议较大，汉河上本、魏王弼本、唐傅奕本及唐宋以后诸本，大都为"圣人无常心"；帛书乙本则为"恒无心"；景龙碑及多数敦煌本作"圣人无心"。河上公注云："圣人重改更，贵因循，若自无心。"河上公较早注释《老子》，河上本也是流传最广的一种版本，因而"圣人无常心"可能比较正确。从"无"在老子哲学中的地位分析，无常心的组合也应符合老子的本意。那么，圣人如何"以百姓心为心"呢？圣人浑厚真朴，以善心去对待一切人，以诚心去对待任何人，即"善者，吾善之；不善者，吾亦善之，德善。信者，吾信之；不信者，吾亦信之，德信"。这和第二十七章"无弃人""无弃物"的精神是贯通的。第四十九章进一步指出："圣人之在天下也，歙歙焉，为天下浑心。百姓皆注其耳目焉，圣人皆孩之。"意思是，圣人治理天下，收敛自己的主观成见与意欲，让天下人的心归于浑朴。百姓都运用自己的聪明，耳目亦各有所关注，圣人却把他们看作淳朴天真的婴儿。

无难，这是第六十三章提出的与"无"相关联的一个词组，"无"作动词使用，并不表示特别的含义。但是，对于圣人而言，能够达到无难的境界，却非易事。第六十三章充满了辩证法的意蕴，着重提出了防患于未然的主张，先是重申无为的宗旨，"为无为，事无事，味无味"。这是用悖论的方式表达了无为的真实含义是有作为，而这是"无为之为""无事之事""无味之味"，因而是更高形式的作为，是对通常意义作为的超越。次是阐述怨与德的关系，"大小多少，报怨以德"。关于"大小多少"，各家解读不一，司马光解释为"就小若大，视少若多"，很有辩证韵味。老子的"报怨以德"与孔子"以直报怨"形成了鲜明的对比。在现实生活中，"以直报怨"更具有积极意义，有利于维系社会正义和道德价值，而"报怨以德"则是一种超越的智慧和宽容精神，可以消弭"冤冤相报何时了"的困境。后是阐述事物发展难与易、大与小的关系，"图难于其易，为大于其细。天下难事，必作于易；天下大事，必作于细"。圣人要以审慎的态度对待难与易、大与小的关系，"是以圣人终不为大，故能成其大。夫轻诺必寡信，多易必多难，是以圣人犹难之。故终无难矣"。意思是，所以圣人始终不自以为大，因此能成就大的事业。轻易允诺的一定会失信，把事情看得太容易一定会遭遇更多的困难，所以圣人总是把事情看得很难，因而最终就没有什么困难。

无败、无执、无失，这是第六十四章提出的与"无"相关联的词组，其中无执是指圣人行为的方法和态度，无败、无失则指圣人行为的结果。郭店竹简本将第六十四章分为两章，自开始到"始于足下"为一章；"为者败之"为另一章，两章之间不相连接。总体上看，第六十四章全文的内容还是比较连贯的，可以分为三个层次。第一层次是从正反两方面论证事物都是由小而大向前发展的，强调起始阶段的重要性。反的论证是"其安易持，其未兆易谋，其脆易泮，其微易散。为之于未有，治之于未乱"。意思是，局面安稳时容易掌握，事变没有迹象时容易图谋。事物脆弱时容易破裂，事物细微时容易散失。要在事情没有发生以前就早做准备，要在祸乱没有产生以前就处理妥当。正的论证是"合抱之木，生于毫末；九层之台，起于累土；千里之行，始于足下"。第二层次是强调圣人要坚守无为的宗旨，顺应事物本性自然而为，"为者败之，执者失之。是以圣人无为，故无败；无执，故无失"。意思是，强行作为就会失败，过分把持就会失去。所以圣人不妄为而不会失败，不把持而就不会丧失。同时，第六十四章最后一段进一步强调："是以圣人欲不欲，不贵难得之货。学不学，复众人之所过。以辅万物之自然而不敢为。"意思是，所以圣人求人所不欲求的，不珍贵难得的货品；学人所不学的，补救众人的过错，以辅助万物的自然变化而不加以干预。第三层次是阐述任何事情不仅要善始，而且要慎终，以免功亏一篑，"民之从事，常于几成而败之。慎终如始，则无败事"。意思是，一般人做事，常在快要成功时招致失败。审慎地面对事情的终结，就如事情开始时那样慎重，就不会有失败。

梳理老子之圣人的"无"之后，不禁想到了王国维的《人间词话》。品读《人间词话》，能够帮助我们更好理解老子之圣人的"无"。《人间词话》开篇就指出："词以境界为最上"，认为境界"有有我之境，有无我之境"。在王国维看来，无我之境是自然，"无我之境，以物观物，故不知何者为我，何者为物"；无我之境是清静，"无我之境，人唯于静中得之"。王国维从词学和美学的角度生动而形象地诠释了老子自然无为的思想。老子之"无"有着多重规定，但和圣人联系在一起，就是和人生联系在一起。人生也存在着有我和无我两种境界，有我就会囿于自我，容易为名利和物欲所累；无我则会超越自我，惯看秋月春风，都付笑谈中。词的创作可以有我，也可以无我，从而形成不同的风格和境界，但是，为人处世应追求的只能是无我境界。从精神与物质的关系分析，无我可以淡化物欲。

人生一世，物质的需求是有限的，精神的需求是无限的。衣食住行满足之后，过分的物质享受，不仅会妨碍精神享受，而且会影响身体健康。无我之人会重视精神需求，轻视物质享受。从内外关系分析，无我可以看轻名利。人生一世，说到底只有对内追求和对外追求两个方面，对内追求是人格的完善和精神世界的丰盈，对外追求是事业的成就，往往会和名利相联系。无我就是要求人们把重心放在对内追求方面；在对外追求时，重心是事业而不是名利，不要争名于朝、争利于市。从动静关系分析，无我可以拒绝诱惑。人生一世，内心经常会遇到清静与躁动的矛盾。"清静为天下正"，不以感情用事，能够在权力、美色、金钱、财物面前保持内心清静的人，就是无我之人。无我之人是那么的宁静淡泊，"采菊东篱下，悠然见南山"；无我之人是那么的闲适清远，"寒波澹澹起，白鸟悠悠下"。

老子之柔弱：含义丰富

　　柔弱是老子思想中具有深刻寓意的一个形容词，也是老子认识和把握世界的一个重要思想范畴。有关研究表明，《老子》一书，柔字出现了十一次，弱字出现了十次，柔弱合用出现了五次，主要是"天下之至柔，驰骋天下之至坚"；"反者，道之动；弱者，道之用"；"坚强者死之徒，柔弱者生之徒"。据史料记载，老子柔弱思想的形成，得益于老师的启发和教诲。一则是汉刘向《说苑》的记载，另一则是晋皇甫谧《高士传》的记载，二则记载既有同一又有差异，但同一是基本的，具体表现在都是老子的老师"有疾"而老子去请教，都是用了舌存齿亡的比喻；差异则表现在老师的姓名不同，《说苑》叫常枞，《高士传》叫商容。《说苑》有一段非常生动的记载：老子的老师常枞生病了，老子前往问候请教，说老师你的病很重，有没有什么重要的话要留给我们这些学生。常枞说，你即使不问，我也要告诉你们。"常枞张其口而示老子曰：'吾舌存乎？'老子曰：'然！''吾齿存乎？'老子曰：'亡！'常枞曰：'子知之乎？'老子曰：'夫舌之存乎，岂非以其柔耶？齿之亡乎，岂非以其刚耶？'常枞曰：'嘻！是已。天下之事已尽矣，无以复语子哉！'"在常枞看来，贵柔守弱、柔优于刚是其思想的核心，也是理解自然界和人类社会的一把钥匙。所以，当老子悟出这一道理后，常枞认为天下的事情都已包容尽了，他就没有什么可以再给老子传授的。《说苑》的记载对于我们理解老子之柔弱有着积极作用，这使我们看到了老子柔弱思想的源头和师承关系，也看到了老子尊敬师长的高尚品德。

青出于蓝而胜于蓝。虽然老子继承老师的柔弱观点，但比老师思虑更深刻。所谓深刻，是指老子之柔弱具有形而上的特点，有着哲学支撑。众所周知，老子思想的核心范畴是道，这是一种超形象、超感觉的存在，不能用语言界定，即如庄子所言"道不可闻，闻而非也；道不可见，见而非也；道不可言，言而非也"。但是，人们却能在生活世界中感受体会到道的存在及其创造力和运行规律，这就是"道生一，一生二，二生三，三生万物"。老子认为，道在创生宇宙万事万物过程中，主要依靠了两种力量，一种力量是"反"，另一种力量是"弱"。"反者，道之动"，在老子看来，反是物极必反，事物是在对立统一中发展变化的，从而形成了丰富多彩的世界，"天下皆知美之为美，斯恶已；皆知善之为善，斯不善已。故有无相生，难易相成，长短相较，高下相倾，音声相和，前后相随"。意思是，天下都知道美的事物称为美，那是因为有丑陋的存在；都知道善的事物称为善，那是因为有邪恶的存在。因此有无相依而生，难易相辅而成，长短相比而显，高下相互依存，音声相互应和，前后相互追随。反还有循环往复的意思，事物的发展变化无穷无尽，而且是在"否定之否定"中螺旋式前行的。"吾不知其名，字之曰道，强为之名曰大。大曰逝，逝曰远，远曰反。"王弼注云："逝，行也"，这是强调道大到无边而又无所不至，无所不至即运行遥远，运行遥远而又回归本原。"弱者，道之用"，在老子看来，柔弱是道的重要品质。道创生万物是一个自然而然的过程，不勉强、不造作、不作秀，不以人的意志为转移，即"人法地，地法天，天法道，道法自然"。自然就是柔弱，而不是刚愎自用，不是强制规范和强力而为。柔弱还有生命力的含义，"柔弱者生之徒"，因而柔弱是世间万事万物存在的基础。老子把弱与反并列，既看成是道的内在规定，又看成是道的外在形式，赋予了形而上的意义，这使得柔弱具有了崇高而神秘的色彩。

老子对于柔弱可谓偏爱之至，不仅给予理论的说明，而且赋予形象的比喻。老子哲学善用比喻来阐述其深奥的思想，最重要的喻体和意象是水、女性和婴儿。这三个喻体都和柔弱有着千丝万缕、密不可分的联系。我们在阅读《老子》时，经常会感到恍惚，这是在说柔弱呢，还是在说水、女性和婴儿呢？仿佛柔弱就是水、女性和婴儿，反之亦然。"天下莫柔弱于水。"水是柔弱最好的形象，柔弱是水的本质规定。水之柔弱表现在经常变化自身的形态，升为云霞，降为雨露；在山间是溪流，在平地是长河，在洼处是大海。无论哪一种形态，水都在泽被万物、施而不争。水又表现在喜欢往低处走，常常居于下游，却在滋润养育万物。任何生命无论是灿烂辉煌，还是高大巍峨，都离不开水的滋养。水还表现在因物就形、能圆能方，随物易形、无所不成，绝不会要求外物与自己保持一致，而是自己主动适应外物，在塑造自身形态的同时，也在改造着外物。这是水最明显的柔弱表现形式，也是柔弱对于自然界和人类社会最大的作用。女性是柔弱的重要形象，而且是生命的形象。《老子》一书多处使用母、雌、谷、阴、牝、玄牝等表现女性性别的词语，这些词语都有柔弱的意义，以至人们认为老子哲学是阴柔之学。"我有三宝，持而保之：一曰慈，二曰俭，三曰不敢为天下先。"这段话既没有柔字，也没有弱字，但通篇都是柔弱的思想。"慈""俭""不敢为天下先"都是柔弱的具体表现形式，生动描述了女性温柔忍让、宽容谦和的风格。有的学者研究认为，这"集中体现了母系氏族社会女性首领的美德"。婴儿是柔弱的另一个生命形象。"专气致柔，能婴儿乎？"王弼注云："言任自然之气，致至柔之和，能若婴儿之无所欲乎？则物全而性得矣。"这段话虽然是从政治和修身角度阐述柔弱的意义，但也说明婴儿是柔弱的重要形象，柔弱是婴儿的最大特点。在人的一生中，婴儿时期是最为柔弱的，却蕴含着人成长为少年、青年、中年、壮年的所有因子。所以，柔弱中有生机、有活力，这正是老子推崇柔弱的重要原因。

老子之柔弱内容极为丰富，既有本体论意义，又有实践论意义，但更多的是内聚着政治运作和为人处世的含义，这就是"以正治国，以奇用兵，以无事取天下"。柔弱在政治上的运用是无为而治，即"我无为而民自化，我好静而民自正，我无事而民自富，我无欲而民自朴"。这里"无为""好静""无事""无欲"都是柔弱的表现形式。老子的弟子文子作了进一步阐述。文子指出，柔弱是政治上有所成就的基础和起点，"能成霸王者，必得胜者也；能胜敌者，必强者也；能强者，必用人力者也；能用人者，必得人心者也；能得人心者，必自得者也。自得者，必柔弱者也"。[1] 由此可见，老子的柔弱不是无力，无为不是放任自流、无所事事，而是"无为而无不为"，即民自化、自正、自富、自朴才是柔弱无为的目的。柔弱在军事上的运用是克敌制胜。《老子》一书不是兵书，但有着丰富的军事思想。老子强调用兵之道要戒骄戒躁、不可轻敌，这是对柔弱的阐述和发挥。"用兵有言，吾不敢为主而为客，不敢进寸而退尺。是谓行无行，攘无臂，扔无敌，执无兵。祸莫大于轻敌，轻敌几丧吾宝。故抗兵相加，哀者胜矣。"意思是，以前用兵的人曾经说过，我不敢做主导者，而宁可做客从者；我不敢进一寸，而宁可退一尺。这就叫布无阵之阵，举无臂之臂，执无兵之兵，那就所向无敌了。没有比轻敌更大的灾祸，轻敌几乎丧失了我的法宝。所以，两军对垒，不骄枉、怀有悲悯之心的一方就能获胜。柔弱在人生上的运用是谦虚低调，就是要像道那样，"大成若缺，其用不弊。大盈若冲，其用不穷。大直若屈，大巧若拙，大辩若讷"。老子认为，道具有大成、

---

〔1〕 文子：《文子校释》，上海古籍出版社 2004 年版，第 183 页。

大盈、大直、大巧、大辩的高贵品格，而表现出来的却是若缺、若冲、若屈、若拙、若讷的柔弱特征。老子认为，柔弱低调不是无智无能的表现，"不自见故明，不自是故彰，不自伐故有功，不自矜故长"。意思是，不坚持己见，大家都认为你明智；不自以为是，大家更能看清你的贡献；不自我夸耀，大家更知道你的功劳；不自高自大，大家才拥护你当领导。

谦卑是老子之柔弱的本质规定。《老子》从矛盾的对立统一中赋予柔弱的内容。在老子看来，大与小、贵与贱、上与下都是相对而言的，二者之间既互相依存又互相转化，老子给予柔弱的规定是谦卑。安小是谦卑的首要规定。任何事物都是从微小开始，由小到大，微小意味着新生和希望。这在水和婴儿上表现得更为明显。水之多来源于微小。当水刚形成时，是很微小的，晨露是微小的，雨水是微小的，泉眼是微小的，而江河湖海都是由这些微小的水源汇聚而成的。人之壮来源于微小。当婴儿刚来到人间，是很微小的，而人的成长壮大却是从婴儿开始的。婴儿是生命之始基，即使在赤裸裸新生时，也有着健壮的表现，即"骨弱筋柔而握固"，因而"蜂虿虺蛇不螫，猛兽不据，攫鸟不搏"。意思是，蜂蝎毒蛇不会叮咬婴儿，鸷鸟猛兽不能搏击婴儿。处下是谦卑的重要规定。一般认为，高贵为荣、卑贱为耻，位高为荣、位低为耻。老子却认为，贵以贱为根本，高以下为基础，"故贵以贱为本，高以下为基。是以侯王自谓孤、寡、不谷。此非以贱为本邪？非乎？故致数舆无舆。不欲琭琭如玉、珞珞如石。"孤为孤儿，寡为无夫或无妻之人，不谷为父母亡故而不能终养，皆为古代君主自谦之词。意思是，所以想要富贵，就得以卑贱为根本，想要高就，就得以低位为基础。侯王自谦为孤、寡、不谷，这就是以卑贱为根本吧。追求过多的声誉就会失去声誉，所以有道之士不愿像美玉那么精美，宁愿像石头一样质朴。处下还表现在能大就小、能高就低，保持谦卑态度。"常无欲，可名于小；

万物归焉而不为主，可名为大。以其终不自为大，故能成其大。"这段话阐述了大与小的辩证关系。意思是，它没有任何欲望，可以说是很渺小；万物都归附于它，它却不当万物的主宰，可以说真是伟大。所以圣人能成就伟业，是因为他不承认自己伟大，才成为真正的伟大。居后是谦卑的又一规定。人往高处走，水往低处流。对于居后而言，水是榜样，江河湖海是典范。"江海所以能为百谷王者，以其善下之，故能为百谷王。是以欲上民，必以言下之；欲先民，必以身后之。"这段话说明江海能容纳百川，在于其能自甘处下居后，圣人欲养育万民、治理天下，也应像江海那样处下居后，而不给老百姓造成负担和损害。居后就是谦卑，管子认为"卑也者，道之室，王者之器也"。

　　无为不争是老子之柔弱的具体运用。作为一个思想家，不仅要认识世界，而且要改造世界，老子也不例外。老子之柔弱在政治和人生实践中的推论就是无为不争，相对而言，无为更多地用于政治领域，不争更多地用于人生领域。无为不争理论基点是"道法自然"。老子倡导无为，并不是无所作为，而是根据自然之道，顺应事物变化之规律，促进其自然发展，以达到无不为之的目的。"道常无为而无不为，侯王若能守之，万物将自化。化而欲作，吾将镇之以无名之朴。无名之朴，夫亦将无欲。不欲以静，天下将自定。"意思是，道经常不作为，却又无所不为。侯王如能得到它，万物将自然化育成长。化育生长过程中会产生贪欲，我将用道的真朴来镇服。这个道的无名真朴，就能根绝贪欲。根绝贪欲就能安静，天下将会自然安定。在这段话中，老子希望统治者能采纳无为而治的思想，达到"天下将自定"的效果。老子把古往今来的统治状态分为四类，即"太上，不知有之。其次，亲而誉之。其次，畏之。其次，侮之"。在老子看来，理想的政治境界是"太上，不知有之"。意思是，最好的统治者，是把国家治理好了，老百姓却不知他的存在。

老子认为,最好的统治者是不以私情临物,不以私意处事,不以私欲统政,而是循理举事,因势利导,任民自为。"是以圣人处无为之事,行不言之教,万物作焉而不辞,生而不有,为而不恃,功成而弗居。夫唯弗居,是以不去。"意思是,圣人之治是顺应自然而不胡作非为,注重身教而不以言教,听凭万物兴起而不加干预,滋养万物而不据为己有,助其成长而不自恃其能,大功告成而不邀功自傲。正因为圣人不居功自傲,所以他的功业永存。老子高度重视不争;《老子》最后一章最后一句话就是"天之道,利而不害。圣人之道,为而不争"。老子倡导不争,既是为人处世的策略艺术,也是避免过错、消解矛盾的重要手段,"夫唯不争,故天下莫能与之争"。老子的不争不是无所作为,也不是无原则的迁就忍让,而是以退为进的处事谋略,"天之道,不争而善胜,不言而善应,不召而自来,绰然而善谋。天网恢恢,疏而不失"。意思是,天之道,不争而善于取胜,不说话而善于回应,不召唤而使万物自来归附,坦荡无私而善于谋划。天网广大无边,稀疏却无所漏失。老子认为,不争的关键是无私无欲、知足常乐。"故知足不辱,知止不殆,可以长久。"反之,就是"祸莫大于不知足,咎莫大于欲得"。咎为灾祸。意思是,没有比不知足更大的祸患,没有比贪心更惨的灾殃。

柔弱胜刚强是老子之柔弱的价值取向。柔弱与刚强是一对矛盾,在经验世界里,人们偏爱刚强,认为刚强是雄健、有力量的象征。轻视柔弱,认为柔弱是懦弱无能的表现,老子却认为:"强大处下,柔弱处上";老子进而认为:"弱之胜强,柔之胜刚。"一定意义上说,柔弱胜刚强是老子之柔弱最深刻的思想,包含着老子辩证法的全部因素。在老子看来,柔弱比刚强更具有本体论色彩。老子认为,道是有与无的统一,"天下万物生于有,有生于无"。对于创生万物来说,无比有更重要;刚强与柔弱类似于有与无的关系,柔弱比刚强更重要。这是因为柔弱充满生机和活力,是生命力的象征,"人之生也柔弱，其死也坚强。草木之生也柔脆，其死也枯槁。故坚强者死之徒，柔弱者生之徒"。柔弱不是软弱、虚弱，而是柔中有刚、弱中有强，从而使柔弱有了战胜刚强的内因和基础。否则，柔弱胜刚强，就是镜花水月、空中楼阁。在老子看来，柔弱胜刚强是自然界和人类社会各种矛盾对立统一关系的缩影。老子认为，矛盾是普遍存在的，"曲则全，枉则直，洼则盈，敝则新，少则得，多则惑"。柔弱与刚强是其中的一对矛盾，之所以引起老子特别重视，是因为这对矛盾具有本体论、认识论和实践论的意义。老子还认为，矛盾是在运动的，都在向它的对立面转化，"故物，或损之而益，或益之而损"。意思是，对于事物而言，有时减损它却反而使它得到增益，有时增益它却反而使它受到减损。柔弱胜刚强也是如此，看似弱者，却能战胜强者，正像水一样，"天下莫柔弱于水，而攻坚强者莫之能胜，以其无以易之"。老子更认为，矛盾转化是有条件的，这就需要人的因素和人的努力，创造或改变一些条件，促进事物从刚强向着柔弱的方向转化，实现柔弱胜刚强。《老子》第三十六章以排比方式提出了歙与张、强与弱、废与兴、夺与予的矛盾，并指明了互相转化的原因和条件，"将欲歙之，必固张之；将欲弱之，必固强之；将欲废之，必固兴之；将欲夺之，必固予之，是谓微明"。意思是，要想让它收缩，必先使它扩张；要想让它削弱，必先使它加强；要想让它废弃，必先使它兴举；要想将它夺取，必先设法给予。这种先予后取、柔弱胜刚强的做法，是由于事物在转化过程中都有细微的先兆可寻。老子把柔弱胜刚强看成是治国之利器，在第三十六章最后强调："鱼不可脱于渊，国之利器不可以示人。"

走笔至此，不能不对老子表示由衷的敬佩。在汉语言中，柔弱是一个很平常的词语；在人类社会中，柔弱是一种很容易被轻视的现象，但在老子眼里，柔弱却是如此亮丽夺目、壮观伟岸，有着丰富深刻的思想内容，读之令人击节赞叹，思之使人憧憬向往。老子之柔弱可以给予世人多方面的启示。对于为人处世、修身养性而言，最重要的启示是谦卑。"谦受益，满招损。"这种谦卑是虚心，在人生的任何时候、任何情况下，都要感到自己不懂的比懂的多，感到自己不如他人，感到自己人品、知识和才能的不足，虚心向书本、实践、他人和社会学习，永不自满、不断进步。这种谦卑是低调，即使认为自己满腹经纶，认为自己的能力比他人强，也要学会保留、学会克制、学会内敛，不要自视清高，不要恃才傲物，不要锋芒毕露，在与他人和谐相处中悄然前行，在不显山不露水中成就事业。这种谦卑是忍让，尤其是身居庙堂时，要对江湖忍让；职就高位时，要对下属忍让；手握真理时，要对不同意见忍让。逞强好胜，不肯示弱，只会遭到别人的忌恨和报复，既不利于修身又不利于事功，还是"忍一时风平浪静，退一步海阔天空"。这种谦卑是无我，即超越自我，把个人从利害关系、功名利禄、亲疏恩怨、爱恨情仇中解脱出来，使自身融入到普遍大众之中，先天下之忧而忧，后天下之乐而乐，真正做到通达圆融，像老子要求的那样："善者，吾善之；不善者，吾亦善之，德善。信者，吾信之；不信者，吾亦信之，德信。"

老子之德：尊道贵德

德是老子思想中的一个重要概念，仅次于道的思想范畴。《老子》一书历来被分为两个部分，一部分为"道经"，一部分为"德经"；德字出现了四十三次，是使用频率比较高的词。无怪乎司马迁记载："老子乃著书上下篇，言道德之意五千余言。"有意思的是，老子还把德与道、圣人联系起来考量，甚至做出了同一的本质规定。第十章对德的描述是"生之畜之。生而不有，为而不恃，长而不宰，是谓玄德"。第三十四章对道的描述是"大道氾兮，其可左右。万物恃之而生而不辞，功成不名有，衣养万物而不为主"。第二章对圣人的描述是"是以圣人处无为之事，行不言之教，万物作焉而不辞，生而不有，为而不恃，功成而弗居"。老子对德与道、圣人的概念，几乎使用了相同的言辞，表达了相同的语义；道是老子思想的最高范畴，圣人是老子极力推崇的理想人格，由此可见德在老子思想中的重要地位。在老子那里，德有两方面的含义，一方面具有本体论意义，当道作为万物的本体时，德是指万物各自的本性；德与道一起生养万物。另一方面具有伦理学意义，当道作为人类活动的最高准则时，德是指人类的本性或品质，"天之道，利而不害。圣人之道，为而不争"。陈鼓应认为："形而上的'道'落实到人生的层面上，其所显现的特性而为人类所体验、所取法者，都可以说是'德'的活动范围了。"[1] 对

---

〔1〕 陈鼓应：《老子今注今译》，商务印书馆 2003 年版，第 34 页。

于德的内涵，王弼注云："德者，得也。常得而无丧，利而无害，故以德为名焉。何以得德? 由乎道也。"这不仅指出德即得的含义，而且指明了德与道的关系。韩非子则对德与得作了细致区分，"德者内也，得者外也。'上德不德'，言其神不淫于外也。神不淫于外则身全。身全之谓德。德者，得身也。凡德者，以无为集，以无欲成，以不思安，以不用固。为之欲之，则德无舍；德无舍则不全。用之思之，则不固；不固则无功；无功则生于德。德则无德，不德则在有德。故曰：'上德不德，是以有德'"。

作为一个文化观念，德有一个发生和演变的过程。据现有文献分析，德的概念甚至早于道的概念，产生于原始社会，大约经历了四个阶段的发展。一是原始图腾阶段。《国语·晋语》记载："黄帝以姬水成，炎帝以姜水成，成而异德，故黄帝为姬，炎帝为姜，二帝用师以相济也，异德之故也。异姓则异德，异德则异类。异类虽近，男女相及以生民也。同姓则同德，同德则同心，同心则同志。同志虽远，男女不相及，畏黩敬也。"同德同类，异德异类，德的观念主要指生活习惯、习俗和共同的图腾。二是王德化阶段。随着氏族社会发展，权力逐步集中，德作为氏族成员共有的图腾逐步转化为部落首领个人独有。与图腾有关的各种禁忌集中到首领一个人身上，而一般人则不再实行这些禁忌，表示图腾为首领一个人或一家所有，不属于部落所有成员。这一时期的德大概与殷商王朝有关，殷商时期的德已转化为祖先崇拜或上帝崇拜，是以商王为首的贵族组织的一整套敬天尊祖的行为。这种行为仍具有浓厚的图腾色彩，却被赋予了政治意义。三是政治化阶段。周朝取代商朝，是以小邦取代大邦，原先的王德化难以解释取代的合法性。为了解决这一矛盾，周朝对德的观念进行了改造，认为王朝虽然是天命授予，但天命授予是有条件的，这就是以德配天、敬德保民，意指天命只授予有德的人建立王朝。如果统治者无德，上天就要收回天命，重新赋予有德之人建立新的王朝，所以《尚书》指出："皇天无亲，惟德是辅。"四是人性化阶段。随着周王朝的式微，德的观念出现了下移趋势，作为周王朝贵族行为的德，逐步转变为春秋战国时期一般民众的行为规范。《论语》就说："君子之德风，小人之德草"，这意味着不仅君子有德，小人也有德，君子之德与小人之德是可以互相衔接和交流沟通的。老子之德正是在春秋战国时期产生的，与先秦思想家一样，蕴含着丰富的伦理道德内容。

客观地说，《老子》一书对德的阐述并不系统，给人有云遮雾罩的感觉，但提出了多个不同的德的概念。梳理这些概念，对于理解认识德的内涵，有着重要意义。"玄德"概念，意指德的品质是无私无为，在第十章和第五十一章使用了同样的语言进行表述，"生而不有，为而不恃，长而不宰，是谓玄德"。王弼注云："不塞其原，则物自生，何功之有？不禁其性，则物自济，何为之恃？物自长足，不吾宰成，有德无生，非玄如何？凡言玄德，皆有德而不知其主，出乎幽冥。""常德"概念，相当于婴儿、无极和朴的含义，意指人的自然而然本性，"知其雄，守其雌，为天下谿。为天下谿，常德不离，复归于婴儿。知其白，守其黑，为天下式。为天下式，常德不忒，复归于无极。知其荣，守其辱，为天下谷。为天下谷，常德乃足，复归于朴"。"上德""下德"概念，上德，意指有德；下德，意指无德。"上德不德，是以有德；下德不失德，是以无德。上德无为而无以为，下德为之而有以为。"这段话的大意是，上德在外在形式上不以道德为名，却能够以道为根据和以道为依归，所以是真正有德；下德在形式上不离道德的名号，即"不失德"，由于它是有意为之，在本质上却是无德。换言之，上德是高层次的德，不自知有德，不自居有德，却能成就德的最高境界；下德是指低层次的德，总想表现自己，以德自居，最终可能会归于无德。"广德""建德"概念，"上德若谷，大白若辱，广德若不足，建德若偷，质真若渝"。这段话的大意是，最好的道德是上德，外形上虚怀若谷，并不显示出自己内在的德性品质，具有博大的包容性；广德是一种富足宽广的德，却在外形上表现出不足的样子；建德倡导建立道德，却由于遵循道的自然无为本性，在外形仿佛无心从事一样。"不争之德"概念，"善为士者不武，善战者不怒，善胜敌者不与，善用人者为之下。是谓不争之德，是谓用人之力，是谓配天古之极"。意思是，善于做武士的人不显示威武，善于作战的人不发怒，善于取胜的人不与人对抗，善于用人的人居于人之下。这就叫作不争的品德，这就叫作用人，这就叫作与天相配，是古时极致的境界。这段话中的不武、不怒、不与、为之下，都是不争之德的具体表现，因而不争之德本质上是指天道无为的精神。通过梳理，可以发现玄德是道的形象，上德是圣人的形象，常德、广德、建德和不争之德则从不同方面反映观照道和圣人的本质规定。

道与德是老子之德最基本的关系。从词源分析，道从首从行，与行相通，表示人人涉足、四通八达的街道或道路，引申开来则指普遍的原则。德在词源上与得字相通，后人研究也都认同德与得相近相似的关系。在中国传统哲学中，道德既是一个概念，又是两个概念，在一个概念中，道德是人们共同生活及其行为的准则和规范；在两个概念中，道是万物之源和万法之宗，是人一切行为应当遵循的基本准则，德是品行、德性，是顺应自然、社会和人生客观规律去做事的行为。在老子看来，德与道在本质上是同一的，都具有深藏不露的特征。德与道之所以能深藏不露，是因为它们原本就深不可测，具有化育万物、含藏天地的伟大器量，"故建言有之：明道若昧，进道若退，夷道若纇。上德若谷，大白若辱，广德若不足，建德若偷，质真若渝。大方无隅，大器晚成，大音希声，大象无形。道隐无名"。这段话把明道、进道、夷道与上德、广德、建德紧紧联系在一起，都是若隐若现，正言若反。意思是，从前有人说过：

光明的道像是昏暗的，前进的道像是后退的，平坦的道像是曲折不平的。高尚的德性像是溪谷，极度的白像是受了玷污，广大的德性像是有所不足，刚健的德性像是松弛懈怠，本质纯真像是受了污染变质。最大的方形没有边角，最大的器具无所合成，最大的乐音没有声响，最大的形象却不见踪迹。大道深广而没有名称。老子认为，德和道一样，都是创生化育万物的基本依据，道不仅创生万物，而且内附于万物之中，成为万物各自的属性，这就是德，"道生之，德畜之，物形之，势成之。是以万物莫不尊道而贵德"。从道和德与万物的关系分析，冯友兰认为，"首先，万物都由'道'所构成，依靠'道'才能生出来（"道生之"），其次，生出来以后，万物各得自己的本性，依靠自己的本性来维持自己的存在（"德畜之"）"；"在这些阶段中，'道'和'德'是最基本的。没有'道'，万物无所从生；没有'德'，万物就没有自己的本性"。[1] 因此，万物的产生并不仅仅是道作用下的产物，其中还有德的养蓄之功。正因为德的存在，才使万物具备了各自的本性，保证了万物化生是一个自然而然的过程，没有任何外来的干涉，诚如蒋锡昌所言："道之所以尊，德之所以贵，即在于不命令或干涉万物，而任其自化自成也。"[2] 同时，在老子看来，德与道存在着明显差异。对于天地万物而言，道具有根本性，道与德在很多情况下表现为整体与个体的差异，"孔德之容，惟道是从。道之为物，惟恍惟惚。惚兮恍兮，其中有象；恍兮惚兮，其中有物。窈兮冥兮，其中有精；其精甚真，其中有信"。河上公注云："孔，大也。有大德之大，无所不容，能受垢浊处谦卑也。唯，独也。大德之人，不随世俗所行，独从于道也。"因而老子接着指出，他是依靠道而不是德来认识世界的，"自古及今，其名不去，以

---

〔1〕 冯友兰：《三松堂全集》（第七卷），河南人民出版社 2000 年版，第 254 页。

〔2〕 蒋锡昌：《老子校诂》，成都古籍书店 1988 年版，第 316 页。

阅众甫。吾何以知众甫之状哉？以此"。意思是，从古到今，道的功用不变，依靠道来认识万物的本始。我怎么能够知晓万物本始的状态呢？就是依据于道。综观《老子》一书，德与道的差异在于：道是本体，德是本体的作用，体现着道，遵循着道；道是天地万物存在的总根据和运行的总原理，德为一事一物的根据和运行的原理；道内在，是德的内容，德外显，是道的形式；道是全方位的，既是自然界的依据又是人类社会的依据，德以道为准绳，集中体现在人的活动和社会领域。当然，无论道与德有多大差别，天地万物的存在既不能离开道，也不能离开德，依道顺德，万物将自然而然，长生久视；离道失德，万物将遗失本性，自取灭亡。

自然是老子之德最重要的规范。形而上之道逐步化生宇宙、自然界和人类社会，从而产生了万物各自本性的德。"道法自然"，德也是法自然吗？老子给出了明确回答："道之尊，德之贵，夫莫之命而常自然。"这就是说道尊德贵的实质在于道与德的自然本性，道生长万物，是自然而然如此的；德蓄养万物，也是自然而然如此的。在老子看来，德之自然不是一个空洞的概念和判断，而是有着具体而实在的内容，这就是德之无为。"道常无为而无不为"，德也是无为而无不为，"故道生之，德畜之；长之育之，亭之毒之，养之覆之。生而不有，为而不恃，长而不宰，是谓玄德"。意思是，道化生万物，德蓄养万物，使它们成长，使它们发育，使它们成熟，使它们得到培养和保护。道化生万物却不加占有，有所作为却不自恃有功，长养万物却不加主宰，这就叫作深奥的德。从这段话可知，在无为方面，道是德，德是道，两者是一致的。德之无为还表现在治国理政领域，"古之善为道者，非以明民，将以愚之。民之难治，以其智多。故以智治国，国之贼；不以智治国，国之福。知此两者，亦稽式"。王弼注云："稽，同也。古今之所同则，不可废。"老子进而指出："常知稽式，是谓玄德。玄德深矣，远矣，与物反矣，然后乃至大顺。"意思是，能够常常知道什么是治国法则，就可以称作深奥的德。深奥的德深啊远啊，与万物复归于大道，然后就能达到太平之治。德之自然在婴儿。老子非常喜欢婴儿的喻象，自称为婴儿，"我独泊兮其未兆，如婴儿之未孩"，王弼注云："言我廓然，无形之可名，无兆之可举，如婴儿之未能孩也"；言圣人把百姓看作婴儿，"圣人在天下，歙歙焉，为天下浑其心。百姓皆注其耳目，圣人皆孩之"。意思是，圣人治理天下，显得安详和合，让天下人的心归于浑朴。百姓都运用自己的聪明，耳目各有所关注。圣人都把他们看作淳朴无知的婴儿。更重要的是，老子把圣人比作婴儿，"含德之厚，比于赤子"。婴儿天真无邪，充满着生机和活力，"蜂虿虺蛇不螫，猛兽不据，攫鸟不搏。骨弱筋柔而握固，未知牝牡之合而全作，精之至也。终日号而不嘎，和之至也"。德之自然在不争。老子明确提出了不争之德概念，不争是天之道，又是圣人之道，"圣人不积，既以为人，己愈有；既以与人，己愈多。天之道，利而不害。圣人之道，为而不争"。意思是，圣人无所积藏，施利于人，自己却更富有；给予别人，自己却更丰富。因此天之道，有利于物而无所损害。圣人之道，有所作为而无所争夺。不争是圣人治国之道，"圣人无常心，以百姓心为心。善者，吾善之；不善者，吾亦善之，德善。信者，吾信之；不信者，吾亦信之，德信"。这段话指明圣人治理天下，能摒弃主观意志和成见，能宽容待人，和光同尘，不斤斤计较于是非善恶之区别，而以百姓心为心，使人民自由自在而归于浑朴。不争是为人处世之道，"是以圣人抱一为天下式。不自见故明，不自是故彰，不自伐故有功，不自矜故长。夫唯不争，故天下莫能与之争"。意思是，因此圣人守道，以作为天下的范式。不自我表现，所以是非分明；不自以为是，所以声名昭彰；不自我夸耀，所以能建立功勋；不自高自大，所以能领导众人。正因为不与人争，所以天下没有人能与之竞争的。

修身是老子之德最自然的要求。德既然是道在政治范围和人生领域的显现，那么，保持德的本性，修炼德的本性，而不要离道失道，就是自然而然的要求。在老子看来，人是有区别的，尤其在认识和践行道方面，更有着很大差异，"上士闻道，勤而行之；中士闻道，若存若亡；下士闻道，大笑之，不笑不足以为道"。意思是，上士听了道，努力去实行；中士听了道，将信将疑；下士听了道，哈哈大笑。不被嘲笑，那就不足以成为道。老子之德，首先要求人们修德，无论什么人，都应该修德。第五十四章全面阐述了修德的理念。先是提出了修德有助于立功立德立言和子孙后代，"善建者不拔，善抱者不脱，子孙以祭祀不辍"。善建者、善抱者，为得道之士。这段话的大意是，修德之人、得道之士真正能有所建树、有所保持，而自立于不败之地，甚至泽及子孙后世。接着强调了由治身到治国的大小范围内，修德具有重要性，"修之于身，其德乃真；修之于家，其德乃余；修之于乡，其德乃长；修之于国，其德乃丰；修之于天下，其德乃普"。这段话的内容，与儒家的修齐治平有着明显差异。儒家由修身直接推向齐家、治国、平天下，既忽略了修齐治平的中间环节，又过于强调个人的责任与价值；而老子之修德，在不同范围有着不同要求，于身是真，于家是余，于乡是长，于国是丰，于天下是普。比较而言，老子之修德更客观理性和符合实际。后是提出修德的基本原则，这就是"以身观身，以家观家，以乡观乡，以国观国，以天下观天下。吾何以知天下然哉？以此"。同时要求人们积德。修身是一个相伴人生的长久过程，不可能一蹴而就，所以要在修德的基础上重视德行的积累。庄子以水、风为喻，从反面揭示了积德的重要意义，"水之积也不厚，则负大舟也无力；风之积也不厚，则其负大翼也无力"。积德不仅是为国积德，而且是为个人积德。第五十九章阐述了为国积德理念。先是提出治理国家、侍奉天道的要义，"治人事天莫若啬"。《说文》解释："爱濇也。从来从啬。来者，啬而藏之。故田夫谓之啬夫。"意指爱惜和节俭。接着指明了积德的内容和意义，"夫唯啬，是谓早服。早服谓之重积德，重积德则无不克，无不克则莫知其极，莫知其极，可以有国。有国之母，可以长久。是谓深根固柢，长生久视之道"。意思是，只有爱惜和节俭，能早早从事于道。早早从事于道，就叫作增加积德，增加积德就能攻无不克，攻无不克就深不可测，没有人能知道它的终极，就可以保有国家。保有国家的根本，就可以长治久安。这也就是根深蒂固、长生不老之道。第六十七章阐述了个人积德的原则，"我有三宝，持而保之：一曰慈，二曰俭，三曰不敢为天下先。慈，故能勇；俭，故能广；不敢为天下先，故能成器长"。三宝既是圣人之品德，又是老子人生哲学的重要观念。三宝之中，慈爱为上，慈爱近于柔弱，却能涵养勇敢的品德，这样的勇敢不是匹夫之勇，而是道德力量的体现，是大爱产生出的大勇；俭约就是啬，却能产生广博的作用，这样的俭约是指收敛、克制和自我约束的处事原则，方能保存实力、储存能量，以发挥更大作用；不敢争先，是自甘于后退，却能成就先进，成为造就万物的首长和率领众人的领袖。

孔子对日常饮食提出了许多要求，有些要求还很高，"不时，不食。割不正，不食。不得其酱，不食"。意思是，不是该季节的食物，不吃；刀切割不正的肉，不吃；没有合适调料的肉，不吃。然而，孔子对喝酒比较宽容，"惟酒无量，不及乱"，即只有酒不限量，但不要喝过量，以不乱性失态为限。这对践行老子之德有着借鉴意义，就是不要乱性失态。践行老子之德，要保持人的本性而不要丧失本性。所谓本性，亦即人性，是指人类天然具备的、自然而然的精神属性。由于人是肉体与精神的统一体，人性主要集中在精神领域，在精神领域既有真善美又有假丑恶，从而使人有自由选择的权力。保持本性就是选择真善美，丧失本性就是选择假丑恶。践行老子之德，要保持人的个性而不要丧失个性。所谓个性，是指与生俱来的人格特征。国外医学研究表明，在婴儿出生的三个月后，可以辨认出九种不同的人格特征。这些人格特征是天生的，后天努力难以改变。每一个人在人格特征上是绝对平等的，不需要因为外部环境或他人看法而改变。同时，无论穷人还是富人，无论天才还是白痴，无论残疾人还是健全人，无论统治者还是普通民众，都不能因为自身拥有的财富、权势及知识去歧视、嘲笑另一个人的人格特征。践行老子之德，要保持人的理性而不要丧失理性。所谓理性，是指客观的认识和冷静的态度，其意义在于对自身存在及超出自身却与生俱来的社会使命负责。人在精神领域可区分为感性认识和理性思辨。保持理性就是以理性驾驭感性，在正常思维范围内做人做事，排除不理性和非理性行为。一个人如能保持本性的纯真、个性的鲜明和理性的冷静，那他就是有道之士，或许能够成为圣人。

老子之善：上善若水

　　"善"字在《老子》一书中可与"道""德"两字比肩，出现了52 次，散布于 18 章之中，少于道的 74 次和 35 章，多于德的 44 次和 16 章。令人不解的是，古往今来的学者几乎很少研究老子之善，"善"字一直在老学研究者的视野之外。按照一般学术规范，一个字或词能否成为思想概念和范畴，关键要看这个字或词是否具有名词属性，并被用作判断的主语和宾语。从学术规范的角度分析，老子之善确实很难成为一个思想概念和范畴，这大概是没有受到学界重视的主要原因。在老子思想体系中，善有时作为名词使用，最经典的是"上善若水"，但多数情况下，善字是作为形容词、副词和动词使用的。形容词修饰名词，意指优秀和善良，如"善建者不拔，善抱者不脱，子孙以祭祀不辍。修之于身，其德乃真；修之于家，其德乃余；修之于乡，其德乃长；修之于国，其德乃丰；修之于天下，其德乃普"。建和抱就是建德和抱道。这段话的大意是，一个人能够建德抱道，不仅能泽及子孙后代，而且能修其德于身、于家、于乡、于国和于天下。副词修饰动词，意指善于、擅长，使用的情况有"江海所以能为百谷王者，以其善下之，故能为百谷王"。这个善字是修饰后面的下，即居下、处下。动词意指善待，使用的情况有"善者，吾善之；不善者，吾亦善之，德善"。意思是，善良的人要加以善待，不善良的人也要加以善待，这样最终得到了善。

　　《说文解字》认为："善，吉也。从誩从羊。此与义美同意。篆

文善从言"；段玉裁注云："吉也。口部曰，吉，善也。我部曰，义
与善同意。羊部曰，美与善同意。按羊，祥也。故此三字从羊。"由
此可见，善字原意为吉祥，引申为善良，具有明显的主观性。中国
传统文化是一种伦理型文化，儒家长期占据意识形态的主导地位，
因而善就成了先秦思想家尤其是儒家学派的一个重要概念，具有鲜
明的伦理道德价值。儒家经典《大学》开篇就说："大学之道，在明
明德，在亲民，在止于至善。"意思是，大学的宗旨在于弘扬光明正
大的品德，在于使人弃旧图新，在于使人达到最完善的境界。明明
德、亲民和止于至善，构成了《大学》的基本思想和纲领，成了中
国伦理道德文化的主流意识。《论语》中善字出现了 36 次，在一次
讨论评价《韶》和《武》的音乐时，"子谓《韶》：'尽美矣，又尽
善也。'谓《武》：'尽美矣，未尽善也'"。孔子论及了人性，只是
说"性相近，习相远"，还没有从人性角度探讨善的问题，因而《论
语》之善不属于伦理范畴的善，却是其重要来源。人性论是先秦哲
学争论的一个重要领域，善随着人性争论而逐步演变固化为伦理范
畴。孔子传人孟子与荀子则集中讨论了人性问题，由于对人性善恶
的不同看法，形成了不同思想路线。孟子主张人性善，他认为人性
之所以不同于禽兽的地方，就在于人有自觉的道德观念，禽兽却没
有，"人之所以异于禽兽者几希，庶民去之，君子存之"。具体表现
为四种善端，"恻隐之心，仁之端也；羞恶之心，义之端也；辞让之
心，礼之端也；是非之心，智之端也"。荀子不同意孟子的观点，提
出人性恶的主张，"人之性恶，其善者伪也。今人之性，生而有好利
焉，顺是，故争夺生而辞让亡焉；生而有疾恶焉，顺是，故残贼生
而忠信亡也焉；生而有耳目之欲，有好声色焉，顺是，故淫乱生而
礼义文理亡焉"。尽管中国古代有着丰富的人性理论，老子和孔子却
没有探讨人性问题；相对而言，老子有过之而无不及，没有使用过
人性的"性"字。这是不是说老子没有人性观，回答是否定的。从

人无弃人、报怨以德等思想分析，老子思想背后有着一种坚定的相信有普遍意义和价值的人性观。张岱年指出："道家的性论，在一意谓上，可以说是无善无恶论；在另一意谓上，也可以说是性至善论。然道家是唾弃所谓善的，是不赞成作善恶的分别的，所以如将道家之说名为性善论，实不切当。究竟言之，当说是性超善恶论。"[1]

　　老子没有自觉和系统地探讨人性问题，却具有潜在的或可能的人性观念，应是没有疑问的。惟其如此，老子才能从容地探究论述政治和人生领域的问题。那么，在老子那里，似隐似现的人性观念有些什么特征呢？从本体论分析，老子人性观的基本特征是混沌。老子哲学的最高范畴是道，道是天地万物的本质，也是天地万物的起源，"道生一，一生二，二生三，三生万物"；道不仅创生天地万物，而且内附于万物之中蓄养培育它们，"道生之，德畜之，物形之，势成之。是以万物莫不尊道而贵德。故道生之，德畜之；长之育之，亭之毒之，养之覆之"。而道最大特点是混沌，"道之为物，惟恍惟惚。惚兮恍兮，其中有象；恍兮惚兮，其中有物。窈兮冥兮，其中有精；其精甚真，其中有信"。意思是，道的存在，模糊不清。虽然迷离恍惚，其中却有形象；尽管缥缈迷离，其中却有实物；那样的幽深昏暗，其中却有精气。这精气清晰可知，真实而又可信。老子之道落实到人类社会，便成了人的本性和人类生活的处世准则。在人世间，道的混沌必然导致人性的混沌，既无所谓善也无所谓不善，即"善者，吾善之；不善者，吾亦善之"。从道法自然分析，人类最自然的形态是婴儿，老子从观察婴儿中得到启示，认为人性的主要特征是淳朴，"含德之厚，比于赤子"。由于婴儿的淳朴，就充满着生机和活力；正因为淳朴，虫蛇鸟兽也不能伤害，老子不吝笔墨给予赞誉："蜂虿虺蛇不螫，猛兽不据，攫鸟不搏。骨弱筋柔而握

---

[1] 张岱年：《中国哲学大纲》，中国社会科学出版社 1982 年版，第 196 页。

固，未知牝牡之合而全作，精之至也。终日号而不嗄，和之至也。"
人不可能停留在婴儿阶段，总会长大成人。老子则希望成年人在人
性方面能够返璞归真，始终保持婴儿状态；多次呼吁"复归于婴
儿""复归于朴"。从事物运动规律分析，老子人性观的重要特征是
虚静，"致虚极，守静笃，万物并作，吾以观复。夫物芸芸，各复归
其根。归根曰静，是谓复命。复命曰常，知常曰明。不知常，妄作，
凶"。老子通过观察事物的运行变化，发现了往复循环规律，其理论
概括就是"复"和"周行"，最后返回到各自本根，本根就是一种虚
静状态。人性的本质要求也是虚静，否则，就会"五色令人目盲，
五音令人耳聋，五味令人口爽，驰骋畋猎令人心发狂，难得之货令
人行妨。是以圣人为腹不为目"。混沌、淳朴和虚静的特征，说明老
子人性观既是潜在的也是中性的，这是研读老子之善的重要思想基
础。换言之，老子之善不是伦理范畴，却具有伦理意义。

善人是老子之善的价值取向。老子之善一般与不善相对而言，
而不与恶相反相存，"天下皆知美之为美，斯恶已；皆知善之为善，
斯不善已"。老子思想中似乎没有明确的恶人概念，却有善人概念。
《老子》一书多次论及善人，其中两次直接与道联系起来，第六十二
章指出："道者万物之奥，善人之宝，不善人之所保。"王弼注云：
"奥，犹暖也。可得庇荫之辞。"意思是，道是万物的庇护所，是善
人的珍宝，是不善之人所赖以自保的东西。第七十九章指出："天道
无亲，常与善人。"这说明善人在老子心目中有着重要地位，也是老
子之善的内在要求。善人，实质就是得道之士。"古之善为士者，微
妙玄通，深不可识。夫唯不可识，故强为之容：豫兮，若冬涉川；
犹兮，若畏四邻；俨兮，其若客；涣兮，若冰之将释；敦兮，其若
朴；旷兮，其若谷；混兮，其若浊。"这是老子心目中的善人，七个
"若"字的概括，既谨慎又警惕，既严肃又亲切，既淳朴又通达，心
胸开阔能包含万物。善人，具有优秀的品格，在第八章老子用"善"

字描述了水的品格，实际也是善人的品格。这就是"居善地"，意指善人行己不争，避高处下，低调地生活，就像江海一样，正因为处于低下的位置，反而成就了浩瀚与博大；"心善渊"，意指善人藏心微妙、深不可测，心如止水却能包纳万物；"与善仁"，意指善人与人交往时心胸宽阔而善于忍让，其行动举措爱而无私；"言善信"，意指善人守信，言有征而不爽；"正善治"，正通"政"，意指善人治国则清静自正；"事善能"，意指善人为事有条不紊，具有坚忍不拔、以柔克刚的毅力；"动善时"，意指善人与时迁徙，应物变化。善人，遵道而行，顺物自然。第二十七章全面阐述善人自然而为的本性，一共用了11个"善"字，也是用"善"字最多的一章。先是以日常事情譬喻，意谓善人自然无为，就能把事情办好，既不费力又不留痕迹，"善行无辙迹，善言无瑕谪，善数不用筹策，善闭无关楗而不可开，善结无绳约而不可解"。意思是，善于行走的不留痕迹；善于言谈的不留瑕疵；善于计算的不需要筹策；善于关闭的，不用闩锁却坚固难启；善于打结的，不用绳索而无法松解。接着指出善人能够运用高明智慧观照人与物，了解人各有才、物各有用，做到人尽其才、物尽其用，"是以圣人常善救人，故无弃人；常善救物，故无弃物，是谓袭明"。释德清注云："承其本明，因之以通其蔽，故曰袭明。袭，承也，犹因也。"后是运用辩证思想分析善人与不善人的关系，"故善人者，不善人之师；不善人者，善人之资。不贵其师，不爱其资，虽智大迷，是谓要妙"。意思是，善人可以作为不善人的老师，不善人可以作为善人的借鉴。不尊重他的老师，不珍惜他的借鉴，虽然自以为聪明，其实是大糊涂。这真是个深奥的道理。

善德是老子之善的主要内容。老子之善虽然不是一个伦理范畴，却具有价值判断意义；不是对现实人性的解说，却是对道的属性的解说判定，集中表现在对水属性的解说。老子最喜欢的喻象是水，经常以水喻道，阐述道的基本原理；老子也用水来解说善的内容，这时的善既是水也是道。"上善若水。水善利万物而不争,处众人之所恶,故几于道。"从这段话可知,水具有利物、不争和居下的属性,这就是善德。唐玄宗疏解《老子》时提出"水之三能"的观点,比较正确地解读了水的属性,"水性甘凉,散洒一切,被其润泽,蒙利则长,故云善利,此一能也。天下柔弱莫过于水,平可取法,清能鉴人,乘流值坎,与之委顺,在人所引,尝不竞争,此二能也。恶居下流,众人恒趣,水则就卑受浊,处恶不辞,此三能也"。因此,老子之善是利物,在政治和人生领域则是圣人之治。老子反对有为而治,认为有为而治,祸害甚多,"天下多忌讳,而民弥贫;民多利器,国家滋昏;人多伎巧,奇物滋起;法令滋彰,盗贼多有"。强调圣人之治是无为而治,"故圣人云,我无为而民自化,我好静而民自正,我无事而民自富,我无欲而民自朴"。这段话指明了无为而治的要点和效果,无为、好静、无事、无欲,归根到底就是无为,而无为的效果是人民自化、自正、自富、自朴。老子之善是不争,不争是天之道。第七十三章比较全面地阐述不争的意义,先是辩证地看待争与不争,"勇于敢则杀,勇于不敢则活。此两者,或利或害。天之所恶,孰知其故?"意思是,勇于坚强就会死,勇于柔弱就可活。这两种勇的结果,有的得利,有的遇害。天道所厌恶的,谁知道是什么原因呢?接着强调无为不争的天道,"天之道,不争而善胜,不言而善应,不召而自来,繟然而善谋。天网恢恢,疏而不失"。老子之善是居下,居下也是不争。人往高处走,水往低处流,对于人性而言,能够居下不容易;尤其是优秀人物,能够居下更不容易。而能够居下是一种品德,且是一种高尚的品德,"善为士者不武,善战者不怒,善胜敌者不与,善用人者为之下。是谓不争之德,是谓用人之力,是谓配天古之极"。在老子看来,居下也是处理大国与小国关系的重要原则,"故大国以下小国,则取小国;小国以下大国,则取大国。故或下以取,或下而取。大国不过欲兼畜人,小国不过欲入事人，夫两者各得其所欲，大者宜为下"。意思是，所以大国对小国谦下，就能取得小国拥护；小国对大国谦下，就可以见容于大国。所以有时谦下以拥护，有时谦下而见容。大国不过要求联结小国，小国不过要求容于大国，这样大国小国都可以达到愿望。大国尤其应该谦下。

　　善行是老子之善的重要特征。如果说善人和善德，是将老子之善作为名词使用，那么，善行则主要作为形容词、副词和动词使用。作为名词，老子之善具有伦理价值，甚至可以证明老子之善具有人性善的潜在含义；作为形容词、副词和动词，则与伦理和人性毫无关系。尽管如此，形容词、副词和动词仍然是老子之善的有机组成部分。在形容词方面，老子反对战争时使用了善字，第三十章先是表明反对战争的态度，显示了人道主义精神，"以道佐人主者，不以兵强天下，其事好还。师之所处，荆棘生焉。大军之后，必有凶年"。接着指出善于用兵者的正确态度，"善有果而已，不敢以取强。果而勿矜，果而勿伐，果而勿骄，果而不得已，果而勿强"。意思是，善用兵者达到目的就行，不敢用兵力来逞强。战胜了不要自满，战胜了不要自夸，战胜了不要骄傲，战胜了也是出于不得已，战胜了千万不能逞强。最后指出穷兵黩武违反了道的精神，必然灭亡，"物壮则老，是谓不道，不道早已"。意思是，过于强大就会走向衰亡，因为它不合于道。不合于道，就会加速死亡。老子强调无为而治时使用了善字。第六十五章先是指明治国的基本原则是自然而为，不要以智治国，"古之善为道者，非以明民，将以愚之。民之难治，以其智多。故以智治国，国之贼；不以智治国，国之福"。接着指出认识和把握治国的基本准则，是一种高深智慧，"知此两者，亦稽式。常知稽式，是谓玄德。玄德深矣，远矣，与物反矣，然后乃至大顺"。意思是，知道以智治国和不以智治国，也是治国的法则，并能常常知道，就可以称为深奥的德。深奥的德深啊远啊，与万物复归于大道，然后就能达到太平之治。在副词方面，老子谈论养生修德时使用了善字，"盖闻善摄生者，陆行不遇兕虎，入军不被甲兵，兕无所投其角，虎无所措其爪，兵无所容其刃。夫何故？以其无死地"。意思是，听说善于养生的人，在陆地上行走不避犀牛、老虎，在战场上不受兵器伤害。在他身上犀牛没有地方投刺它的角，老虎没有地方用上它的爪，兵器没有地方容纳它的锋刃。为什么会这样呢？因为他身上没有致死的地方。这真是神秘神奇的境界，《韩非子·解老》做出了理性解释："圣人之游世也，无害人之心；无害人之心，则必无人害，无人害，则不备人。故曰：'陆行不遇兕虎'；入山不特备以救害，故曰：'入军不备甲兵。'远诸害，故曰'兕无所投其角，虎无所措其爪，兵无所容其刃。'不设备必无害，天地之道理也。"在动词方面，老子论及圣人之治时使用了善字，第四十九章先是指出圣人之治不分疏万物民众之德，顺应民意而治，"圣人无常心，以百姓心为心。善者，吾善之；不善者，吾亦善之，德善。信者，吾信之；不信者，吾亦信之，德信"。接着指出圣人之治应符合赤子之心，自然而为、淳朴而治，"圣人在天下，歙歙焉，为天下浑其心。百姓皆注其耳目，圣人皆孩之"。意思是，圣人治理天下，显得安详和合，让天下人的心归于浑朴。百姓都运用自己的聪明，耳目各有所关注，圣人却把他们看作淳朴无知的婴儿。

"青山遮不住，毕竟东流去。"老子没有给善一个正式名分，却留下了深邃思考和思想火花，使后人甘之如饴、回味不已。无论中国还是西方，无论伦理学还是哲学，善都得到了充分发展，并成为一个重要思想范畴，善与恶也是许多哲学和宗教理论探究的话题。哲学认为，善是具体事物运动组成的完好状态；伦理学解释，善为共同满足，即在被动个体自我意识出于自愿或不拒绝的情况下，主动方对被动个体实施精神、语言、行为的任何一项介入，都属于善的范围。古希腊哲学家柏拉图指出："善的理念是最大的知识问题，关于正义等等知识只有从它演绎出来的才是有用和有益的。"那就让我们向着善的方向前进，沿着善的轨迹运行。善的基础是认识你自己，首先要改善自己的灵魂，实现自我的超越。苏格拉底认为，善来自于智慧和理性。这就要求我们不断地学习知识和获取智慧，从自知无知到逐步认识人生的本质，做一个有智慧的人。只有有智慧的人，才会得到善召唤，总是做善事好事。善的表现是乐于助人，富有同情心。人的一生总在被人帮助与帮助别人的循环往复之中，被人帮助要心存感恩，永远铭记；帮助别人要乐在其中，尽快忘记。尤其是遇到弱者和需要帮助之人，要充满同情之心，及时伸出援助之手，多做雪中送炭的善事。善的最高境界是宽恕，原谅那些犯过错误而又悔罪的人们。过而能改，善莫大焉；宽容宽恕，更是善之又善。让我们在善良中追求完美人生，让社会在善良中洒下阳光和温情，让人与人之间在善良中充满爱和幸福。

附录：
《老子》全文 *

上　篇

一章

道可道，非常道；名可名，非常名。无，名万物之始；有，名万物之母。故常无，欲以观其妙；常有，欲以观其徼。此两者同出而异名，同谓之玄。玄之又玄，众妙之门。

二章

天下皆知美之为美，斯恶已；皆知善之为善，斯不善已。故有无相生，难易相成，长短相较，高下相倾，音声相和，前后相随。是以圣人处无为之事，行不言之教，万物作焉而不辞，生而不有，为而不恃，功成而弗居。夫唯弗居，是以不去。

三章

不尚贤，使民不争；不贵难得之货，使民不为盗；不见可欲，使民心不乱。是以圣人之治，虚其心，实其腹；弱其志，强其骨。常使民无知无欲，使夫智者不敢为也。为无为，则无不治。

* 根据 [魏] 王弼注、楼宇烈校释《老子道德经注》，陈鼓应注译《老子今注今译》，高亨著、华钟彦校《老子注译》，形成《老子》全文。

四章

道冲而用之或不盈,渊兮似万物之宗。挫其锐,解其纷,和其光,同其尘。湛兮似或存。吾不知谁之子,象帝之先。

五章

天地不仁,以万物为刍狗;圣人不仁,以百姓为刍狗。天地之间,其犹橐籥乎?虚而不屈,动而愈出。多言数穷,不如守中。

六章

谷神不死,是谓玄牝,玄牝之门,是谓天地根。绵绵若存,用之不勤。

七章

天长地久。天地所以能长且久者,以其不自生,故能长生。是以圣人后其身而身先,外其身而身存。非以其无私邪?故能成其私。

八章

上善若水。水善利万物而不争,处众人之所恶,故几于道。居善地,心善渊,与善仁,言善信,正善治,事善能,动善时。夫唯不争,故无尤。

九章

持而盈之,不如其已。揣而锐之,不可长保。金玉满堂,莫之能守。富贵而骄,自遗其咎。功遂身退,天之道。

十章

载营魄抱一,能无离乎?专气致柔,能婴儿乎?涤除玄览,能无疵乎？爱民治国，能无知乎？天门开阖，能无雌乎？明白四达，能无为乎？生之畜之。生而不有，为而不恃，长而不宰，是谓玄德。

十一章

三十辐共一毂，当其无，有车之用。埏埴以为器，当其无，有器之用。凿户牖以为室，当其无，有室之用。故有之以为利，无之以为用。

十二章

五色令人目盲，五音令人耳聋，五味令人口爽，驰骋畋猎令人心发狂，难得之货令人行妨。是以圣人为腹不为目，故去彼取此。

十三章

宠辱若惊，贵大患若身。何谓宠辱若惊？宠，为下得之若惊，失之若惊，是谓宠辱若惊。何谓贵大患若身？吾所以有大患者，为吾有身，及吾无身，吾有何患！故贵以身为天下，若可寄天下；爱以身为天下，若可托天下。

十四章

视之不见名曰夷，听之不闻名曰希，搏之不得名曰微。此三者不可致诘，故混而为一。其上不皦，其下不昧，绳绳不可名，复归于无物。是谓无状之状、无物之象。是谓惚恍。迎之不见其首，随之不见其后。执古之道，以御今之有。能知古始，是谓道纪。

十五章

古之善为士者，微妙玄通，深不可识。夫唯不可识，故强为之容：豫兮，若冬涉川；犹兮，若畏四邻；俨兮，其若客；涣兮，若冰之将释；敦兮，其若朴；旷兮，其若谷；混兮，其若浊。孰能浊以静之徐清？孰能安以久动之徐生？保此道者不欲盈，夫唯不盈，故能蔽不新成。

十六章

致虚极，守静笃，万物并作，吾以观复。夫物芸芸，各复归其根。归根曰静，是谓复命。复命曰常，知常曰明。不知常，妄作，凶。知常容，容乃公，公乃王，王乃天，天乃道，道乃久。没身不殆。

十七章

太上，不知有之。其次，亲而誉之。其次，畏之。其次，侮之。信不足，焉有不信焉。悠兮其贵言。功成事遂，百姓皆谓我自然。

十八章

大道废，有仁义；慧智出，有大伪；六亲不和，有孝慈；国家昏乱，有忠臣。

十九章

绝圣弃智，民利百倍；绝仁弃义，民复孝慈；绝巧弃利，盗贼无有。此三者，以为文不足，故令有所属，见素抱朴，少私寡欲。绝学无忧。

二十章

唯之与阿，相去几何？善之与恶，相去若何？人之所畏，不可不畏。荒兮其未央哉！众人熙熙，如享太牢，如春登台。我独泊兮其未兆，如婴儿之未孩。儽儽兮若无所归。众人皆有余，而我独若遗。我愚人之心也哉！沌沌兮！俗人昭昭，我独昏昏；俗人察察，我独闷闷。淡兮其若海，飚兮若无止。众人皆有以，而我独顽似鄙。我独异于人，而贵食母。

二十一章

孔德之容，惟道是从。道之为物，惟恍惟惚。惚兮恍兮，其中有象；恍兮惚兮，其中有物。窈兮冥兮，其中有精；其精甚真，其中有信。自古及今，其名不去，以阅众甫。吾何以知众甫之状哉？以此。

二十二章

曲则全，枉则直，洼则盈，敝则新，少则得，多则惑。是以圣人抱一为天下式。不自见故明，不自是故彰，不自伐故有功，不自矜故长。夫唯不争，故天下莫能与之争。古之所谓曲则全者，岂虚言哉！诚全而归之。

二十三章

希言自然。故飘风不终朝，骤雨不终日。孰为此者？天地。天地尚不能久，而况于人乎？故从事于道者，道者同于道，德者同于德，失者同于失。同于道者，道亦乐得之；同于德者，德亦乐得之；同于失者，失亦乐得之。信不足，焉有不信焉。

二十四章

企者不立，跨者不行，自见者不明，自是者不彰，自伐者无功，自矜者不长。其在道也，曰余食赘行。物或恶之，故有道者不处。

二十五章

有物混成，先天地生。寂兮寥兮，独立不改，周行而不殆，可以为天下母。吾不知其名,字之曰道,强为之名曰大。大曰逝,逝曰远,远曰反。故道大,天大,地大,王亦大。域中有四大,而王居其一焉。人法地,地法天,天法道,道法自然。

二十六章

重为轻根,静为躁君。是以圣人终日行不离辎重。虽有荣观,燕处超然,奈何万乘之主,而以身轻天下?轻则失本,躁则失君。

二十七章

善行无辙迹,善言无瑕谪,善数不用筹策,善闭无关楗而不可开,善结无绳约而不可解。是以圣人常善救人,故无弃人;常善救物,故无弃物,是谓袭明。故善人者,不善人之师;不善人者,善人之资。不贵其师,不爱其资,虽智大迷,是谓要妙。

二十八章

知其雄,守其雌,为天下谿。为天下谿,常德不离,复归于婴儿。知其白,守其黑,为天下式。为天下式,常德不忒,复归于无极。知其荣,守其辱,为天下谷。为天下谷,常德乃足,复归于朴。朴散则为器,圣人用之,则为官长。故大制不割。

二十九章

将欲取天下而为之,吾见其不得已。天下神器,不可为也。为者败之,执者失之。故物或行或随,或歔或吹,或强或羸,或挫或隳。是以圣人去甚,去奢,去泰。

三十章

以道佐人主者,不以兵强天下,其事好还。师之所处,荆棘生焉。大军之后，必有凶年。善有果而已，不敢以取强。果而勿矜，果而勿伐，果而勿骄，果而不得已，果而勿强。物壮则老，是谓不道，不道早已。

三十一章

夫佳兵者，不祥之器。物或恶之，故有道者不处。君子居则贵左，用兵则贵右。兵者，不祥之器，非君子之器。不得已而用之，恬淡为上，胜而不美。而美之者，是乐杀人。夫乐杀人者，则不可以得志于天下矣。吉事尚左，凶事尚右。偏将军居左，上将军居右，言以丧礼处之。杀人之众，以哀悲泣之。战胜，以丧礼处之。

三十二章

道常无名，朴虽小，天下莫能臣也。侯王若能守之，万物将自宾。天地相合以降甘露，民莫之令而自均。始制有名，名亦既有，夫亦将知止。知止可以不殆。譬道之在天下，犹川谷之于江海。

三十三章

知人者智，自知者明。胜人者有力，自胜者强。知足者富，强行者有志，不失其所者久，死而不亡者寿。

三十四章

大道氾兮，其可左右。万物恃之而生而不辞，功成不名有，衣养万物而不为主。常无欲，可名于小；万物归焉而不为主，可名为大。以其终不自为大，故能成其大。

三十五章

执大象，天下往；往而不害，安平太。乐与饵，过客止。道之出口，淡乎其无味，视之不足见，听之不足闻，用之不足既。

三十六章

将欲歙之，必固张之；将欲弱之，必固强之；将欲废之，必固兴之；将欲夺之，必固予之，是谓微明。柔弱胜刚强。鱼不可脱于渊，国之利器不可以示人。

三十七章

道常无为而无不为，侯王若能守之，万物将自化。化而欲作，吾将镇之以无名之朴。无名之朴，夫亦将无欲。不欲以静，天下将自定。

下　篇

三十八章

上德不德，是以有德；下德不失德，是以无德。上德无为而无以为，下德为之而有以为。上仁为之而无以为，上义为之而有以为，上礼为之而莫之应，则攘臂而扔之。故失道而后德，失德而后仁，失仁而后义，失义而后礼。夫礼者，忠信之薄而乱之首。前识者，道之华而愚之始。是以大丈夫处其厚，不居其薄；处其实，不居其华。故去彼取此。

三十九章

昔之得一者，天得一以清，地得一以宁，神得一以灵，谷得一以盈，万物得一以生，侯王得一以为天下贞。其致之，天无以清将恐裂，地无以宁将恐发，神无以灵将恐歇，谷无以盈将恐竭，万物无以生将恐灭，侯王无以为贞将恐蹶。故贵以贱为本，高以下为基。是以侯王自谓孤、寡、不谷。此非以贱为本邪？非乎？故致数舆无舆。不欲琭琭如玉、珞珞如石。

四十章

反者，道之动；弱者，道之用。天下万物生于有，有生于无。

四十一章

上士闻道，勤而行之；中士闻道，若存若亡；下士闻道，大笑之，不笑不足以为道。故建言有之：明道若昧，进道若退，夷道若颣。上德若谷，大白若辱，广德若不足，建德若偷，质真若渝。大方无隅，大器晚成，大音希声，大象无形。道隐无名，夫唯道善贷且成。

四十二章

道生一，一生二，二生三，三生万物。万物负阴而抱阳，冲气以为和。人之所恶，唯孤、寡、不谷，而王公以为称。故物，或损之而益，或益之而损。人之所教，我亦教之。强梁者不得其死，吾将以为教父。

四十三章

天下之至柔，驰骋天下之至坚，无有入无间，吾是以知无为之有益。不言之教，无为之益，天下希及之。

四十四章

名与身孰亲？身与货孰多？得与亡孰病？甚爱必大费，多藏必厚亡。故知足不辱，知止不殆，可以长久。

四十五章

大成若缺，其用不弊。大盈若冲，其用不穷。大直若屈，大巧若拙,大辩若讷。躁胜寒,静胜热。清静为天下正。

四十六章

天下有道,却走马以粪;天下无道,戎马生于郊。祸莫大于不知足,咎莫大于欲得,故知足之足,常足矣。

四十七章

不出户,知天下;不窥牖,见天道。其出弥远,其知弥少。是以圣人不行而知,不见而名,不为而成。

四十八章

为学日益,为道日损。损之又损,以至于无为,无为而无不为。取天下常以无事,及其有事,不足以取天下。

四十九章

圣人无常心,以百姓心为心。善者,吾善之;不善者,吾亦善之,德善。信者,吾信之;不信者,吾亦信之,德信。圣人在天下,歙歙焉,为天下浑其心。百姓皆注其耳目,圣人皆孩之。

五十章

出生入死。生之徒十有三,死之徒十有三。人之生动之死地,亦十有三。夫何故?以其生生之厚。盖闻善摄生者,陆行不遇兕虎,入军不被甲兵,兕无所投其角,虎无所措其爪,兵无所容其刃。夫何故?以其无死地。

五十一章

道生之,德畜之,物形之,势成之。是以万物莫不尊道而贵德。

道之尊，德之贵，夫莫之命而常自然。故道生之，德畜之；长之育之，亭之毒之，养之覆之。生而不有，为而不恃，长而不宰，是谓玄德。

五十二章

天下有始，以为天下母。既得其母，以知其子；既知其子，复守其母，没身不殆。塞其兑，闭其门，终身不勤。开其兑，济其事，终身不救。见小曰明，守柔曰强。用其光，复归其明，无遗身殃，是为习常。

五十三章

使我介然有知，行于大道，唯施是畏。大道甚夷，而民好径。朝甚除，田甚芜，仓甚虚。服文彩，带利剑，厌饮食，财货有余，是谓盗夸。非道也哉！

五十四章

善建者不拔，善抱者不脱，子孙以祭祀不辍。修之于身，其德乃真；修之于家，其德乃余；修之于乡，其德乃长；修之于国，其德乃丰；修之于天下，其德乃普。故以身观身，以家观家，以乡观乡，以国观国，以天下观天下。吾何以知天下然哉？以此。

五十五章

含德之厚，比于赤子。蜂虿虺蛇不螫，猛兽不据，攫鸟不搏。骨弱筋柔而握固，未知牝牡之合而全作，精之至也。终日号而不嗄，和之至也。知和曰常，知常曰明，益生曰祥，心使气曰强。物壮则老，谓之不道，不道早已。

五十六章

知者不言，言者不知。塞其兑，闭其门，挫其锐；解其分，和其光，同其尘，是谓玄同。故不可得而亲，不可得而疏；不可得而利，不可得而害；不可得而贵，不可得而贱，故为天下贵。

五十七章

以正治国，以奇用兵，以无事取天下。吾何以知其然哉？以此，天下多忌讳，而民弥贫；民多利器，国家滋昏；人多伎巧，奇物滋起；法令滋彰，盗贼多有。故圣人云，我无为而民自化，我好静而民自正，我无事而民自富，我无欲而民自朴。

五十八章

其政闷闷，其民淳淳；其政察察，其民缺缺。祸兮福之所倚，福兮祸之所伏。孰知其极？其无正也？正复为奇，善复为妖，人之迷，其日固久。是以圣人方而不割，廉而不刿，直而不肆，光而不耀。

五十九章

治人事天莫若啬。夫唯啬，是谓早服。早服谓之重积德，重积德则无不克，无不克则莫知其极，莫知其极，可以有国。有国之母，可以长久。是谓深根固柢，长生久视之道。

六十章

治大国若烹小鲜。以道莅天下，其鬼不神。非其鬼不神，其神不伤人；非其神不伤人，圣人亦不伤人。夫两不相伤，故德交归焉。

六十一章

大国者下流。天下之交，天下之牝。牝常以静胜牡，以静为下。

故大国以下小国，则取小国；小国以下大国，则取大国。故或下以取，或下而取。大国不过欲兼畜人，小国不过欲入事人，夫两者各得其所欲，大者宜为下。

六十二章

道者万物之奥，善人之宝，不善人之所保。美言可以市，尊行可以加人。人之不善，何弃之有！故立天子，置三公，虽有拱璧以先驷马，不如坐进此道。古之所以贵此道者何？不曰以求得，有罪以免邪？故为天下贵。

六十三章

为无为，事无事，味无味。大小多少，报怨以德。图难于其易，为大于其细。天下难事必作于易，天下大事必作于细，是以圣人终不为大，故能成其大。夫轻诺必寡信，多易必多难，是以圣人犹难之。故终无难矣。

六十四章

其安易持，其未兆易谋，其脆易泮，其微易散。为之于未有，治之于未乱。合抱之木，生于毫末；九层之台，起于累土；千里之行，始于足下。为者败之，执者失之。是以圣人无为，故无败；无执，故无失。民之从事，常于几成而败之。慎终如始，则无败事。是以圣人欲不欲，不贵难得之货。学不学，复众人之所过。以辅万物之自然而不敢为。

六十五章

古之善为道者，非以明民，将以愚之。民之难治，以其智多。故以智治国，国之贼；不以智治国，国之福。知此两者，亦稽式。

常知稽式，是谓玄德。玄德深矣，远矣，与物反矣，然后乃至大顺。

六十六章

江海所以能为百谷王者，以其善下之，故能为百谷王。是以欲上民，必以言下之；欲先民，必以身后之。是以圣人处上而民不重，处前而民不害，是以天下乐推而不厌。以其不争，故天下莫能与之争。

六十七章

天下皆谓我道大，似不肖。夫唯大，故似不肖。若肖，久矣其细也夫。我有三宝，持而保之：一曰慈，二曰俭，三曰不敢为天下先。慈，故能勇；俭，故能广；不敢为天下先，故能成器长。今舍慈且勇，舍俭且广，舍后且先，死矣！夫慈，以战则胜，以守则固，天将救之，以慈卫之。

六十八章

善为士者不武，善战者不怒，善胜敌者不与，善用人者为之下。是谓不争之德，是谓用人之力，是谓配天古之极。

六十九章

用兵有言，吾不敢为主而为客，不敢进寸而退尺。是谓行无行，攘无臂，扔无敌，执无兵。祸莫大于轻敌，轻敌几丧吾宝。故抗兵相加，哀者胜矣。

七十章

吾言甚易知，甚易行，天下莫能知，莫能行。言有宗，事有君。夫唯无知，是以不我知。知我者希，则我者贵。是以圣人被褐怀玉。

七十一章

知不知，上；不知知，病。夫唯病病，是以不病。圣人不病，以其病病，是以不病。

七十二章

民不畏威，则大威至。无狎其所居，无厌其所生。夫唯不厌，是以不厌。是以圣人自知，不自见；自爱，不自贵。故去彼取此。

七十三章

勇于敢则杀，勇于不敢则活。此两者，或利或害。天之所恶，孰知其故？是以圣人犹难之。天之道，不争而善胜，不言而善应，不召而自来，繟然而善谋。天网恢恢，疏而不失。

七十四章

民不畏死，奈何以死惧之！若使民常畏死，而为奇者吾得执而杀之，孰敢？常有司杀者杀，夫代司杀者杀，是谓代大匠斫。夫代大匠斫者，希有不伤其手矣。

七十五章

民之饥，以其上食税之多，是以饥。民之难治，以其上之有为，是以难治。民之轻死，以其求生之厚，是以轻死。夫唯无以生为者，是贤于贵生。

七十六章

人之生也柔弱，其死也坚强。草木之生也柔脆，其死也枯槁。故坚强者死之徒，柔弱者生之徒。是以兵强则灭，木强则折。强大处下，柔弱处上。

七十七章

天之道，其犹张弓与！高者抑之，下者举之；有余者损之，不足者补之。天之道，损有余而补不足。人之道则不然，损不足以奉有余。孰能有余以奉天下？唯有道者。是以圣人为而不恃，功成而不处，其不欲见贤。

七十八章

天下莫柔弱于水，而攻坚强者莫之能胜，以其无以易之。弱之胜强，柔之胜刚，天下莫不知，莫能行。是以圣人云："受国之垢，是谓社稷主；受国不祥，是为天下王。"正言若反。

七十九章

和大怨，必有余怨，安可以为善？是以圣人执左契，而不责于人。有德司契，无德司彻。天道无亲，常与善人。

八十章

小国寡民，使有什伯之器而不用，使民重死而不远徙。虽有舟舆，无所乘之；虽有甲兵，无所陈之；使人复结绳而用之。甘其食，美其服，安其居，乐其俗。邻国相望，鸡犬之声相闻，民至老死不相往来。

八十一章

信言不美，美言不信；善者不辩，辩者不善；知者不博，博者不知。圣人不积，既以为人，己愈有；既以与人，己愈多。天之道，利而不害。圣人之道，为而不争。

主要参考文献

1. [魏] 王弼注、楼宇烈校释：《老子道德经注》，中华书局 2011 年版。

2. [汉] 河上公注、[三国] 王弼注，[汉] 严遵指归，刘思禾校点：《老子》，上海古籍出版社 2013 年版。

3. 汤漳平、王朝华译注：《老子》，中华书局 2014 年版。

4. 高亨著：《老子正诂》，中国书店 1988 年版。

5. 陈鼓应注译：《老子今注今译》，商务印书馆 2003 年版。

6. 张松如著：《老子说解》，齐鲁书社 1987 年版。

7. 薛蕙著：《老子集解》，中华书局 1985 年版。

8. 蒋锡昌著：《老子校诂》，成都古籍书店 1988 年版。

9. 林希逸著：《老子鬳斋口义》，华东师范大学出版社 2010 年版。

10. 南怀瑾著：《老子他说》，国际文化出版公司 1991 年版。

11. 林语堂著：《老子的智慧》，陕西师范大学出版社 2006 年版。

12. 杨义著：《老子还原》，中华书局 2011 年版。

13. 刘笑敢著：《老子古今》（上、下册），中国社会科学出版社 2006 年版。

14. 詹剑峰著：《老子其人其书及其道论》，华中师范大学出版社 2006 年版。

15. 李世东等编：《老子文化与现代文明》，中国社会出版社 2008 年版。

16. 《哲学研究》编辑部编：《老子哲学讨论集》，中华书局 1959 年版。

17. [汉] 司马迁撰：《史记》，中华书局 1959 年版。

18. 北京大学哲学系中国哲学教研室编：《中国哲学史》（第 2 版），北京大学出版社 2003 年版。

19. 胡适著：《中国哲学史大纲》，北京大学出版社 2013 年版。

20. 任继愈主编：《中国哲学史》，人民出版社 1996 年版。

21. 冯友兰著：《中国哲学简史》，生活·读书·新知三联书店 2013 年版。

22. 张岱年著：《中国哲学大纲》，中国社会科学出版社 1982 年版。

23. 梁启超著：《先秦政治思想史》，天津古籍出版社 2003 年版。

24. 吕思勉著：《先秦学术概论》，岳麓书社 2010 年版。

25. 章太炎著：《章太炎谈诸子》，华中师范大学出版社 2010 年版。

26. 钱穆著：《庄老通辨》，生活·读书·新知三联书店 2002 年版。

27. 张舜徽著：《周秦道论发微　史学三书平议》，华中师范大学出版社
    2005 年版。

28. 夏海著：《论语与人生》，北京大学出版社 2007 年版。

29. 夏海著：《品读国学经典》，生活·读书·新知三联书店 2014 年版。

30. 杨朝明主编：《论语诠解》，山东友谊出版社 2013 年版。

31. 叶秀山、王树人著：《西方哲学史（总论）》，凤凰出版社、江苏人民出版
    社 2004 年版。

32. 徐远和、李甦平、周贵华、孙晶主编：《东方哲学史（上古卷）》，人民出
    版社 2010 年版

33. [德] 夏瑞春编：《德国思想家论中国》，陈爱政等译，江苏人民出版社
    1995 年版。

34. [古希腊] 亚里士多德著：《形而上学》，吴寿彭译，商务印书馆 1959
    年版。

35. [德] 黑格尔著：《哲学史讲演录》（第一卷），贺麟、王太庆译，商务印
    书馆 2011 年版。

36. [德] 卡尔·雅斯贝尔斯著：《历史的起源与目标》，魏楚雄、俞新天译，
    华夏出版社 1989 年版。

37. [英] 罗素著：《西方哲学史》，商务印书馆 1976 年版。

38. [法] 帕斯卡尔著：《思想录》（上），吉林大学出版社 2005 年版。

39. ［德］卡尔·雅斯贝尔斯著：《大哲学家》，李雪涛等译，社会科学文献出版社 2010 年版。

40. ［德］马丁·海德格尔著：《存在与时间》，陈嘉映、王庆节合译，生活·读书·新知三联书店 2012 年版。

41. ［德］亨利希·海涅著：《论德国宗教和哲学的历史》，商务印书馆 1974 年版。

42. ［法］柏格森著，刘放桐译：《形而上学导言》，商务印书馆 1963 年版。

43. ［美］罗伯特·诺齐克著：《经过省察的人生：哲学沉思录》，商务印书馆 2007 年版。

后 记

《老子与哲学》付梓之际，由衷地写上几句感谢的话，以为后记。

感谢《金融世界》杂志及其主编胡梅娟女士。自2013年2月开始，《金融世界》开辟"文史苑"栏目，一直在刊发作者品读国学的文章。几年来，无论文章质量高低，杂志始终不离不弃，展示了既尊重作者又尊重读者的品格，这需要信任、善意和守望。特别是胡梅娟女士，在作者想放弃写作计划时，给予鼓励、耐心等待，帮助作者恢复信心、重启写作。某种意义上可以说，没有《金融世界》和胡梅娟女士的帮助，就不可能有《老子与哲学》的面世。在此，致以深深的谢意。

感谢《人民政协报》和《深圳特区报》，他们曾不吝版面的慷慨，不揣作者愚陋的大度，刊载过作者品读国学方面的多篇文章。对于《老子与哲学》，他们一如既往地给予帮助和支持。2015年11月30日和12月14日，《人民政协报》以两个整版刊发"老子与孔子"比较研究文章；2015年12月10日，《深圳特区报》刊发"老子之无：天籁之音"，作者深受感动，一并致以谢意。

感谢杭州师范大学何俊教授和中央党校乔清举教授，他们都是研究国学和中国哲学的著名专家学者，却能尊重作者的业余身份；他们自身教学研究任务繁重，却能拨冗审读《老子与哲学》全书，并提出许多宝贵修改意见。这些意见既有思想的又有文采的，既有学术的又有写作的，从而保证了书稿理解的正确无误、书稿观点的公允持平和书稿研究的学术品位。作者对两位专家学者深表谢意。

感谢生活·读书·新知三联书店。一般认为，能在三联书店出书，是一项荣誉和褒奖。三联书店不仅出版了《品读国学经典》，而且同意出版《老子与哲学》，这实际是对作者的鞭策和鼓励。在出版过程中，责任编辑关丽峡女士协调各方，从封面设计、书页装帧到文章校核，都倾注了大量心血，谨致谢意。

说到出版和责编，还要特别感谢党建读物出版社王英利先生，他是出版方面的行家，不仅鼓励支持作者写作《老子与哲学》，而且鼓励支持作者写作《品读国学经典》；不仅推动作者写作，而且帮助联系出版社，使《老子与哲学》得以顺利出版。感谢郝英明先生，他做了最初的编辑工作；感谢贺新建先生，他帮助打印了文稿，他们两人都是所有文章的第一读者，我每写完一篇文章，都要请他们校核和提出修改建议，帮助纠正了不少偏差和误读。

感谢我的家人，尤其是我的夫人。她为我的写作创造了良好的家庭环境，使我能在公务之余安心静心地写作。由于她是大学教授，本身具有良好的学术素养，对我的写作更是指点多多，见解独到、帮助甚大。更重要的是，我的每次写作都是随意而为，开始并没有成书出版的念头，由于她的及时提醒和善意催促，才使我不断有新的作品问世。

"士不可以不弘毅，任重而道远。"近代以来，中华传统文化经受了太多磨难，弘扬中华传统文化任务艰巨。从写作《论语与人生》开始，作者就自觉地把传承中华文明作为人生的使命，《品读国学经典》《老子与哲学》都是这一使命的具体实践。作者愿意继续为弘扬中华传统文化贡献绵薄之力。

2016 年元月修改定稿

图书在版编目（CIP）数据

老子与哲学／夏海著. —北京：生活·读书·新知三联书店，
2016.7
ISBN 978 - 7 - 108 - 05704 - 4

Ⅰ.①老⋯　Ⅱ.①夏⋯　Ⅲ.①老子－哲学思想－研究
Ⅳ.① B223.15

中国版本图书馆 CIP 数据核字（2016）第 111537 号

责任编辑　关丽峡
装帧设计　薛　宇
责任校对　曹忠苓　张　睿
责任印制　卢　岳
出版发行　生活·讀書·新知 三联书店
　　　　　（北京市东城区美术馆东街 22 号 100010）
网　　址　www.sdxjpc.com
经　　销　新华书店
印　　刷　北京市松源印刷有限公司
版　　次　2016 年 7 月北京第 1 版
　　　　　2016 年 7 月北京第 1 次印刷
开　　本　635 毫米 × 965 毫米　1/16　印张 23.5
字　　数　260 千字
印　　数　00,001 - 20,000 册
定　　价　49.00 元
（印装查询：01064002715；邮购查询：01084010542）